まえがき

令和三年一月、中央教育審議会は「『令和の日本型学校教育』の構築を目指して～全ての子供たちの可能性を引き出す、個別最適な学びと、協働的な学びの実現～」を答申しました。そこでは、急激に変化する時代の中で、子どもたちの資質・能力を確実に育成する必要があり、そのために、学習指導要領の着実な実施やＩＣＴ（情報通信技術）の活用が重要であることが指摘されました。そして、これまでの日本型学校教育のよさを受け継ぎ、二〇二〇年代を通じて実現を目指す学校教育を「令和の日本型学校教育」とし、その姿を「全ての子供たちの可能性を引き出す、個別最適な学びと協働的な学び」としています。

校長は、これまでの日本型学校教育の成果を生かしつつ、学習指導要領の着実な実施を図るとともに学校における働き方改革やＧＩＧＡスクール構想の推進、家庭や地域、関係機関等との連携を深めながら、「令和の日本型学校教育」の実現に向けて取り組んでいかなくてはなりません。また、新型コロナウイルス感染症の拡大防止のため、学校では三年以上にわたって感染症対策の徹底と子どもたちの学びの保障の両立に全力で取り組んできました。コロナ禍後の学校教育にお

いては、答申で示された新たな学びへの進化を図る学校運営・教育活動を推進することが改めて求められています。これらの状況の中で、校長は、自校や地域の実態を踏まえつつ、学校教育への信頼を一層高めるための教職員の資質・能力の向上、いじめ問題・不登校への対応、特別支援教育の充実など、山積する教育課題の解決に一層力強く立ち向かっていかなければなりません。

これまでに、全国連合小学校長会（以下、「全連小」）は、我が国の小学校教育の充実・発展のため、真摯に研究と実践を重ねるとともに教育諸条件の整備に努め、多大な成果をあげてきました。それらを踏まえ、全国の小学校長に対し、新たな視点からの提言や実践事例の紹介、情報提供等を行うために、昭和三十七年度から毎年『教育研究シリーズ』を発刊しており、今回で六十二集目を刊行することとなりました。

令和二年度からは、全連小の研究主題を「自ら未来を拓き ともに生きる豊かな社会を創る 日本人の育成を目指す小学校教育の推進」としています。変化が激しく未来の予測が困難な時代に生きる子どもたちには、一人一人が自らの能力や可能性を信じ、学習したことを生活や社会の中で課題解決に生かす力、新たな変化を作り出す力が求められています。

この研究主題を受け、『教育研究シリーズ』第六十二集は、主題を「『令和の日本型学校教育』の構築を目指す学校経営Ⅱ」として編集してきました。「令和の日本型学校教育」を実現させるための学校経営の在り方や、答申の各論に沿った実践事例、新しい時代の特色ある学校づくりの実践事例などを紹介しています。研究主題に迫るこれらの学校経営の提言や実践を広く全国の会

員に発信することで、小学校教育の充実・発展に資することを目指したものであります。本書が令和の時代の小学校長の学校経営に生かされることを期待しています。

結びに、本書の刊行に当たり、ご尽力いただいた各都道府県小学校長会、広報担当者、関係事務局、そしてご執筆いただいた各小学校長、また、編集と作成に当たった広報部会並びにシリーズ等編集委員会の皆様に心より感謝を申し上げます。

令和六年四月

全国連合小学校長会長
植　村　洋　司

もくじ

第一章　新しい時代の教育施策に即応する学校経営

第二章　新しい時代の特色ある学校づくりを推進する学校経営

提　言

実践事例

第三章　今日的な経営課題に挑む学校経営

序論　「令和の日本型学校教育」の構築を目指す学校経営

一　令和六年のはじまり

令和六年の幕開けは、大変衝撃的なものであった。

一月一日午後四時十分に石川県志賀町で震度七を観測したほか、珠洲市、輪島市など能登半島一体で大きな地震があり、甚大な被害の状況となった。この原稿を書いている二月中旬の時点では、小中学生が高校の校舎を間借りし、やっと対面での授業が始まったと報道されている。一瞬にして多くの生命や日常の生活を奪い取る自然災害の恐ろしさを改めて感じるとともに、今ある生活が当たり前でないことを身に染みて感じることとなった。被災地の学校の一日も早い復興を祈念している。

翌一月二日午後五時五十分頃には、東京の羽田空港で、新千歳空港から向かっていた日本航空五一六便が、着陸した直後に海上保安庁の航空機と衝突する事故が起きた。この事故では、残念ながら海上保安庁の機体に乗っていた乗務員が死亡したが、日本航空の乗員・乗客は、負傷者はいるものの、三百七十九名全員が無事に避難することができた。奇跡の十八分間とも言われた救出劇は、海外でも大きく取り上げられることとなった。

一月十一日の全連小部長会では、この救出劇について話題となった。あの奇跡的とも言える救出には、乗務員の的確な判断と指示があったと言われているが、いくら判断や指示が的確であっても避難する乗客がパニック状態になったなら、おそらく多くの犠牲者が出ていたと考えられる。

乗客全員が落ち着いて避難できたのは、学校での避難訓練の賜物ではないかというのが部長会で話された内容である。日本中の学校で、静かに慌てずに、整然と行われる避難訓練が、成人してなお生きて働いたのではないかと考えられる。

二　日本の学校教育とアメリカの教育

避難訓練のみでなく、日本がこれまで大切にしてきた教育活動は多く存在する。全人的な成長を願い企画する運動会や卒業式などの学校行事、自分たちの生活の場を自分たちできれいにする清掃活動、配膳から片付けまで学級単位で行う給食の時間。日常の授業とは異なる内容ではあるが、どれも日本らしい学校教育活動と言える。

今から十七年前、平成二十年にアメリカ合衆国フロリダ州を訪問する機会を得た。約一か月間で、小、中、高等学校八校を二、三日ずつ訪問した。現地の先生方と昼食をとることもあったが、多くの学校では子どもたちと一緒にカフェテリアでランチを食べた。カフェテリアの運営は、そこに入っている業者が担っており、同じ市内の小中学校であっても、業者によってメニューも味も全く異なっていた。温かくおいしいメニューが並ぶ学校もあれば、スナックのような軽食が中心で、栄養のバランスに疑問を感じる業者が入っている学校もあった。うろ覚えではあるが、ある日の私のメニューは、パンケーキとメープルシロップ、ポテトフライにオレンジジュースとフルーツが一つ。カフェテリアでの子どもたちは、好きなものを自由に選んでお盆に乗せ、思い思

いの席で食事をしていた。先生方は子どもとは別に、教室や学年室などで家から持ってきたお弁当を食べていた。

日本では、準備から盛り付け、片付けまで学級の給食当番の仕事となる。担任の先生は、子どもたちに指導をし、教室で子どもたちと一緒に給食を食べる。給食の献立は、栄養バランスが考えられた安心・安全なメニューである。先生方は大変かもしれないが、毎日温かくおいしい給食をきちんと食べることができる日本の子どもたちは幸せだと感じた。そして、世界に誇れる日本人のマナーのよさは、学校給食を通して育まれている部分があると感じた。

同時に、アメリカ型の教育の素晴らしさも実感する機会となった。規律正しく一斉に先生の話を聞く授業も多くあったが、いわゆる「自由進度学習」のように、子どもたちは思い思いに自分の課題に取り組み、自由に先生に質問しているような授業もあった。友達同士の関わりも活発に行われていた。また、床に寝そべったり、大きなボールに跨ったりして学習している子どももいた。教室には、プロジェクターや複数のパソコンが完備されており、いつでも使えるよう準備されている。中学校では、授業が終わると先生はパソコンの画面を開き、出欠や取組の様子をすぐに入力していた。生徒の顔写真入りなので、入力ミスをすることもない。日本の学校では、昨今校務支援システムやＩＣＴ（情報通信技術）の利活用が盛んに行われるようになったが、十七年前の日米の教室の様子は大きく異なって見えた。

ホームステイも三家庭で体験した。両親が大学の先生をしている家庭のお子さんは、優秀な高

校生が集められる研修に参加が決まり家族で喜んでいた。全米から選抜された生徒がワシントンD.C.に集められるという。また、不登校の中学生がいる別の家庭では、ホームスクーリングの制度に則り、母親が一生懸命子どもに勉強を教えていた。両家庭の姿からトップを育成するシステムと学校に行かなくても学びを保障するシステムが存在していることが分かった。

三　日本の学校教育のこれまでとこれから

四年前、新型コロナウイルス感染症のパンデミックにより世界中が治療や予防について、国を挙げて研究を進めていた。私は、「日本は、この分野ではアドバンテージがある」と思っていたが、ワクチンを開発したのはアメリカであり、イギリスであった。日本はそれらの国で開発されたワクチンを買う側の国になった。大学で研究に使える資金が違ったり、人材育成の方法が異なったりしていたわけだが、世界的な緊急事態への対応に一歩も二歩も遅れをとった感じがした。

日本の学校では、学習指導だけでなく人としての成長を保障している。相手を思いやり集団を大切にするよう教育し、誠実で勤勉な人材を生み出してきている。これは日本の学校教育の財産であり、失ってはいけないものだと考える。加えて、子どもたちの興味・関心を引き出し、一人一人の異なる状況に応じた教育が必要だと感じる。トップを育成し国をリードする人材の育成も必要であり、学校に行かなくても学びを止めないシステム作りも必要だと考える。

新型コロナウイルス感染症の対応に日本中の学校が追われる中、令和三年一月に中央教育審議

会より答申が出された。「『令和の日本型学校教育』の構築を目指して」をテーマに「全ての子供たちの可能性を引き出す、個別最適な学びと、協働的な学びの実現」に取り組むよう示されている。その後の三年間、新型コロナウイルス感染症により大きな転換を迫られることとなった学校は、様々な実践を積んできた。

本書では、「令和の日本型学校教育」の構築に向けた学校の取組について調査・研究し、「個別最適な学び」「協働的な学び」の一体的な充実の具体について提言をしていく。全国の校長の実践と英知が詰まった貴重な一冊と言える。是非、手元に置いて活用していただきたい。

四　結びに代えて

長野県に勤務する教員であれば、誰もが知っている歌がある。

深雪《みゆき》せる 野路《のじ》に小さき沓《くつ》の跡 われこそ先に行かましものを　　林　芋村《うそん》

二月の早朝、野路一面に深々と雪が降り積もり、あたりは真っ白になっている。早く学校へ行こうとして道に出たら、自分より先に、小さき子どもの足跡がついている。ひと足ひと足、雪の中から靴を抜き出すようにして、学校へ向かっている。「おや、なんだ、俺より先にもう一年生が行っちゃったのか。こんな大雪が降った朝、だれよりも先に俺が道を開けて行かなければいけ

なかったのに、子どもが先に行ってしまった。深い深い雪が降った一本道に、小さい沓《くつ》の跡が、ぽつんぽつんとついている。寒かったろうな、つめたかったろうな。無事に学校へ着いたかなあ」と思いながら、林先生はその子どもの跡をたどっていった。足跡を見ながら、林先生が子どもを思いやり、感慨を込めて詠んだ歌である。（参考『信濃教育 第一五一二号』）

この歌の舞台は、長野県南部の平谷《ひらや》村立平谷小学校である。林先生は、代用教員として大正三年から昭和三年まで、十五年間この学校に勤務した。

大正、昭和、平成、令和と時代が移っても、また、先行き不透明な「予測困難な時代」と言われても、子どものことを考え想い、子どものために努力する、そういう気持ちを常にもち、学校運営に取り組んでいただきたいと強く願っている。

全国連合小学校長会副会長
長野市立城山小学校長　片　山　洋　一

序章 「令和の日本型学校教育」の構築を目指す学校経営への提言

提　言

1　「令和の日本型学校教育」の構築を目指す学校経営への提言

―「令和の日本型学校教育」の構築に向けた学校改革の推進―

北海道伊達市立伊達西《だてにし》小学校長
柳　澤　君　彦

一　はじめに

新型コロナウイルス感染症は、人々の生命や生活、価値観や行動、さらには経済や文化など社会全体に広範かつ多面的な影響を与えており、まさに予測困難な時代が到来している。こうした流れは、Society5.0時代の潮流とも相まって、従来の方程式では解が見つからない社会問題に、どう取り組んでいくかという大きな問題を提起している。そのような中、一人一人の児童が、自分のよさや可能性を認識するとともに、あらゆる他者を価値のある存在として尊重し、多様な人々と協働しながら様々な社会的変化を乗り越え、豊かな人生を切り拓き、持続可能な社会の創り手となることができるよう、子どもたちに育むべき資質・能力を育成することが学校教育には求められている。その資質・能力を育むためには、学習指導要領の着実な実施が重要である。

新型コロナウイルス感染症拡大防止のため、全国的に学校の臨時休業措置が取られ、長期にわたって学校に通えな

い状況が生じた。この前例のない状況の中で、全国の学校現場や教育関係者は、子どもたちの学習機会の保障や心のケアなどに力を尽くしていた。学校は、学習機会と学力を保障するという役割のみならず、全人的な発達・成長を保障する役割や、人と安全・安心につながることができる居場所として身体的、精神的な健康を保障する福祉的な役割をも担っているという日本型学校教育の強さが再認識された。

本提言では、令和二年に発生した新型コロナウイルス感染症に対応しつつ、学習指導要領の趣旨を具現化するために、令和二年度の学校経営に校長がどのようにリーダーシップを発揮し、どのように繋げたかを整理する。令和三年度のＷｉｔｈ《ウィズ》コロナの中で学校経営の充実にどのように繋げたかを明らかにするとともに、次年度以降の学校経営に繋がるものと期待している。

二　コロナ禍での「令和の日本型学校教育」を目指して

1　本提言の趣旨

本提言は、令和四年度の北海道小学校長会研究大会において発表したものを基にしている。執筆者が所属する北海道胆振《いぶり》管内の小学校長が、コロナ禍において学校経営に向かった姿を浮き彫りにすることが、本提言の趣旨である。学習指導要領全面実施年とＷｉｔｈ《ウィズ》コロナ一年目が重なった令和二年度の学校経営を整理、考察、共有することで、学校経営意識の向上となること、その意識をもって令和三年度の学校経営を充実させることができると考えた。

そのために、令和二年度の新型コロナウイルス感染症に対応した新しい生活様式の下で、学習指導要領の趣旨を踏まえ、「主体的・対話的で深い学び」、及び自校が目指す資質・能力等に対し、校長がどのようにカリキュラム・マネジメントに取り組んだかを調査した。令和三年度は、前年度の課題を解消し、改善を図り、「令和の日本型学校教育」

を加えた学校経営について調査した。結果、中央教育審議会が示す「個別最適な学び」と「協働的な学び」の一体的な充実の具体に近付くものと考えた。調査範囲は、北海道胆振管内全小学校（令和二年度七十校、令和三年度六十九校）を対象とした。

2 調査結果から得られた学校経営の姿

(1) 令和二年度の学校経営について

ア 授業改善に向けた取組

学習指導要領が示す「学習の基盤となる資質・能力」の中で、「言語能力」の育成を取り上げた学校が多かった。「言語能力」が学習の基本であり、コミュニケーションツールとして必要な力ととらえていると考えられる。また、「現代的な諸課題に対応して求められる資質・能力」の中では、「新たな価値を生み出す豊かな創造性」「健康・安全・食に関する力」「多様な他者と協働し目標に挑戦する力」を育むことが重要であると回答した学校が多かった。予測困難な令和の社会を生き抜くために必要な力や、コロナ禍により健康・安全の重要性を重視している姿勢がうかがえる。

「子どもの心のケア」や「よりよい人間関係の形成」に重点を置いた指導の状況については、約九〇％の学校が「特別活動」「特別の教科　道徳」で実施していると回答した。コロナ禍の行動制限により人間関係が希薄化することを懸念し、多くの学校で対応したと考えられる。

「学習活動の重点化」を取り扱った状況は、ほぼ全ての学校で「主体的な学び」「対話的な学び」「深い学び」を実施することができた。コロナ禍においても、学習指導要領の目指す学びを着実に実現している状況がうかがえる。

イ 教育課程の工夫

令和二年度はコロナ禍により長期にわたる臨時休業を余儀なくされ、学習の保障が喫緊の課題となった。そのため、ほとんどの学校が「長期休業日の削減」を行った。一方で「一日の授業時数の増加」や「放課後の補習」は半数以下に留まった。授業時数確保のため長期休業日数を減らすことで対応し、教師や児童の負担となる日課の変更はできるだけ回避したと考えられる。

学校再開後も感染拡大防止の観点から「三密」を避けた教育活動を余儀なくされた。最も対策が求められたのが学校行事である。ほぼ全ての学校が「規模縮小」「延期」を行った。感染症に対応しながらも持続的な学校運営のためのガイドラインに沿った学校経営が行われたと考えられる。「三密」の回避は技能系教科にも及んだ。音楽科や家庭科、体育科などの感染リスクの高い教育活動については、停止、または配列の変更で対応したことが分かった。校外活動にも大きく影響が及んだが、八〇％近い学校が感染拡大を回避しながらも、「社会に開かれた教育課程」の実現を目指し、社会との連携、協働活動を絶やさないよう努めたことが分かった。

令和二年度の教育課程の実施状況を「八割以上の到達」と評価した学校が八二％であったことから、「授業時数の確保」「指導内容の重点化」「休業中の家庭学習」などのカリキュラム・マネジメントにより、コロナ禍においても「学びの保障」を実現した結果と考えられる。

令和二年度の状況を踏まえ、「令和三年度の教育課程に向けた改善ポイント」として挙げられた上位の項目は、「新しい生活様式を踏まえた教育活動の充実」「ＩＣＴ機器を活用した教育活動の推進」「オンライン授業の導入」が挙げられた。「個別最適な学び」と「協働的な学び」の具体化を進め、「主体的・対話的で深い学び」を通して授業改善を図り、資質・能力の育成を考えたカリキュラム・マネジメントと、ＧＩＧＡスクール構想の一つである端末の活用の準備を進めていかなければならないことを強く自覚していることが分かる。

(2) 令和三年度の学校経営について

ア 授業改善に向けた取組

「学習の基盤となる資質・能力」の中で、「情報活用能力」を重要ととらえた学校が、令和二年度と比較すると二四ポイント増加した。令和三年度に各校がGIGAスクール構想を推進したことが要因と考える。「現代的な諸課題に対応して求められる資質・能力」については、令和二年度と比較すると、「健康・安全・食」「持続可能な社会」を課題とする学校が増加した。コロナ禍や自然災害、SDGsの観点を考えた結果と考えられる。

イ 「カリキュラム・マネジメント」の状況

六項目を設定し、六割以上の到達と評価した学校数を割合で表し、到達したことによる成果をまとめた。

「①学習の基盤となる資質・能力の育成（何ができるようになるか）」は六七％の学校が到達したと回答した。教員の意識改革が進んだことが成果として挙げられた。

「②現代的な諸課題に求められる資質・能力の育成（何ができるようになるか）」も同じく六七％であった。成果として「SDGsの取組」「ICT機器を活用した教育活動」「計画的な外部人材の活用」「教育課程の改善」が進展したことが挙げられた。

「③各教科で育む三つの資質・能力（何を学ぶか）」は八〇％であった。成果として、資質・能力を意識した授業実践が実現できたこと、知識・技能、表現力が向上したことが挙げられた。

「④主体的・対話的・深い学びの実現に向けた授業改善（どのように学ぶか）」は七五％であった。成果として、「学習場面での位置付け」「検証改善サイクルの定着」「教員の改善意識の向上」が挙げられた。

「⑤児童の課題に個別に対応した指導（子ども一人一人の発達をどのように支援するか）」は七二％であった。成

果として「スタディログを端末に蓄積した個別学習の充実」「少人数教育の支援の充実」「個別課題を提供するＡＩドリルの有効活用」が挙げられた。

「⑥児童が学習の意義や価値を実感できる指導（何が身に付いたか）」は七〇％であった。成果として「振り返りを位置付けた学習活動の定着」「学ぶ意義についての指導」「学習目的の明確化」が挙げられた。

ウ　「個別最適な学び」の状況

「個別最適な学び」を実現する項目として三点を挙げ調査した結果、「①子どもの特性・学習指導・到達度に応じた指導」は六二％の学校で到達したと回答した。期待していた数値よりも低い結果となり、本格的な取組は次年度以降になると考えられた。「②指導方法・教材の工夫を行う指導の個別化」は六八％の学校が到達したと回答した。十分な指導の個別化が図られていない学校があることが分かった。「③課題に取り組む機会の提供を行う個性化」は六一％の学校が到達したと回答した。「指導の個性化」に向けた指導に苦慮している学校の実情が明らかになった。

エ　「協働的な学び」の状況

「協働的な学び」を実現する項目として二点を挙げ調査した結果、「①よい点や可能性を生かす協働的な学び」は八〇％の学校が到達できたと回答した。多くの学校で指導ができていると推察できた。「②子ども同士、地域の方々等他者との協働」は六一％の学校が到達できたと回答した。やや低い結果となり、コロナ禍により外部連携が課題となっていることが分かった。

オ　ＩＣＴ機器を活用状況と指導する教員の能力の状況

ＧＩＧＡスクール構想を実現するＩＣＴ機器の活用状況について、二点の項目を挙げ調査した。「①興味・関心・課題の提示」は九四％が到達、「②意見の効果的な交流」は七二％が到達と回答し、教員が積極的に活用しているこ

とが分かった。また、ＩＣＴ機器の指導力について四点の項目を挙げ調査した。「①基本的な操作技能を身に付ける指導」「②情報収集・情報選択できるようになる指導」「③ルールやマナー、情報収集や発信できる指導」「④安全に利用できる指導」の四項目とも九〇％前後の到達状況であった。ＩＣＴ機器を活用するスキルの向上に力を傾注していること、ネットトラブルを未然に防ぐための指導についても多くの学校で進められていることが分かった。

令和三年度の教育課程の実施状況を「八割以上の到達」と評価した学校が五三％であったことから、半数近くの学校が、「令和の日本型学校教育」を実現する途上にあると考えられる。

三　おわりに

令和二年度Ｗ《ウ》ｉ《ィ》ｔｈ《ズ》コロナ一年目、胆振管内の校長は学習指導要領全面実施に向け、育むべき資質・能力を見極め、子どもの心のケアや人間関係の醸成を踏まえつつ、教科等横断的な視点から授業改善を推進し、リーダーシップを発揮しながら学校経営を行ったことが明らかになった。令和三年度には、新しい生活様式を徹底しつつ、ＧＩＧＡスクール構想を具現化するために、ＩＣＴ機器を活用した教育活動を推進するとともに、「学びの地図」を具現化する授業改善に傾注していることが明らかになった。

教育課程のマネジメントについては、授業時数の確保や、学校行事の変更、各教科等の指導内容の変更等の対策を地域間で連携・共有しながら、学びの保障を実現する学校経営に邁進していることが明らかになった。

さらに、令和二年度にアンケートを実施したことで、学習指導要領の理解と各地区で取り組んだ様子について管内全てで共有することができた。令和三年度では、「令和の日本型学校教育」やＧＩＧＡスクール構想の具現化に向けた教育活動をカリキュラム・マネジメントすることに真摯に向き合う校長の姿勢を知ることができた。

一方で、学習指導要領総則、「令和の日本型学校教育」、ＧＩＧＡスクール構想を主とするカリキュラム・マネジメントを実施する上で、校長自身が研修し、見通しをもった戦略と具体的な戦術を職員に示すことが求められる。特に、評価結果が低かった「個別最適な学び」を実現する授業改善については明確な方針を示すことが喫緊である。全ての子どもたちに社会で通用する資質・能力を身に付けさせ、新しいことに挑戦する姿勢を育成するために、教員の資質・能力を高める様々な研修機会を校長が積極的に設定し、学校力向上に努める必要がある。

第一章　新しい時代の教育施策に即応する学校経営

提言

新しい時代の教育施策に即応する学校経営

――「令和の日本型学校教育」の構築に向けた方向性と各論から――

滋賀県大津市立瀬田《せた》小学校長
村田耕一

一　はじめに

新しい時代とは、どのような時代なのか、予測することは難しい。少子高齢化の進行、経済格差の拡大、感染症や災害の発生、不安定な国際情勢、グローバル化の進展、生成ＡＩ（人工知能）の台頭など、社会の変化が加速化、複雑化、不安定化し、私たちがこれまでの経験値だけでは、対応が困難な状況が進んでいる。また、他方で、国から示された新たな「教育振興基本計画」においては、多様な個人それぞれが幸せや生き甲斐を感じるとともに、地域や社会が幸せや豊かさを感じられるものとなるような Well-being（ウェルビーイング）を向上させていくことが求められている。

このような中、校長は、学校経営を担うものとして、一人一人の子どもが、自らの未来を拓き、幸せを感じとることができるようにするため、学習指導要領の着実な実施を図るとともに、新しい時代に向けての資質・能力を育成し、

「全ての子供たちの可能性を引き出す、個別最適な学びと、協働的な学びの実現」を目指すことが必要であると考える。

本章においては、「新しい時代の教育施策に即応する学校経営」として、「令和の日本型学校教育」の構築に向けた方向性や各論に沿って、どのような学校経営を進めていくべきなのかについて論じていく。

二　「令和の日本型学校教育」の構築に向けた今後の方向性

「全ての子供たちの可能性を引き出す、個別最適な学びと、協働的な学びの実現」のための改革の方向性については、これまで学校教育で果たしてきた「学習機会と学力の保障」「社会の形成者としての全人的な発達・成長の保障」「安全・安心な居場所・セーフティネットとしての身体的、精神的な健康の保障」という三つの保障を基本的な役割としつつ、次の六点を示している。①学校教育の質と多様性、包摂《ほうせつ》性を高め、教育の機会均等を実現する、②連携・分担による学校マネジメントを実現する、③これまでの実践とＩＣＴとの最適な組合せを実現する、④履修主義・修得主義等を適切に組み合わせる、⑤感染症や災害の発生等を乗り越えて学びを保障する、⑥社会構造の変化の中で、持続的で魅力ある学校教育を実現する、である。

また、改革を図るためには、各校が力を十分に発揮できるよう、学校や教師がすべき業務の精選・重点化を図るとともに、専門スタッフの拡充や、学校と地域が相互パートナーとなることが不可欠であり、「学校・教師が担う業務に係る三分類」に即した取組等を、教育行政機関や地域社会と協働して考え、その役割を明確にしていくことが重要である。併せて、日々の教育の推進に当たっては、その役割分担を明確にする中で、一層の質の向上のために、社会の変化をとらえながら、各校の実情に合わせ教育施策を、効果的・効率的に実施するとともに、目標達成を客観的に点検・公表・改善するなど、組織化された学校改善サイクルを着実に推進するシステムを構築しておくことが必要で

ある。

1　学校教育の質と多様性、包摂性を高め、教育の機会均等を実現する

生徒指導上の課題の増加、外国籍児童の増加、通常学級に在籍する発達障害のある児童、子どもの貧困の問題等の多様化・深刻化する子どもたちの状況に対応して、個別最適な学びを実現しながら、学校の多様性と包摂性を一層高めることが必要である。学校経営においては、これまで培ってきた各校での包摂性を基盤に置きながら、地域等の実情に応じて様々な多様化を認め、そのことを軸とした学校文化を創造していくことが必要である。また、そのための個別化と協働化を効果的に組合せた教育活動を創意工夫し、展開していく必要がある。

2　連携・分担による学校マネジメントを実現する

学校マネジメントについては、今般の新型コロナウイルス感染症への様々な予期せぬ対応により、その役割の重要性が再認識されたところである。今後も、校長がその重要性を自覚し、適切なリーダーシップと細やかなフォロワーシップのもと、学校内外との関係において「連携と分担」によるマネジメントをより一層実現していくことが必要である。学校内においては、教師の担う業務とは何なのかを見極めつつ、学校組織体制の整理・統合や、組織の活性化を図るミドルリーダーの活用と育成が大切である。また、スクールカウンセラーやスクールソーシャルワーカー等の専門スタッフやスクールサポートスタッフ等の活用による業務分担などを進める必要がある。また、学校外においては、地域の実情をよく理解した上で、コミュニティ・スクール（学校運営協議会制度）や地域学校協働本部を整備し、学校・家庭・地域がそれぞれの役割と責任を果たしていけるよう推進していく必要がある。

3　これまでの実践とＩＣＴとの最適な組合せを実現する

ＧＩＧＡスクール構想により一人一台端末の環境がスタンダードになっている。ＩＣＴは学校教育に必要不可欠な

ものとなり、「全ての子供たちの可能性を引き出す、個別最適な学びと、協働的な学びの実現」へのツールとして一層の有効活用が必要である。他方、コロナ禍においてのコミュニケーション不足や経験不足、今後のＡＩの高度な発達が考えられることから、教師による対面指導や子ども同士による学び合い、体験的活動の重要性を再認識し、これらの取組も重要である。この両者を最適に組み合わせた教育課程の編成を創造し続けていくことが必要である。

４　履修主義・修得主義等を適切に組み合わせる

各校でのこれまでの指導方法を検証し、「個別最適な学び」と「協働的な学び」を一体的に充実していくことを教職員が共通理解し、実践していくことが大切である。例えば、「個別最適な学び」の「指導の個別化」により、子ども一人一人の特性や学習状況を丁寧に見取り、ＩＣＴを有効に活用した指導方法の工夫や教材等の提供を行うことで、全ての子どもたちの資質・能力を育成する。また、「協働的な学び」を組み合わせることにより、互いの思いや意図を踏まえながら、自分の考えを確かにしたり、新たに創造したりするなどの能力を育成することなどが大切である。

５　感染症や災害の発生等を乗り越えて学びを保障する

今般の新型コロナウイルス感染症対応の経験を踏まえ、対応の経緯や成果・課題を記録に残し、今後、新たな感染症や災害の発生等の緊急事態であっても、必要な教育活動を継続し、学びを保障できるよう見識や意識を高めておく必要がある。また、学校における感染症対策と教育活動の両立についての理解や協力に加え、差別等を許さない風土づくりを保護者と地域と協働して、不断に醸成しておく必要がある。

６　社会構造の変化の中で、持続的で魅力ある学校教育を実現する

少子高齢化や人口減少など社会構造が変化する中において、持続的で魅力ある学校教育を実現していくことが求められる。どの時代であっても、地域における学校、特に小学校においては、地域の学舎として、思いや願いも強い。

その思いや願いを大切にし、多様な人材が学校教育に積極的に関わり、地域と学校の両者にとって意義のある場となるようコミュニティ・スクール等を有効に活用しながら、計画的・継続的なビジョンをもち、マネジメントしていくことが大切である。

三 「令和の日本型学校教育」の構築に向けた各論の考え方

「令和の日本型学校教育」の実現に向けては、前項での方向性を踏まえ、九つの具体的な取組の方策を「各論」として示している。ここでは、その「各論」において、小学校で特に対応が必要な項目である、(1)幼児教育との連携を推進する学校経営、(2)九年間を見通した新時代の義務教育を推進する学校経営、(3)新時代の特別支援教育を推進する学校経営、(4)外国人児童生徒等への教育を充実させる学校経営、(5)ＩＣＴを活用した学びを推進する学校経営について述べていきたい。

1 幼児教育との連携を推進する学校経営

幼児教育との連携を推進するためには、「幼児期の終わりまでに育ってほしい姿」を幼児教育と小学校教育とで共有し、円滑な接続を行うよう推進することが大切である。小学校学習指導要領においても、幼児教育の学びの成果が小学校と共有されるよう工夫・改善を行うことで、「幼児期の終わりまでに育ってほしい姿」を踏まえた指導を工夫することとしている。多くの小学校においては、園長・校長のリーダーシップのもと、園児と児童の交流や、小学校入学時のスタートカリキュラムが進められている。今後、より一層の連携や、円滑な接続を図るためには、幼児教育施設と小学校が、「合同研修会」などの「語り合う場」「学び合う場」を継続的につくり出していくことが大切である。

ある実践では、幼小接続期カリキュラムとして、例えば、各地域の子どもの育ちを振り返り、共通の課題を明らか

にした上で、幼児期において、「一人一人が自分らしさを大切にしながら、自信を持って主体的に行動する」→児童期において「課題に対して自分の考えを持ち、計画を立て、見通しを持ちながら、主体的に学びを進める」といった繋がりのある目指す子どもの姿を設定し、意図的、計画的に保育・教育を繋げていく。そこでは、合同の保育・授業研究会を行い、子どもの姿を参観、実践を振り返るなどの取組を深化させている例もある。

2　九年間を見通した新時代の義務教育を推進する学校経営

新型コロナウイルス感染症の対応において、この数年、大きく教育課程を変更・改善せざるを得ない状況が続いた。感染症への対策は、続けていく必要があるが、この変更・改善の流れを、単に元に戻すということではなく新たな機会として、前向きにとらえカリキュラム・マネジメントに取り組む必要がある。学校行事の目的の明確化による精選、GIGAスクール構想における一人一台端末の活用における教育の改善、深い学びの実現に向けた総合的な学習の時間における教科横断的な学習の推進、高学年における教科担任制を活用したチーム学年としての取組の推進など、児童の状況や教職員の働き方も含め、総合的かつ焦点を絞った取組を進めていく必要がある。

とりわけ、高学年における教科担任制については、その趣旨を全教職員が理解し、中学校教育と系統的な指導はもとより、教科指導の充実と、授業準備の効率化、教員の持ち時間数の軽減による働き方改革など、その成果と課題を検証する必要がある。また、チーム学年として、初任者とベテラン教員の教科や単元の交換、各教員の専門性を生かし、ICTを活用した複数学級合同のティーム・ティーチング授業実施など、学級担任のよさも生かしつつ、学年の児童を、学年で指導・支援する体制を構築していく必要がある。

3　新時代の特別支援教育を推進する学校経営

今般の小学校の状況から、管理職のリーダーシップのもと、特別な支援を必要とする児童への学びの場や指導体制

を一層充実させていく必要がある。そのため、特別支援教育コーディネーターを中心として、特別支援学級と通常の学級担任が連携を取りながら、学校全体が共有できる体制を確立し、児童一人一人の状況を常に把握しながら、教育的ニーズにあった取組を推進していくことが大切である。例えば、特別支援学級の児童が通常の学級で、可能な限り学習や生活が送れるよう教育課程を位置付けたり、通常の学級担任においては、学級内に特別な配慮を要する児童が在籍することを含め、指導方法や教室環境等において、ユニバーサルデザインや、合理的配慮のある学級経営や授業づくりができるよう校内で研修等を進めたりすることが大切である。

また、障害のある子どもの就学相談については、関係機関との連携を密にしながら、子ども一人一人の教育的ニーズを踏まえた適切な支援・指導とともに、その説明を保護者に適切にできるよう管理職を中心に進めていく必要がある。特に、中学校への入学に関しては、卒業後の進路も含め小中学校が連携を丁寧に行い、説明していくことが重要である。

4　外国人児童生徒等への教育を充実させる学校経営

各地域の小学校で学ぶ外国人の子どもが増えている現状を踏まえた人的及び物的な支援が必要である。日本語指導の必要な児童の母国語が多様化し、多地域化していることから、日本語指導担当教師や母語支援員等の配置や、ＩＣＴを活用した取組の充実が大切である。学校においては、個々の日本語能力に応じた「特別の教育課程」を編成し実施する必要がある。また、外国籍児童の日本語の指導だけでなく、思考する言語の確立によりアイデンティティーの形成を行うことが大切である。これらの外国籍の児童の指導と合わせ、全ての子どもたちが、多様な価値観や文化に触れ、自ら地域社会を豊かにするグローバル人材の育成につながるようにする必要がある。

5　ICTを活用した学びを推進する学校経営

新型コロナウイルス感染症の対応から、急速にICTを活用した学びが進められてきた。現在、子どもたちの状況から、その生活が当たり前となり、一人一台端末の活用は、鉛筆やノートを使うレベルに近くなってきている。当初は、端末を使うことが目的化される側面もあったが、授業においても、児童や教師の端末、電子黒板、ネットワークの活用などのICTと、ノートやホワイトボード等を使った従来の指導が目的を効果的に達成するため、複合的に活用されつつある。今後、学校現場においては、生成AIやAR（拡張現実）、VR（仮想現実）の高度化された世界と、教師や子ども同士の学び合い、地域等での多様な学習体験の世界のよさをうまくミックスさせた教育課程を編成していくことが大切であり、各学校の創意工夫のある取組が必要である。

四　おわりに

「VUCA時代」（Volatility〔変動性〕・Uncertainty〔不確実性〕・Complexity〔複雑性〕・Ambiguity〔曖昧性〕：将来の予測が困難な時代）と呼ばれる複雑で予測困難な時代が到来すると言われている。予測困難であるならば、到来する時代の変化に主体性をもって、課題解決的に対応できるような子どもを育むことが必要である。そのため、子ども一人一人のラーニングスタイル（学習スタイル）を育むとともに、身体的、精神的、社会的な安定や自らの幸せを感じられるWell-being（ウェルビーイング）の実現を目指すことが必要である。学校経営を担う私たち校長は、日々出会う子どもたちに何ができるのか、とともに、取り組む教職員と何を共感し共有し推進していくのか、校長自身のWell-being（ウェルビーイング）も大切にしながら、意欲的に取組を推進していきたい。

実践事例

1　幼児教育との連携を推進する学校経営

施設一体型の利点を生かした幼小連携

鳥取県鳥取市立福部未来《ふくべみらい》学園校長

藤　原　憲　道

〈本校の概要〉

本校は、鳥取市の中心市街地から車で十五分程度の距離にある。中山間地域でありながら、海岸線には鳥取砂丘が広がっており、砂丘を中核とした観光施設や、らっきょうや梨の栽培で有名である。平成三十年度に施設一体型幼小中一貫校（幼稚園年長児から九年生までの十学年）として開校し、現在、学園生二百二十三名、教職員三十四名である。

教育目標を「志をもち、自分で考え行動する子の育成～ふるさとの未来を拓き　創造する福部の宝～」と定め、確かな学力と、豊かな人間関係を築く力を備えた子どもの育成と、地域との協働によるふるさとキャリア教育の推進に努めている。

一　はじめに

本学園の成り立ちについては、少子化に伴う将来の学校の在り方が取り沙汰される中で、地域に学校を残し、町の未来を担う子どもたちを育てたいという地域の願いから、平成二十六年に「幼小中一貫校」の設立を目指したところから始まる。

その後、設置準備委員会が立ち上げられ、平成二十八年には、施設分離型の幼小中一貫校として開校し、平成三十年には、一つの校舎の中で幼稚園年長児と義務教育学校児童生徒が、学びや生活を共にする施設一体型の「福部未来学園」として発展統合され、現在に至っている。

学園設立に当たって、幼稚園年長組を組み込んだ十年一貫教育を構想した理由は、当時、既に県内に誕生していた九年制の小中一貫校との違いや特徴を出すために、小一プロブレムへの対応に止まらず、幼小連携をスムーズに進め、学びの土台づくりをしっかり行うことが、そ

の後の中等ブロック、高等ブロックでの学びの充実に資することができるという考えによるものである。学園卒業後の子どもたちの学業達成や、職業生活、家庭生活の実現によって、よりよい地域社会を創るという願いが込められている。

幼稚園年長組と義務教育学校の施設が一体で、なおかつ、小学校一年生への内部進学率が九割を越える有利な環境を生かした幼小連携の取組について紹介する。

二　具体的な取組

1　施設一体型の強み

新一年生の内、ほとんどの子どもたちが学園幼稚園からの入学となっているため、子ども同士の相互理解が進んでいるとともに、無意識のうちに、小学校の生活を目にして、物的又は人的環境に慣れたり、図書館利用や給食当番、掃除の活動など、小学校一年生が実際に行うことを体験できたりするので、新しい環境への不安が少なく、基本的行動様式に一様に慣れ親しんだ上で、小学校生活を始めることができる。

また、十年間同じ学校に通うということは、子どもを取り巻く教職員、保護者、兄弟姉妹関係から長期にわたって見守られることを可能とし、子どもたちが安心して学校生活を送ることにつながっている。

2　連携に際して大切にしていること

本学園は、初等三年・中等三年・高等四年のブロック制を取り入れ、十年間をつなぐ教育の始めにあたる初等ブロック（年長児、一年生、二年生）では、幼児教育と義務教育の接続、遊びから教科学習へのスムーズな移行を図るための教育課程の編成に取り組んでいる。

接続カリキュラムの作成に当たっては、初等ブロックの教員が一緒になって、幼稚園と小学校の発達段階の違いに応じた教育方法について相互理解した上で、子どもたちに身に付けさせたい資質・能力がつながるように、計画・実践・見直しをしながら取り組んでいる。

その際、子どもの育ちがつながるように、幼稚園と義務教育学校の教職員が同僚性を形成しながら対話を重ねることを大切にしている。

3 連携推進の工夫

(1) 職員の連携を進める工夫

校内研修会で幼稚園の教員が講師役となり、義務教育学校の教員に対して、遊びを通して学ぶ幼児教育の特性について説明し、認識の共有を図っている。

研修の中では、日々の子どもの遊びを通した学びについて、実際の場面の写真につぶやきを書き込み、それが「幼児期の終わりまでに育ってほしい姿」のどの姿に通じるかを書き加えることによって「見える化」して、幼児教育の特質について理解を促している。

幼稚園教諭による校内研修

また、幼稚園と義務教育学校の教職員の相互参観が適時に行えるようにするために、定例の職員会議には幼稚園の教職員も参加して、それぞれの教育活動のねらいや計画を事前に知らせ、計画的な参観調整等がしやすく

遊びを通した学びの「見える化」

なるようにしている。

保育参観や授業参観を相互に行い、研究協議にも参加したり、感想を共有したりすることによって、子どもたちに身に付けさせたい力について理解を深めるようにしている。

幼児教育では、子どもが主体的に関心をもって関わる環境を意図的に提供することによって、物の性質や仕組みに興味を示したり、粘り強く試行錯誤して工夫したりすることを大切にしている。義務教育学校の教職員にとって、幼児教育を知ることは、その後の学校での学びに向かう力につながるという発見になっている。

保育参観をする左の義務教育学校教員

幼稚園職員にとっても、園児が小学校に入学した後の姿を見届けることは、園での実践を検証する機会になり、現在の保育への有効なフィードバックとなっている。

小学校において子どもに行き渋り等の課題が生じた場合にも、生育歴や家庭状況等、支援に役立つ情報を迅速に共有したり、必要に応じて幼稚園職員が直接子どもへの支援に入ったりすることによって安心感を与え、課題の解決に協働して当たることができる。

また、日頃から、気になる子どもや配慮が必要な子どもの情報共有等を行う中で、そうした子どもの思いを他の子どもに伝え、受容的な学級経営を行うことによって、共に尊重する態度を育むことができる。特別支援学級への就学では小学校への就学も含めて特別な支援が必要な場合には、特別支援教育主任と連携を取りながら、教育相談や医療受診を勧めるなど保護者への声掛けを行い、早い段階からの支援ができるようにしている。

(2)　カリキュラム編成上の工夫

接続カリキュラムの作成に当たっては、「基本的生活習慣」「人との関わり」「遊び・学習に関わること」の三観点について、幼稚園年長児と小学校一年生でそれぞれ

年長児と１年生のペアで交流遠足

付けたい力や行動として表れた姿を具体的にし、職員同士の共通理解、共通実践が進むようにしている。また、年度末に振り返りや見直しを加えながら、よりよいものに整備している。

例えば、年長児と小学校一年生が共に参加する交流遠足では、実施計画の「ねらい」において、育成すべき資質・能力がつながるように、それぞれの発達段階に応じて異なる目標を設定している。

日常的な学校生活の場面でも、それぞれの活動のねらいを強化する臨機応変な交流をすることができた。例えば、一年生が音楽の授業で「あわてんぼうのサンタクロース」の演奏をしていたところに、ちょうどクリスマス会を終えた年長児が通りかかり、その様子を見学した後、一緒に歌を歌うことがあった。一年生は誇らしい気持ちになることができ、年長組の子どもたちにとっては、一年生の活動の様子を見ることで、小学校生活への安心、期待、意欲等につながっている。

入学式、始業式などの儀式的行事や全校集会などにも、幼稚園年長組が参加する機会を設け、学校生活の中の節目を感じさせ、学校への所属感を高めるとともに、こうした雰囲気を実感できる行事を通して集団の場における規律や改まった態度の素地を養おうとしている。

幼稚園年長組から二年生までで行う初等ブロック活動では、親睦、自主性、協調性、上級生への憧れ、思いやりなどの育成を図ることをねらいとしている。特に、初等ブロック集会では、二年生がリーダーとして集会や遊びの計画を立てて進行する活動を実施することによって、それぞれの学年が一年後の姿をイメージしながら、経験を通して成長している。

付けたい力や行動として表れた姿を具体的にした接続カリキュラム（Ｉ期）

		「年長組で付けたい力」		「１年生で付けたい力」
		Ｉ期（４月・５月・６月）		Ｉ期（４月・５月・６月）
基本的生活習慣		○幼稚園の先生や学園の先生、上級生がわかり、親しみをもって日常の挨拶をする。	あいさつ・きまり・整頓・時間・健康・当番	○気持ちのよいあいさつ、返事をする。 ・名前を呼ばれたら元気よく返事をする。 （入学式、健康観察など） ・毎朝、登校班の友達、先生にあいさつをする。 ・職員室の入退室の仕方。"
		○幼稚園における生活の仕方を知る。 ・廊下を歩く　・右側通行 ・遊んでもよい場所		○学園のきまりが分かる。 ・廊下歩行、トイレや手洗い場の使い方、遊具の使い方 （道徳科・体育科）、体育館の使い方"
		○ロッカーや道具箱、上着掛けなど、自分の物を片付けておく場所が分かり、保育者と一緒に片付けようとする。		○決まった場所に片付ける。 ・朝の準備（連絡帳、宿題→先生の机、ランドセル、上着、水筒、絵本袋→自分のロッカー） ・体操服、歯ブラシ・コップ、色団帽子、引き出しの中身の整理整頓 ・忘れ物をした時には、朝のうちまたは授業が始まる前までに教員に伝える。
		○楽しく給食を食べ、マナーを身に付けようとする。 ・前を向いて食べる、箸の持ち方 ・３５～４０分間で食べようとする。 ○片付けの時間を保育者と一緒に決める ・「この後は○○があるけれど、長い針がいくつになったら片付けをする？」など保育者が問いかけ、子どもたちが考えることができるようにする。		○生活時間に合わせて行動する。 ・時間割について知る・時間の声かけをしてもらい動く。 ・決まった時間までにやることを終わらせるようにする。 「長い針が○になるまでに座ろう」など ・４月下旬ごろより順次、５月には時間割で動けるように ・時間内に朝の準備や帰りの準備を済ませる。 ・時間内に給食を食べる。（年長組第Ⅳ頃から２０分で練習している。） ・次の時間の学習準備ができてから休憩に入る。（トイレ休憩の過ごし方）
		○体調が優れなかったら保育者に言う。		○健康に必要な習慣や態度、生活のリズムを身につける ・メディアについて、ルールをきちんときめて守る。（ゲーム、タブレット、テレビなど） ・早寝早起きの習慣化を図ることで、落ち着いて学習に取り組めるようにする。 ・手洗いの習慣をつける。（外から帰った後、トイレの後、給食前、掃除の後等） ・ハンカチ、ティッシュを毎日持参する。
		○意欲的に当番活動に参加する。 ・給食当番（白衣を着て、給食をとりに行く。配膳する。） ・ほうき当番　・廊下の雑巾がけ、雑巾をしぼる ・挨拶当番（グループの４，５人で） ○人の役にたったことを認められ、その嬉しさを味わう。		○当番の仕事内容が分かる。（給食当番、そうじ当番、学級の当番活動） ・自分の当番活動について、声をかけてもらいながら取り組む。
人との関わり		○自分が話すだけでなく、人の話も聞く。 ・返事をする　・おてて絵本　・バディ （２人組で活動） ○友だちのよさに気付き、一緒に活動する楽しさを味わう。	集団の一員として・集団活動・認め合い・表現・地域交流	○学級の一員であることを自覚する。 ・学級目標に沿って、頑張ろうとする。
		○バディ（2人組）やグループでの活動を楽しむ。		○いろいろな友達と活動ができる。 ・隣の席の友達だけでなく、いろいろなペアを組む。 ・班活動や色団での活動等 ○先生や友達に親しみをもって、関わろうとする。 ・隣の席のペアを中心に活動する。（名札や学習準備の確認など） ・友だちに声をかけたり助けたりしようとする。
		○なかよし班・色団などで自分の所属がわかる。		
		○生活の中で必要な言葉が分かり、使う。		○友達や先生に自分のことを伝えたり、聞いたりすることができる。 ・じこしょうかいをしよう（国語科・道徳科）
				○地域のいろいろな人と交流することを楽しむ。 ・朝の読み聞かせ（通年）
遊び・学習に関わること		○保育室で自分の好きな遊びを見つけ、楽しむ。 ・こままわし・けん玉・あやとり・ラキュー・マグネット・ままごと ○ひまわり広場や校庭で、友達や保育者と一緒になって遊ぶ。 ・決められた場所、安全な遊び方や遊具や用具の使い方を知る。 ・転がしドッヂボール・おにごっこ ・固定遊具（滑り台、ブランコ、鉄棒） ・砂場遊び・スクーター・竹馬 ○いろいろな運動遊びを楽しみ、全身を動かして遊ぶ。 ・ストップ＆ゴー遊び・一方通行おにごっこ ・跳び箱・鉄棒・マット・動物模倣・縄跳び等 ○園外保育に出かける ・保育園周辺・高江公民館、桜の木 ・海士公園・学園遠足（9年生と一緒にオアシス広場） ○絵本に親しみ、友達と一緒になってお話の世界を楽しむ。	学習・姿勢・聞く力・伝える力・家庭学習等	○興味・関心をもち、学ぶ楽しさ、知る喜び、できた達成感を味わいながら学習に取り組む。（幼稚園年長時の「１年生になったら勉強頑張りたい。」の気持ちを大切に） ○手遊びや読み聞かせをみんなで楽しむ。 ○１人で静かに読書を楽しむ。（朝読書、国語科） ○平仮名を正しく書ける。（国語科） ○１～１０までの数とその表し方がわかる。（算数科） ○自然に親しみ、植物を大切に育てる。（生活科） ○よい姿勢を保持できる。（※年間を通して習慣化を図る。最終的には 45 分間保持できるように。） ・足ペタ・ピン・トン（国語科・書写） ・学習に適切な座り方ができる。（集会・体育科） ○最後まで静かに話を聞く。（年間を通して習慣化を図る） ・話す人の方を向いて静かに聞く。 ・指示を最後まで聞いてから行動する。 ○短い言葉による指示を、絵や図をヒントにして理解し、行動できる。 ○自分の考えや思いを言』で友達や先生に伝える。（国語科、学級活動、その他発表場面） ○宿題を毎日する。（※年間を通して習慣化を図る。家庭との連携必須。） ・宿題の内容の確認、丁寧に取り組むこと、音読の確認・連絡ノートのサインを必ずお家の人にしてもらう等 ○前日の夜までに次の日の準備をする。（年間を通して習慣化を図る）

※１ページに表示できないため、Ⅱ～Ⅳ期は割愛

三　おわりに

本校は、同じ校舎の中に、義務教育学校の教育を行う者と幼児教育を行う者が共に勤務するという恵まれた環境にあり、互いの保育や教育の様子、子どもの学びや育ちの姿を、日常的に目にすることができる。そのことがただ同じ建物の中にいるだけに終わらないよう、校内研究会や日常のブロック会等で職員同士が相互理解を深め、共に実践していくことを通して、施設一体型の環境を生かした幼小連携を進めていきたい。

また、このような幼小連携の取組において、それぞれの発達段階に応じた適切な教育の在り方を便りや説明会等の機会をとらえて保護者への啓発を行うことによって、家庭の教育力を高めることにつなげていきたい。

これまでの研究で、幼児期の教育が、その子どもの将来の豊かで幸せな生活に影響を与えることが指摘されている。多くの子どもたちが自己実現を果たし、幸せな生活を送れるようになることは、地域全体が幸せで満足度が高い社会を形成していくことにもつながっていく。

町の将来を担う子どもたちを大切に育てたいという地域の願いから設立された幼小中一貫校の本校で、よりよい学校教育を通してよりよい社会を創るという目標を学校と地域が共有して、共に取り組んでいきたい。

２年生がリードする初等ブロック集会

2　九年間を見通した新時代の義務教育を推進する学校経営

教科担任制の推進を通して

東京都渋谷区立幡代《はたしろ》小学校長
加　納　一　好

〈本校の概要〉
本校の児童数は七百四十名で渋谷区では最も多い。渋谷区立だが、新宿駅至近の甲州街道沿いにあり、玉川上水がその横を流れている。明治十五年の開校当時は、玉川上水沿いの甲州街道を大勢の人が歩いていたことが想像できる。
現在、玉川上水は暗渠になり、甲州街道の上を首都高速が走っている。学区域にはオペラシティや新国立劇場があり、都庁も徒歩圏内にある。マンションの多い住宅地であるが古くからの商店街もあり、地域の応援は熱い。

一　はじめに

本校は令和三年度に東京都教育委員会から小学校教科担任制推進校の指定を受け、教科担任制を実施している。教科担任制は中学校を見据えた取組でもある。ここでは教科担任制の視点から「九年間を見通した新時代の義務教育を推進する学校経営」を述べていく。

ただし、学校規模や加配を含めた教員配置状況の違いから、全ての学校で本校と同様の教科担任制を実施できるとは考えていない。

しかしながら、本校の教科担任制の取組や成果と課題を述べることは、それぞれの小学校における中学校との有効な接続に資するものになると考える。

そのため、本稿では、今後、教科担任制を進める学校もあることから、本校の取組を年度別に述べさせていただく。本校の実践を参考にしていただければ幸いである。

二　取組の概要

1　導入の経緯

令和三年度より、東京都から小学校教科担任制等推進校の指定を受け、高学年の教科担任制を開始した。推進校の指定を受けたことにより、保健体育科の中学校教員が一名加配された。

2　導入の主なねらい

東京都教育委員会は中学校教員一名を加配し、小学校高学年における教科担任制を実施することで、専門性の高い教科指導の実現、中学校教育への円滑な接続、学年のまとまりによる児童理解の促進による生活指導の充実を図った。

児童側の期待される効果としては、①質の高い授業の実現による学力向上　②複数の教師による多面的な児童理解による心の安定　③小学校から中学校への円滑な接続などが挙げられる。学校側の期待される効果としては、ア．教材研究の深化と授業準備の効率化　イ．教科指導の専門性と授業力の向上　ウ．チーム意識の醸成と学年経営の強化（組織的な生活指導）などが挙げられる。

対象教科と実施形態（令和５年度）

○学級担任間の授業交換による授業	○専科教員または講師による授業	○中学校加配教員による授業
国語、理科、社会、算数	図工、音楽、英語、算数、家庭科	体育

3　対象学年・対象教科・実施形態

(1)　対象学年　第五・六学年（各学年三学級）

(2)　対象教科・実施形態（令和五年度）

例えば、第五学年では一組の学級担任が国語を、二組の学級担任が社会科を、三組の学級担任が理科を担当している。算数は、国語担当で時数が多い一組の学級担任は授業をもたず、二組と三組の学級担任と算数専科二名（算数担当教員と時間講師）で三学級を四つに分けて展開している。

図工、音楽、家庭科、英語、

体育は専科教員または講師が担当し、道徳、総合的な学習の時間、特別活動は学級担任が行う。このようにして、ほぼ中学校と同様の教科担任制を実現している。

三　年度ごとの取組、成果と課題

1　一年目（令和三年度）

(1)　重点目標

「本校の実態に合った教科担任制のよりよい運用に向けての基盤づくり」

初年度、まずは時間割を作成し、教科担任制をスタートさせた。教員の抵抗感もあり、学級経営から学年経営へと意識を広げていくことが課題となった。

(2)　取組の視点

教科担任制の先行実施に当たり、本校の実態に合わせるため、以下の三つの視点から取組を進めた。

①視点1「教科担任制のよりよい運用」に向けての取組

・外部との連携

地域人材や関係諸機関等との連携を図るとともに、東京都教育委員会や教科担任制の有識者（大学教授等）からの指導を受けた。

校長と教科担任制推進担当が東京都教育委員会主催の研修会に参加し、他校と情報交換をするとともに、有識者から指導を受けた。更に有識者を学校に招き、教職員全体が指導や助言を受けた。

・時間割の工夫

月曜日一校時は学級担任の授業とした。授業時間内に主幹会（管理職と必置主任の会）や第五学年と第六学年の学年会を設定した。

時間割の作成は加配教員が中心となって行った。授業時間内に会議を設定したことから作成には時間がかかった。なお、二年目からは一年目の時間割を基にしたため、一年目ほどの時間はかからなくなった。

・保護者や地域への情報発信

保護者会や学校運営協議会で教科担任制の進捗状況を報告し、成果と課題の共有を図った。

・アンケート調査の実施

年二回（六月、一月）の児童、教員、保護者へのアンケート調査により成果検証を行った。

・専科教員から学年担任への意識の転換

専科教員を副担任として第五・六学年に二名ずつ配置することにより、専科教員も学年担任だということを意識した指導体制の確立を図った。

②視点2「多面的な児童理解」に向けての取組

・児童の学習面と生活面の情報共有

週一回の学年会や専科会、月一回の教科担任会で、第五・六学年の児童の情報を交換、共有した。

・複数による生活指導

生活指導上のトラブルが起きた場合は、学年の教員が同席して複数で対応した。

③視点3「教員の指導力向上、児童の学力向上」に向けての取組

・単元指導計画の作成と蓄積

各教科の単元指導計画を作成し、蓄積していくことにより、次年度の担当者へのスムーズな引き継ぎを行えるようにした。

(3) 成　果

①児童アンケートから

・「あなたには、分からないことや困っていることを相談できる先生が、何人いますか」という質問に、「三人以上」と回答した割合が第五・六学年で四二%から五五・五%に上昇した。

・「中学校と同じ教科担任制を行うことで中学校への授業の不安はない」と答えた児童が八割を越えた。

②教員アンケートから

・第五・六学年の担任教員の授業の持ち時数が二十以下となり負担が軽減された。

・同じ内容の授業を複数回行うことにより、授業準備の効率化が図られ、内容も充実させることができた。

・授業を通して学年の児童により深く関わるようになり、担任教員が児童に対してもつ悩みや困りごとを学年で共有しやすくなった。

(4) 課　題

初年度ということから、多くの課題が見つかった。

①時間割の工夫

専科の授業、校庭や体育館の使用割り当てなどに偏りが見られた。学年全体で指導を行う時間が不足していた。

②担任団から学年団への意識の転換
　副担任制が十分に機能しなかった。
③授業開始、終了時刻の徹底
　五分の休み時間では、教室移動や授業準備が難しい場面も見られた。特に体育の前後は工夫しないと開始時刻に間に合わなかった。
④児童の情報を共有する時間の設定
　児童の情報を共有する時間が十分にとれなかった。

2　二年目（令和四年度）

(1)　重点目標
　学年経営を強化し、チーム意識を高めることにより、複数の教員による「多面的多角的な児童理解」を促進し、学年・専科（学年団として）のまとまりによる組織的な生活指導を実践する。
(2)　取組の視点
　一年目の課題を踏まえ、取組の視点に次の点を加えた。
①視点１「教科担任制のよりよい運用」に向けての取組
・時間割の工夫
　道徳、総合的な学習の時間、学級活動は学年で同じ時間に設定し、学年合同で取り組む学習や学年の時間を確保した。
・副担任の業務の明確化
　学年だよりの作成、当該学年の行事の担当、個人面談への同席、家庭連絡等を副担任の業務とした。
②視点２「多面的な児童理解」に向けての取組
・チャットツール（Ｔｅａｍｓ）を活用した情報共有
　チームを作成し、生活指導や児童の情報を共有し、対応した。児童の成長につながる情報も共有した。
・通知表作成時等の情報共有
　学級担任が担当していない教科もあるため、教科担当教員が、児童の教科での様子を共通のフォーマットに記録し、学級担任と共有できるようにした。その情報を個人面談や通知表の所見の参考にした。
③視点３「教員の指導力向上・児童の学力向上」に向けての取組
・授業参観の実施
　第五・六学年に関わる教員の授業をお互いにいつでも参観できるようにした。同じ教科の授業をみることで教

科の系統性の理解を進め、授業改善につなげた。

(3) 成　果

①児童アンケートから

・「学年や専科のいろいろな先生の授業は、楽しいですか」という質問に「楽しい」「どちらかといえば楽しい」と答えた児童は、全学年とも八五％を超えた。

【自由記述】

「他の学級の先生とも仲良くなれた」

「先生によってよい意味で教え方が違って楽しい」

「その教科を専門としている先生が授業を行っているから分かりやすい」

反面、「教室移動が増えて大変」

「一部の人が先生によって態度を変えることは直したい」

という意見もあった。

・六年生に「教科担任制を二年間行ってきましたが、中学校への不安はありますか」と質問したところ、七三％が「不安ではない」「どちらかというと不安ではない」と答えた。

【理　由】

「小学校から中学校の教科担任制を行ってきていて変わらないから」

「教科担任制だといろいろな先生に会えるので楽しいし不安ではない」

「二年間もやって慣れたから」

他に、「中学校の先生は怖そうなイメージがある」

「会ったことのない先生だから不安」

「中学生になると勉強も難しくなるし、テストも多くなるから」

「友達がいなくなるから不安」など、教科担任制への不安はないが、中学校へ進学することへの不安が出された。

②教師アンケートから

・視点1、2、3ともに九〇％の教員が肯定的に答えた。二年間行い、教科担任制の有用性が更に認識された。特に授業の持ち時数が週二十時間以下になること、学年で生活指導を行うこと、体育を指導しなくてもよいことなどが高く評価された。第五・六学年の担任になること

への抵抗が少なくなり、子育て中の教員も希望するほどになった。

(4)　課　題

①学年で行う授業時間の不足

年度初めや行事に向けて、学年全体で指導を行う時間が足りなかった。

②行事等を見越しての時数管理

運動会などの行事前や水泳指導中など特別時程での時数管理が難しかった。

③学年会での児童に関する情報交換の不足

週予定や行事に関する打ち合わせが多くなり、児童の情報交換の時間を十分にとれなかった。

④学年を超えた授業参観の不足

授業参観を行う時間を確保できなかった。

3　三年目（令和五年度）

(1)　重点目標

教科の系統性を意識した授業を展開することにより、「教員の指導力向上・児童の学力向上」を図る。

(2)　取組の視点

二年目の課題を踏まえ、取組の視点に次の点を加えた。

①視点1「教科担任制のよりよい運用」に向けての取組

・学年の時間の確保

年度初めの数日間（学級開き等）、年度終わりの三週間（卒業式練習、時数管理等）は学年裁量による時間割にする。

・組織による時数管理

行事等を見越して時数の調整を行う。行事に向けての時間割作成には教科担任制担当者も関わる。

②視点2「多面的な児童理解」に向けての取組

・児童の情報共有の時間の確保

学年会での話合いは、週予定や行事の打ち合わせが多く、児童の情報共有が後回しになることがある。児童の情報共有の時間を必ず五分間はとるようにする。

③視点3「教員の指導力向上・児童の学力向上」に向けての取組

・系統性を考えた授業改善

校内研究を学年ごとではなく、教科ごとに分け、系統性を踏まえた授業へと改善する。

四　三年間を通しての成果と課題

1　児童からみた成果と課題

①成　果

・学級担任に加え、専科教員など多くの教員に生活上のことを相談することができるようになった。

・専門性の高い様々な教員による授業のよさが分かり、教科担任制に対する不安がなくなった。

②課　題

・教科担任制というシステムについては慣れたが、中学校の教員や学習の内容、進度に関わる不安を解消させることはできなかった。

2　教員からみた成果と課題

①成　果

・教科担任制に関わる全教員の授業のもち時数が二十以下になったことや学年会が授業時間内に実施できるようになったことから負担が軽減された。

・同じ授業内容を複数回行うことにより、授業準備の時間が短縮され、別の業務ができる時間が増えた。勤務時間も短縮化され、働き方改革につながった。

・同じ授業内容を複数回行うことにより、教材研究が深まり、授業の質、教科指導の専門性が向上した。

・授業を通して学年の児童全体に関わるため、学級担任の悩みや困りごとを学年で共有しやすくなった。

②課　題

・自分の専門とする教科の指導ができない。例えば、体育を専門に研究している教員が、体育専科がいるため、日常の体育の授業ができない。

・一つの教科を一年間担当するため、経験年数の浅い教員が教科担任に就いた場合、教科横断的な視点で授業を計画、実践することを学びにくい。

・授業間の休み時間が五分間では時間通りに開始できない場合がある。

3　校長からみた成果と課題

①成　果

・副担任制を導入し、専科教員が特定の学年を担当することで、学級から学年への意識が高まった。学年行事や生活指導の複数対応など学年全体で組織的な対応を

することが当たり前となってきた。
・担当する授業を複数回行うとともに、他学級で授業を行うため、授業への責任が高まり、緊張感が生まれ、授業内容が改善された。
②課　題
・九年間を見通した授業への改善が不十分である。
・学年だけでなく教科も踏まえた人事配置を考えなければならない。

五　おわりに

「九年間を見通した新時代の義務教育」というテーマで教科担任制を述べてきた。現時点では、九年間のうち不十分ではあるが二年間も見通せていないように思う。ただ、教科担任制が九年間を見通すきっかけになることは間違いない。令和五年度は教科の系統性を踏まえての授業改善を進めている。

　今後は、中学校での学習との繋がりも考え、更に系統性を意識した教育の充実を目指していきたい。

個の教育的ニーズに応えるためのチーム五福の取組

岡山県倉敷市立第五福田《だいごふくだ》小学校長
矢　延　真　里

〈本校の概要〉

本校は、昭和二十七年に開校した学校で、令和五年度の児童数は百八十六名である。学区には水島臨海工業地帯や商店街があり、地域の中心市街地に位置している。

学校教育目標は「強いからだ　ゆたかな心」である。特別支援学級二学級（知的障害、自閉症・情緒障害）に加えて、言語障害及び情緒障害通級指導教室も設置されており、倉敷南地区の特別支援教育センター校としての役割を担う。今年度（令和五年度）は、岡山県事業「通級による指導におけるＩＣＴ活用研究事業」の研究校の一つとして実践発表の指定を受けている。

一　はじめに

「全ての子どもたちの可能性を引き出したい。」

それは、私たち教員はもちろん、子どもたちの成長を願う社会全体の思いである。このことを学校現場でいかに具現化していくか。「令和の日本型学校教育」の構築のために、学校の果たす役割や校長としての責務の大きさを感じる。

本校では、子どもたちの可能性を引き出し、「強いからだ」と「ゆたかな心」を育成することを目指している。このことを全ての子どもに対して実現するためには、一人一人の多様な教育的ニーズに応えながら、安心と自信を育む教育活動を推進していく必要がある。

そこで、特別支援教育を学校経営の柱に位置付け、学校組織全体で取り組むこととした。共生社会の実現に向けた取組の強化や連続性のある多様な学びの場の一層の充実・整備等が求められている今、「チーム五福」として一歩先を目指した取組を進めたいと考えている。

二　支援体制の構築に向けた取組

「通常の学級に在籍する障害のある児童生徒への支援の在り方に関する検討会議報告（令和五年三月）」の中で、「校長のリーダーシップの下、特別な教育的支援を必要とする児童生徒の実態を把握し、適切な指導や必要な支援を組織的に行うための校内支援体制を充実させること」と示された。

共に考える場（職員室の風景）

校長としてまず取り組んだことは、子どもの実態や支援について教員が日常的に話し合い、助言し合える風土の醸成である。そのためには、特別支援教育コーディネーター（以下、コーディネーター）をはじめとする核となる人材の育成が重要である。

また、教員が支援について悩みを抱え込まないように、管理職がたびたび声を掛け、共に考える場づくりも大切にしてきた。核になる教員と担任、あるいは担任同士の良好な人間関係やスムーズな連携は、チームとしての取組への第一歩である。

1　通常の学級における多様な校内支援体制の工夫

個の教育的ニーズにできるだけ柔軟に対応するために、通常の学級における多様な支援の在り方についての検討を行った。対象は、障害の有無に関わらず、通常の学級に在籍している特別な支援を必要としている全ての子どもである。担任の合理的配慮で対応できる子どももいれば、あと少し踏み込んだ支援が必要な子どももいる。そこで、教務主任が中心になって、次頁の図1のような機動的な指導・支援体制を工夫した。人的資源は限られているので、「可能な範囲」で「必要に応じて」の実施ではあるが、担任以外の教員による入り込み指導や別室での取り出し指導も導入した。学習内容や子どもの状況に応じて、適宜見直しを行いながら柔軟に対応している。

2　子どもに寄り添って支援をつなぐ

全ての子どもは日々成長している。成長とともに、必

要な支援の質や量も変わってくるので、その都度、学びの場の柔軟な見直しが必要となる。学びの場の変更にあたっては、子どもの気持ちに寄り添いながら、全教職員が合理的配慮を共有し、緩やかに支援が連続するような体制を工夫することが求められる。子ども本人が見通しをもって納得できれば、新たな学びの場が意欲や安心感につながるが、本人が望まない場合は、苦痛を感じる場となる。

特に、特別支援学級から通常の学級に学びの場を移す場合は子どもが不安を感じやすいので、計画的、かつ段階的な交流及び共同学習を行うことが必要である。「段階的」には質（内容・入り込み指導の有無等）と量（時間数）との両面がある。

また、この移行期間は、集団で過ごす際に必要な合理的配慮について確認する期間でもある。そして、通常の学級に移ってからも、特別支援学級の担任による支援を継続していくことも忘れてはならない。「これからも応援しているよ。話しに来てね」と寄り添うことで、通常の学級で過ごすことへの不安を軽減し、一歩を踏み出す

図１　本校の校内支援体制

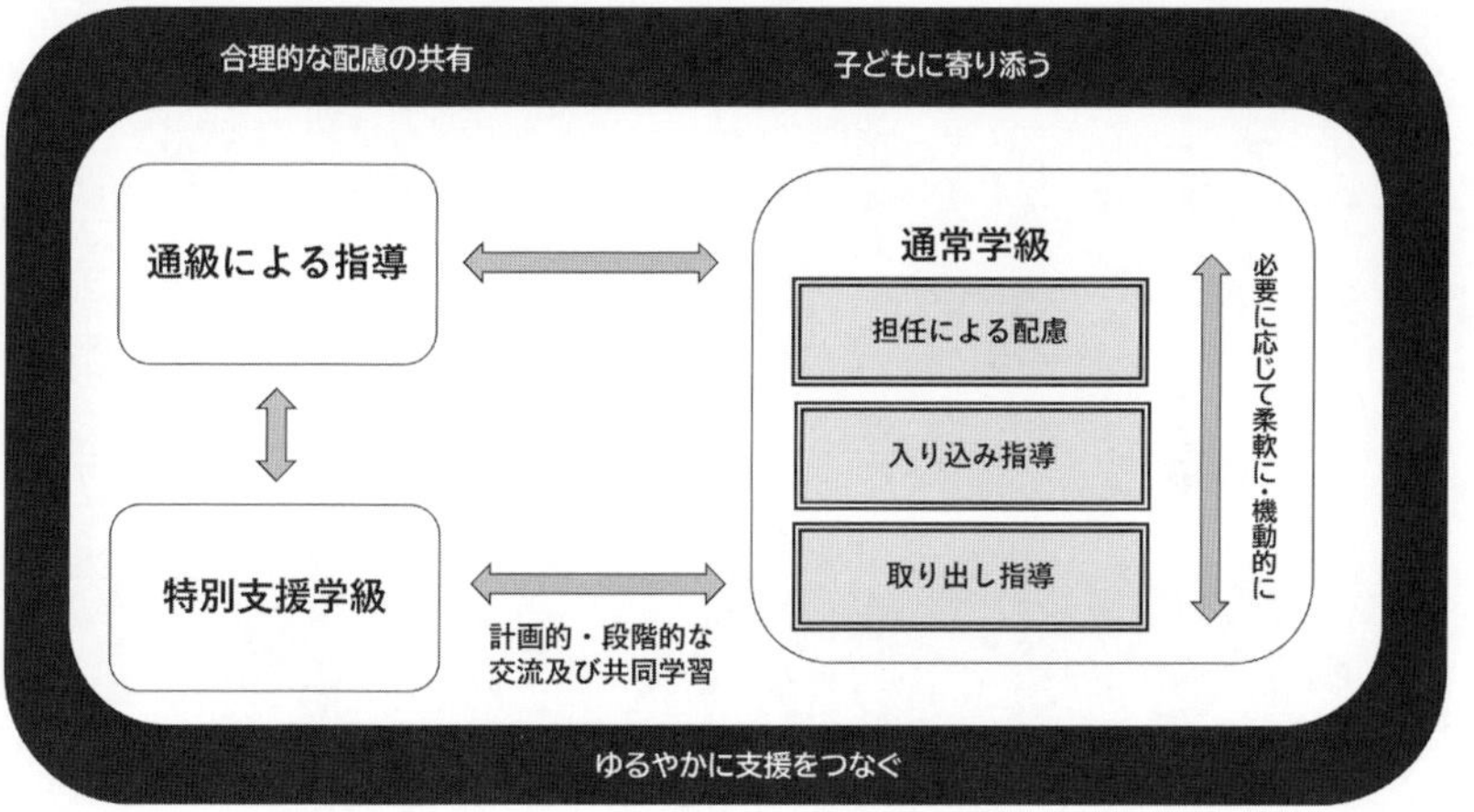

ことができている。

3　切れ目のない支援の引き継ぎと関係機関との連携

切れ目がないように支援を引き継ぐためには、「個別の教育支援計画」「個別の指導計画」を次の学年へ、そして次の学校へとつないでいくことが必要である。そこで、焦点化した合理的配慮を明記し、ＰＤＣＡサイクルに沿った活用ができるように様式に修正を加えた。保護者とも合意形成を図りながら、更に充実したものにしていきたいと考えている。

関係機関との連携のために、コーディネーターが果たす役割は大きい。本校では、今年度（令和五年度）は三名のコーディネーターを配置し、次のように役割分担をした。

①幼稚園・保育園・こども園や中学校とつながる
②本校の児童に関して校内外の関係者をつなぐ
③通級による指導を受けている倉敷南地区の児童に関して関係者をつなぐ

将来にわたって子どもも保護者も安心して過ごすことができるようにするためには、図２に示すように、①の

図２　支援の引き継ぎと関係機関との連携

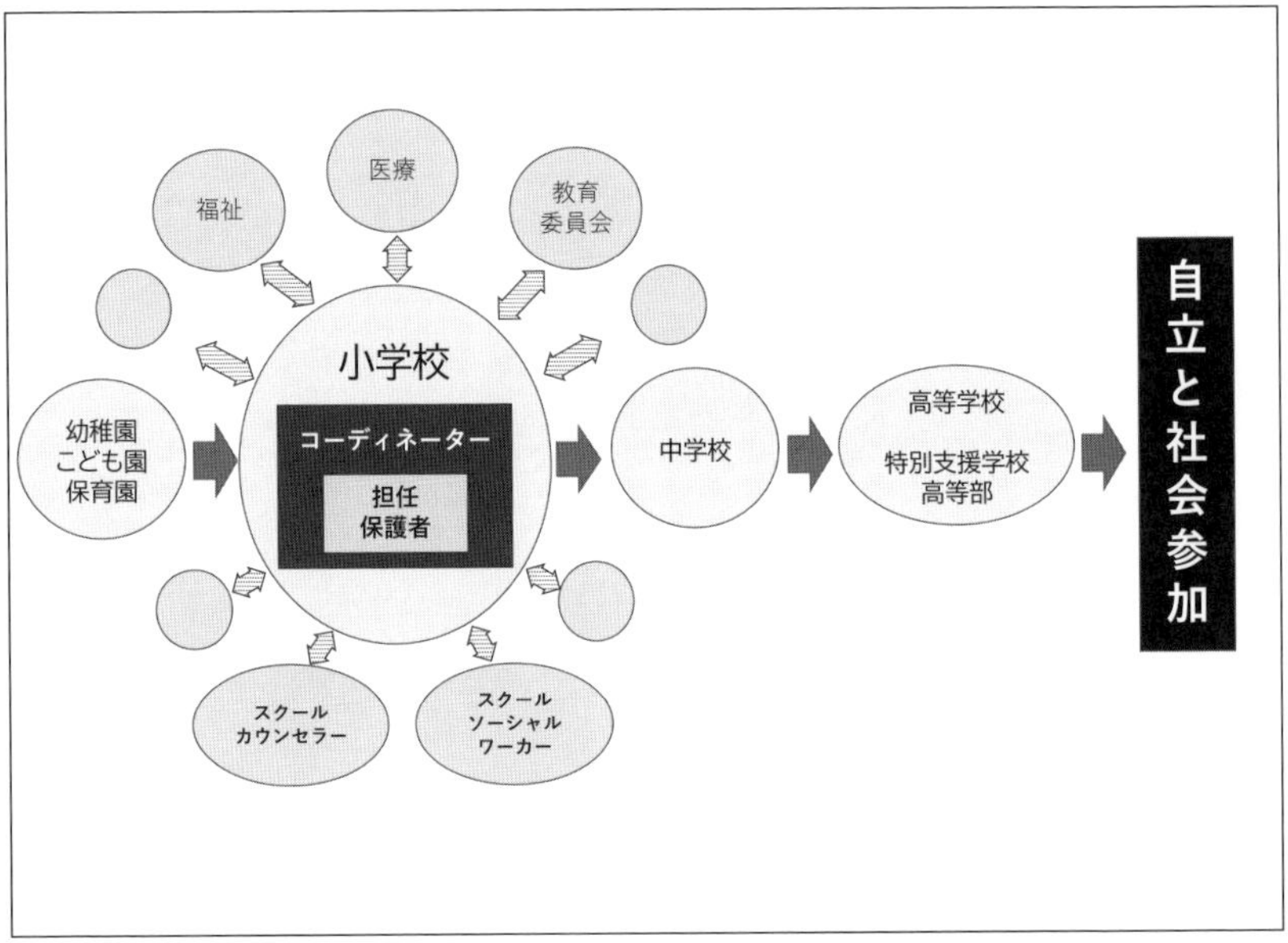

ような学校園間の「縦の連携」と、②③のような子どもを支える「横の連携」が求められる。校長としても、コーディネーターを支えながら、連携の強化に向けてマネジメントに努めたい。

三　通級による指導の充実

1　センター校としての取組

通級指導教室は、地域のセンター的機能を担っている。センター機能の一つに、相談及び情報提供の機能がある。本校では、通級による指導を受けている子どもについて、保護者や通常の学級担任からの相談を受けており、担当者間で協議しながら対応している。また、「通級指導担当者による在籍校訪問」や「在籍学級担任等による通級参観日」を実施し、子どもの指導や学びの場について在籍校と共通理解を図っている。

今年度（令和五年度）は新たな取組として、地域の他校教員に対する研修協力を行った。就学時健康診断を控えている近隣の学校からの要望を受け、言語通級指導担当者によるミニ研修会を実施したのである。すると、予想を超える参加があり、参加者の熱心な様子からもニーズの高さが伝わってきた。

研修では構音の誤りと吃音《きつおん》について取り上げたが、研修後には「今まで何となく分かったつもりになっていたことを発達段階に沿って説明してもらい、納得できた」「多くの先生に聞いてもらいたい内容だった」等、前向きな感想が多く寄せられた。参加者の疑問や不安が少しでも解消し、言語障害に対する理解につながったことは大変意義深いと感じている。

一人一人の子どもへの対応と合わせて、今後は、専門的な内容の発信も行い、地域の他の教員の専門性の向上や保護者への情報提供にも寄与していきたいと考えている。

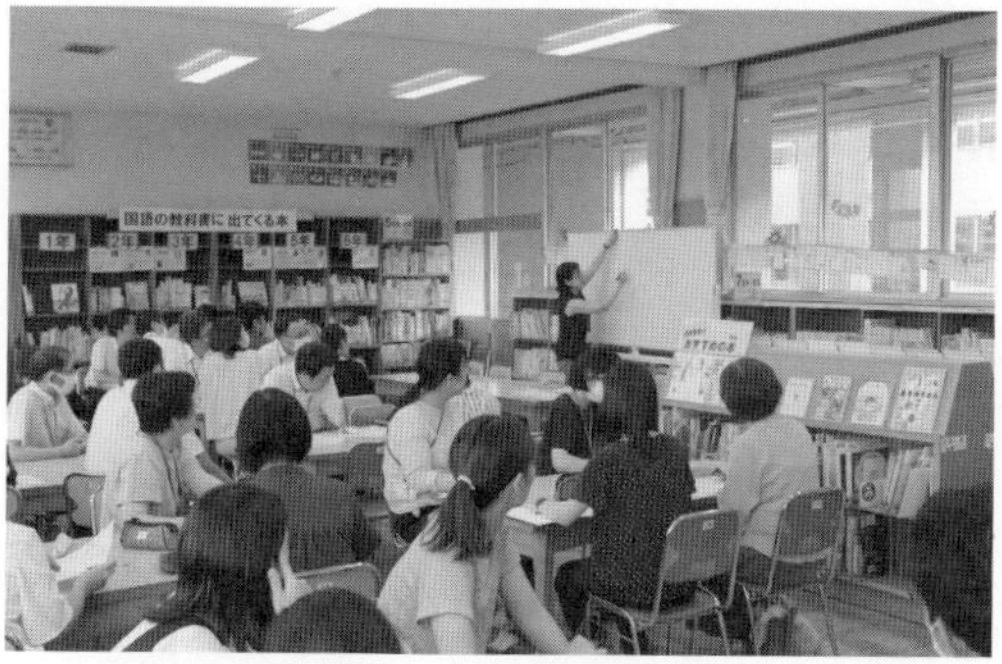

言語障害についてのミニ研修会

２　ＩＣＴ活用の研究

倉敷市には、図３に示すように、小学校七校、中学校一校に通級指導教室が設置され、中学校四校にサテライト教室がある。

図３　倉敷市の通級指導教室の現状とICT活用についての実践研究の内容

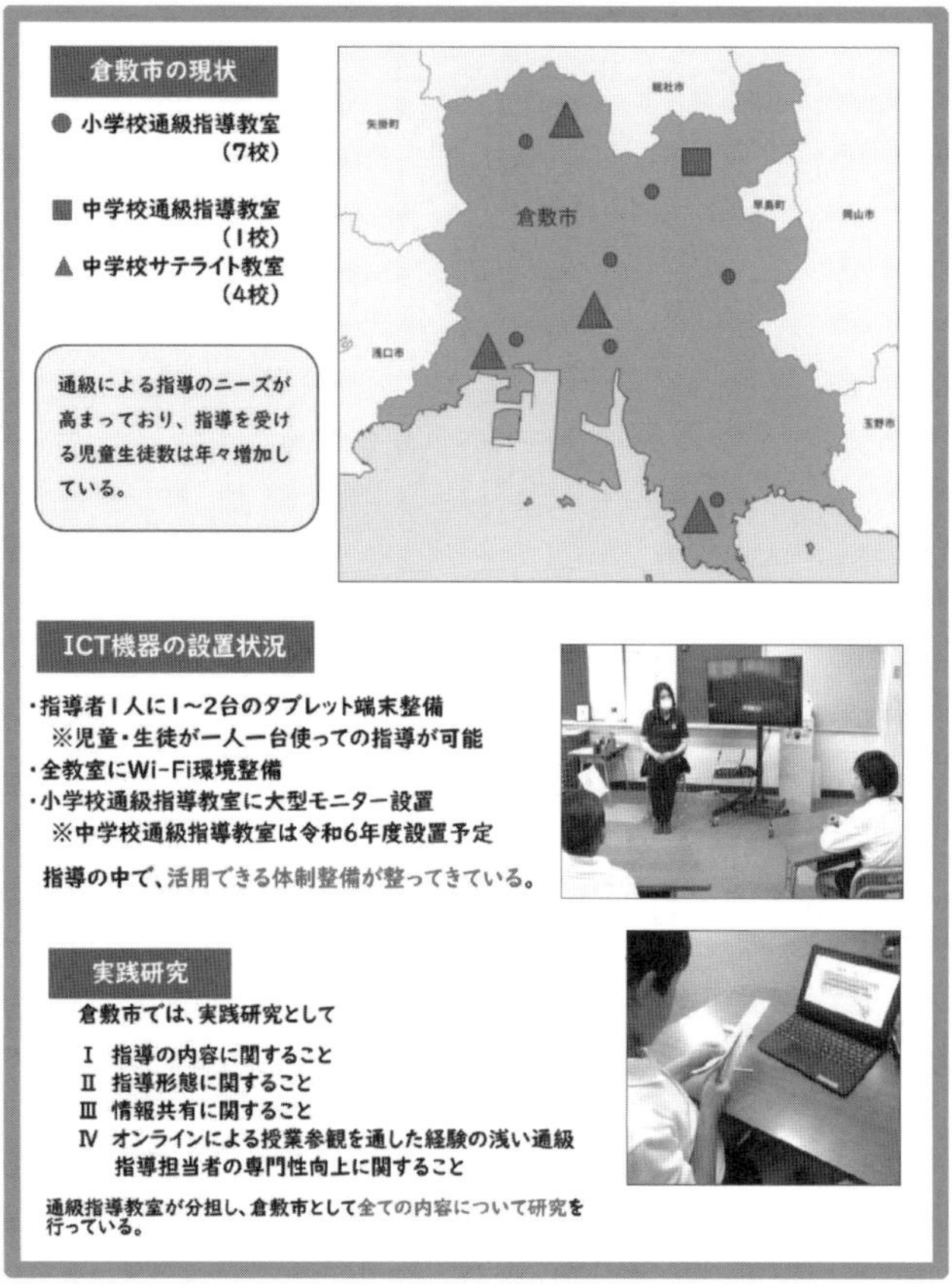
倉敷市の現状
● 小学校通級指導教室（7校）
■ 中学校通級指導教室（1校）
▲ 中学校サテライト教室（4校）
通級による指導のニーズが高まっており、指導を受ける児童生徒数は年々増加している。
倉敷市
ICT機器の設置状況
・指導者1人に1～2台のタブレット端末整備
※児童・生徒が一人一台使っての指導が可能
・全教室にWi-Fi環境整備
・小学校通級指導教室に大型モニター設置
※中学校通級指導教室は令和6年度設置予定
指導の中で、活用できる体制整備が整ってきている。
実践研究
倉敷市では、実践研究として
Ⅰ　指導の内容に関すること
Ⅱ　指導形態に関すること
Ⅲ　情報共有に関すること
Ⅳ　オンラインによる授業参観を通した経験の浅い通級指導担当者の専門性向上に関すること
通級指導教室が分担し、倉敷市として全ての内容について研究を行っている。

岡山県では、令和四年度から六年度の三年間、「通級による指導におけるＩＣＴ活用の研究」を行っており、本市も研究指定を受けて、全ての通級設置校において実践研究に取り組んでいる。これによって、タブレット端末やＷｉ－Ｆｉ環境等の整備が加速されたことは、通級指導教室にとってありがたいことだった。

さらに、市教育委員会担当課のＩＣＴ活用に関する研修協力により、最初は研究に不安を抱いていた通級担当者もスキルアップが図られ、研究への意欲が高まっていった。

倉敷市の実践研究のテーマは次の通りである。

①ＩＣＴ機器を活用した自立活動の指導の充実
②ＩＣＴ機器を活用した在籍

校、保護者との連携

③オンラインによる通級担当者会や研修会の実施

これらのテーマに沿って各校で研究を進めるとともに、他の通級設置校とも定期的に情報交換や協議を行うことで、市全体として通級担当者の専門性が向上してきている。ＩＣＴ活用の研究に向かってそれぞれが自分に合った形で主体的・協働的に学びを進めるチームが育ってきており、この姿はまさに、「令和の日本型学校教育を担う教師の学び」であると感じている。

本校で研究を進めるに当たっては、通級担当者だけでなく学校全体で取り組むこととした。通級による指導における学びと通常の学級での学びをつなぐことが、大切であると考えたからである。特に、学力向上担当や情報教育担当は研究の推進に大きな役割を果たしている。また、通級担当者も、通常の学級の授業の進め方やＩＣＴ活用状況について、より積極的な把握に努めるようになってきた。

本校の研究テーマは、「ＩＣＴ機器を活用した自立活動の指導の充実」である。ＩＣＴ機器の活用自体が目的とならないように留意しながら、「子どもが自分の学びを実現するために活用するＩＣＴ」と「教師がスケジュールや教材などを分かりやすく提示するために活用するＩＣＴ」の両面から、「指導の内容に関すること」について研究を進めている。言語障害、自閉症、情緒障害、学習障害、注意欠陥・多動性障害の障害種別ごとに実践を重ねることで、子どもによって、あるいは学習内容によって、どのようなＩＣＴが効果的なのか、あるいはＩＣＴとこれまでの実践の蓄積をどのように組み合わせるのがよいのかということを検証・分析していった。

次頁に示しているのは、実践について記録した検討シートの一例である。このシートを使って評価・改善を繰り返しながら、実践を積み重ねていった。

実践発表会は、対面とオンラインのハイブリッド形式で行ったが、熱心な参加者の姿から、ＩＣＴ活用や通級による指導に対する意識の高さが感じられた。本校においても、今回実践発表をさせていただいたことで、担当者の専門性が向上したことはもちろん、チーム力の向上という点でも大きな成果につながった。校長として「研

通級による指導におけるＩＣＴ活用の実践検討シート

吃音	目的 活用するICT	・自分の吃音の様子や吃音についての思いを他者に伝えることができるようにする。 ・Kahoot!（吃音についてのクイズを行う）	
	成果・効果	通級による指導を在籍学級担任が参観に来た時（担任参観日）に実施した。クイズを一緒に解くことで、今まで学んできた吃音の知識を自然に担任に話すことができた。自分の吃音の様子を整理でき、また、担任も本児の思いや吃音の状況についての理解が深まった。	
	課題・改善点	今回は担当者が吃音クイズを作成したが、次回は児童と一緒に作成しようと考えている。指導の度にその日学んだことを1問ずつクイズにする等、見通しをもって取り組みたい。また、在籍学級の他の児童に対しても取り組むことによって、互いの個性を尊重し合える温かい学級づくりにもつなげたい。	
自閉症	目的 活用するICT	・場面絵を見て、どちらが望ましい言動かを考えることができるようにする。 ・SSTの教材を作成し、カードをスライドにして、モニターに写す。	
	成果・効果	スライドショーでアニメーションをつけることによって動きがでるので、クイズ大会をしている雰囲気になる。クイズ方式にしたことで意欲的に取り組むことができ、協働的な学びにつながった。 モニターで大きく提示したのでグループ指導で効果的に使用できた。	
	課題・改善点	共有ドライブに入れると、他の児童にも活用できる。児童に合わせた形に修正しながら使用している。 他の通級指導教室との教材の共有をさらに図っていきたい。	
ADHD	目的 活用するICT	・相手の気持ちに合わせた言葉かけを考えることで、人との望ましい関わり方ができるようにする。 ・Google Jamboardへの書き込み入力。	
	成果・効果	プリントとタブレット端末の両方を提示したところ、タブレット端末を選択した。タブレット端末を使うことで学習意欲が増すとともに、書き込んだことのイメージが残りやすかったり、記録として事後の振り返りに利用したりすることができた。 Google Jamboardの操作方法に慣れ、通常学級での授業にいかすことができた。	
	課題・改善点	学習内容を保護者や担任と共有する方法が確立していない。 通級指導教室での学びを家庭や在籍学級で生かすためにもその方法を検討したい。	

実践発表会①（実践発表の様子）

実践発表会②（会場での熱心な情報交換）

実践発表会③（オンライン参加者を交えた研究協議）

究発表を引き受ける」ということを負担に感じなかったと言えば嘘になるが、多くの方々の支援や指導をいただきながら、通常学級担任や市内通級担当者と共に研究に取り組んだことで、担当者は大きな達成感と充実感を味わうことができた。実践発表会を終えた今、担当者は既に目を輝かせながら次に向かう構想を相談している。そのことが大変頼もしく、嬉しく感じられる。一人の取組は小さな一歩かもしれないが、チームとして十人で取り組めば十歩となり、百人で取り組めば大きな百歩となる。本校の取組が倉敷市、そして岡山県の通級指導の一助と

なれば幸いである。

四　おわりに

特別な支援が必要な子どもの中には、見通しをもてないことへの不安を抱える子どもが少なくない。普段とは違う行事に参加する時はもちろん、物の置き場所が違う、いつも使っているトイレを友達が使っている等、私たちがあまり意識しないようなことにも、不安や混乱を示す。また、学んだことを日々の生活に生かすこともなかなか難しい。そのような子どもにとって予測困難な社会を生きることは、容易なことではないだろう。

しかし、当たり前が当たり前でなくなったコロナ禍においても、適切な配慮や支援によって、子どもたちは、自分のペースで、確実にそれぞれの学びを進めていった。安心して生き生きと活動する姿から、子どもたちの可能性を引き出した教育の力の大きさを感じた。

これからも、子どもたちの教育的ニーズに応えることができるように、学校組織全体で指導や支援に取り組んでいきたいと考えている。

4　外国人児童生徒等への教育を充実させる学校経営

「ちがい」を豊かさに

――一人一人が自分らしく輝く学校づくり――

沖縄県恩納《おんな》村立恩納小学校長
多和田　一　美

〈本校の概要〉

本校は、恩納村《おんなそん》の中央に位置し、海や山など自然に恵まれ、観光業を産業の中心とした地域にある。平成二十四年には、校区内に沖縄科学技術大学院大学が設立され、多様な人的・文化的交流の実現が期待されている。

現在、児童数二百七十六名、学級数十四学級、教職員数二十二名の学校である。児童在籍数のうち外国籍もしくは外国にルーツをもつ児童は一三％程度である。

学校教育目標「地域に誇りを持ち、世界に羽ばたく国際人の育成」を目指し、一人一人の個性を認め合い、多様性を生かす教育の充実に取り組んでいる。

一　はじめに

令和三年の文部科学省調査によると、日本語指導が必要な児童生徒は十年間で一・五倍に増加している。

本校でも、在籍する外国籍児童数は平成二十四年度から急激に増加し、令和五年度には三十四名となっている。また、児童の国籍数は二十か国に上り、多様な背景をもつ児童が在籍している。これは、沖縄科学技術大学院大学（ＯＩＳＴ）開学により、研究者を含む関係職員の子弟の多くが本校に通学することになったためである。

このような状況の中、日本語を母語としない児童が準備期間もないまま編入学・入学することになり、コミュニケーションの取りづらさや文化の違いによる不安感など、本人はもとより受け入れる側にとっても多くの負担が生じている。

この様々な課題に対応することはもとより、「ちがい」を豊かさにしていく学校づくりこそが、全ての児童の幸せにつながると信じ、取組を進めていった。その内容を紹介する。

二　願う学校の姿

全ての子どもたちが幸せを実感する学校づくりを実現するためには、教職員・児童それぞれが、自分自身で考え、主体的に学校づくりに参画することが重要である。他者から与えられたものではなく、自らつくり出す幸せこそ、真の幸福感につながるからである。

しかし、外国籍児童の急激な増加により、児童同士、児童と教職員、学校と保護者といった、本来密な連携が必要とされる関係において、コミュニケーションが取りづらい状況となってきている。特に、編入学・入学当初から半年間は、深刻な状況である。児童には、個に応じた特別の教育課程を編成し、日本語で学校生活を営むことを目標に指導を行っているが、初期指導に充てる時間の不足により、学校生活・学習に支障をきたしている例も多い。

幸い、このような状況の中でも、外国人・日本人児童の関係性は良好で、言葉の壁を乗り越え互いを思いやる場面を目にすることも多い。だからこそ、初期の不安感を取り除き、違いそのものを喜びとすることでさらに高め合い、幸福を実感する学校づくりを目指していきたい。

そこで、校長として、行政等との協働による初期指導の充実、保護者・地域との連携、そして何よりも校内指導・支援体制の構築を進めていくこととした。

三　具体的な取組

1　行政等との協働による初期指導の充実

(1)　外国籍児童増加に伴う連絡協議会

前述したように、本校に外国籍児童が在籍するようになったのは、平成二十四年の沖縄科学技術大学院大学（ＯＩＳＴ）開学により、研究者を含む関係職員の子弟の多くが本校に通学することになったためである。当初、多様な児童が共に学ぶことで豊かな学びがより深まり、教育効果への期待も高かった。その年、校内に、外国籍児童への日本語指導と同時に英語力保持をも目的とした「国際教室」が開設された。ＯＩＳＴが、国際的に開かれた教育機関であることによるネーミングであり、ＯＩＳＴ・学校、更には地域にとっても世界に羽ばたく国際

人の育成を目指したスタートであった。

しかし、開設当初二人であった国際教室通級児童が、十年あまりで三十人を超え、学校での対応が難しい状態となってきたのが現在の状況である（表1）。

そこで、以前から行われていた、村・OIST連絡協議会を学校・県行政も含む協議会に再編成し、共に課題解決にあたる体制をつくっていくこととなった。連絡協議会の中では、各機関の役割を確認し、連携した体制の整備に努めることとした（表2）。

その中で、学校側の課題であるコミュニケーションの取りづらさからくる児童・保護者対応の難しさへの対策として、最も有効なのは、編入・入学当初の児童向けの「初期指導教室」を設置することであるととらえた。

表1　外国籍児童数の推移

年度	外国籍児童数
平成24年度	2人
平成25年度	4人
平成26年度	4人
平成27年度	6人
平成28年度	11人
平成29年度	9人
平成30年度	13人
令和元年度	15人
令和2年度	27人
令和3年度	26人
令和4年度	34人
令和5年度	34人

表2　各機関の役割

【恩納村】
村とOISTとの包括連携協定の締結
学校とOISTとの連携補助
日本語通級指導教室補助員の配置

【OIST】
外国籍児童・保護者の生活支援
学校における保護者向け文書等の翻訳支援
編入時面談・学校行事等での通訳支援

【学　校】
編入時面談
（日本語レベル確認、学校生活全般の説明等）
教育活動全般
保護者対応全般

(2)　初期指導教室

「初期指導教室」は、集中的な初期日本語指導、日本の学校生活の説明・体験補助、保護者の初期支援などを行い、児童・保護者の安心感を高めるだけでなく、学校現場の指導支援にもつながると期待している。

2　保護者・地域との連携による協力体制の整備

(1)　編入時の保護者・児童面談

海外から編入する外国籍児童は、事前に面談（保護者と共に）を行う。日本語活用レベル、生活様式の特徴（宗教による食生活等）、日本滞在期間など、学校受け入れのための情報を共有するためである。この面談をもとに特別の教育課程編成を進めていく。また、面談は保護者との信頼関係構築の第一歩でもある。児童・保護者の中には、日本語・英語以外の言語を母国語とする場合も多いが、担当者による英語通訳で面談を実施している。

(2)　外国籍児童・保護者と学校をつなぐ会

外国籍児童やその保護者には、日本の学校文化に戸惑いを感じている様子が見られる。また、授業や学校行事の内容が理解できないなど、学校生活の中での不安材料は多岐にわたる。

一方、目の前で児童や保護者が困惑している様子と対面する教職員にとっても、苦悩は絶えない。苦肉の策として、「家庭訪問」を「外国籍児童保護者会」として一斉に行うなど、工夫して取り組んでいるが十分とは言えない。

外国籍児童・保護者と学校をつなぐ会

このようなコミュニケーションに関わる課題の解決を目指し、「外国籍児童・保護者と学校をつなぐ会」を発足することとした。互いの連携（校外学習や集会等の通訳、保護者支援など）をサポートする方々を全保護者対象に参加を募り、現在、保護者十八人・学校職員六人で運営している。

今後は、学校運営協議会

やＰＴＡと連携し、地域へも協力の輪を広げていきたいと考えている。

３　校内指導・支援体制の構築

(1)　学校経営構想提示による目指す学校像の共有

　数年で異動となる教職員がほとんどである学校組織の中で課題意識の共有と経営方針の継続は重要である。そこで、年度当初に多国籍の児童が在籍する状況と一人一人の個性を認め合い多様性を生かす教育を推進する学校経営構想を示した。他の教育活動と同様に、各教職員が当事者意識をもって取り組むことが重要だからである。

(2)　日本語通級指導教室を活用した指導・支援

　平成二十四年に開設した「国際教室」は、現在、「日本語通級指導教室」として運営している。当初の英語力保持を目的とした指導はせず、児童の日本語能力に応じた特別の教育課程を編成して日本語指導を行っている。

　まず、取り出し指導で初期適応指導を行い、日本語の学習状況を確認しながら、徐々に教科と関連させた日本語指導を進めていく。最終的には、在籍学級と同じ内容の学習をすることが目標である。

担当教員は二名であるため、複数学年を同時に指導せざるを得ない場合もあるが、可能な限り効果的な教育課程実施を目指し取り組んでいる。もともと、学習意欲の高い児童が多く、日本語習得、教科学習に懸命に取り組

日本語通級指導教室の授業

んでおり、日本国籍児童のよい刺激にもなっている。

4　ちがいを豊かさに

(1)　校長講話・学校だよりによる発信

社会生活において、外国人と日本人とが共生していく上で困難な事例も多い。言語や文化が異なるということが共生意識を妨げているのであろう。しかし、本校では、そのような場面はほとんど見られない。二十か国という国籍数（表3）から、いろいろな国の児童がいることを当たり前にとらえているとも考えられるが、これが本来の子どもらしさであり人間らしさなのであろう。

表3　外国籍児童の国籍

国　籍	児童数
アメリカ	9人
パキスタン	3人
ロシア	2人
カナダ	2人
スイス	2人
イギリス	2人
メキシコ	2人
ウクライナ	2人
インド	2人
中国	2人
日本	2人
フィリピン	1人
ベルギー	1人
エジプト	1人
スペイン	1人
チュニジア	1人
イスラエル	1人
台湾	1人
ベトナム	1人
トルコ	1人

校長講話「ちがいは宝物」

【校長講話要旨】
自分とちがう人がいる場所はさらに楽しいことが生まれる場所となる。
恩納小学校には、ちがいで困っている人を助けてあげる人が多くいる。
たくさんのちがう人が集まって、今よりもっと素敵な学校になっていくことだろう。

また、外国籍児童同士の助け合いや細やかな配慮を見せる日本人児童がいることも、自然な融和につながっている。

そこで、このよさを全員で実感する場をもつため、「校長講話」を活用した。ここでは、絵本『くれよんのくろくん』を題材に、本校特有の「多様性」を実感し、それを強みとして更に楽しい学校をつくっていこうと投げ掛けた。日本語理解に難のある児童らには要所を担当職員が通訳補助することで、趣旨を全員で共有することができた。

その他、学校だより・学年だよりなどで保護者・地域へも、本校の目指す教育を発信し思いを共有している。

学校だより（抜粋）

恩納小学校だより

「ちがい」を豊かさに

日本、パキスタン、ロシア、カナダ、スイス
イギリス、メキシコ、ウクライナ、インド
中国、フィリピン、ベルギー、エジプト
スペイン、チュニジア、イスラエル、台湾
ベトナム、トルコ、アメリカ（全部で20か国）

本校では、日本語通級教室を設置し、言語面や生活面の支援を行っています。それでも、学校生活の中では、言葉や文化の違いによる戸惑いや不安感がゼロになることはありません。困りました・・・。いえ、大丈夫です。このような中、力になってくれる子ども達がたくさんいるのです。

先に日本語を習得した外国籍の子が、タイミングよく通訳や手助けをしてくれる。

日本人の子が、同級生や下級生に、やさしい日本語で学校生活をサポートしてあげる。

どれも自然です。子ども達にとって、仲良くなることに国籍は関係ないのです。それどころか、いろいろな国の子が一緒に生活することで、より楽しいことが生まれているようです。

これからも、多様性に満ち溢れた学校で、子ども達一人一人が輝いていってほしいものです。

四　おわりに

社会の学習を終えた六年生児童の中から、こんな声があがった。

「僕はアメリカの大統領になる。君は日本の総理大臣になってくれないかなあ。頼むよ」

「まかせてよ。一緒に平和な世界をつくろう」

授業後に生まれた自然な会話である。

学校教育を担う私たちは、子どもたち一人一人の尊さを大切にし、その可能性を最大限に引き出していく責務がある。見方を変えると、私たちは、このような教育に携わる醍醐味を味わうことができるということである。

その目的を達成するためには、学校、保護者、行政機関、地域とともにスクラムを組み、多様性を尊重し、互いを認め合う教育の継続が重要である。今後も、子どもたちが「ちがい」を豊かさとして実感し、一人一人が自分らしく輝く学校づくりを進めていきたい。

5　ＩＣＴを活用した学びを推進する学校経営

一人一台端末を活用して主体的な児童を育成するストラテジー（タブレット端末）

佐賀県神埼市立仁比山《にいやま》小学校長
秋　吉　洋　志

〈本校の概要〉

本校は、佐賀平野の北部に位置し、学校の周りは稲作農業が盛んである。校区内には吉野ケ里《よしのがり》歴史公園をはじめ、我が国に漢字を伝えたとされる王仁《わに》博士顕彰公園、江戸時代の治水の知恵を今に残す堤防「野越《のこし》」など歴史的な遺跡も多い。開校は明治八年で間もなく百五十年を迎える伝統校である。児童数は二百十五名である。

学校目標「ふるさとを愛し、共に学び、心豊かにたくましく生きる『仁比山っ子』の育成」の具現化に向けて、「めざす学校像」「めざす教師像」を職員、保護者、地域と共有し、「チーム仁比山」として学校経営に努めている。

一　はじめに

本校はこれまでに文部科学省や教育委員会から研究指定を受けることが度々あった。本校の歴代校長は、その機会をうまく活用されて、校内の研究体制を整え、教職員の授業力向上を通して、安定した学校経営に手腕を発揮されてきた。

近年でも、令和元・二年度には「新学習指導要領研究指定事業（国語）」を受け、国語科の実践的研究に励み、主体的に学ぶ児童の育成について一定の成果を得ることができた。しかし、人事異動による教職員の入れ替わり、特に若手教員の増加により、従来の体制や方法では教職員研修の効果を得にくくなっていることや、授業実践のレベルを維持すること等が困難な状況になりつつあるとの指摘もあった。

そのような中、令和三・四年度には佐賀県教育委員会より「一人一台端末を活用した授業改善」の研究指定を受けた。それと時を同じくして「ＧＩＧＡスクール構想」のもと、令和三年度の六月に一人一台端末が導入さ

れた。

私が本校に赴任したのは研究指定の二年目となる令和四年の四月である。

着任後、令和三年度の成果と課題を踏まえて、現状分析や学校経営の構想を教職員に示しながら研究を推進してきた。

二　前年度の成果と課題

令和三年度は県教育委員会の指定と併せて、佐賀県小学校教育研究会算数部会の研究大会の会場校となっていたため、算数科に絞っての研究であった。

一人一台端末を活用した授業実践は試行錯誤の連続であった。「授業改善」につなげるため、「個別最適な学び」「協働的な学び」という観点から学習活動の在り方とタブレット端末活用について検討を重ねた。そして、令和三年度の目指す児童像を次のように設定した。

> 文房具のように、当たり前にＩＣＴを活用できる児童

令和三年度は、タブレット端末を利活用のベーシックを作成するために研究主任から次の三点について提案がなされ、実践されてきた。
○タブレット端末の基本的ルールを作成し共有すること。
○タブレット端末の扱い方を指導すること。
○教員のミニ研修会を週に一度実施すること。
実践を積み重ねた結果の成果と今後の課題は次の通りである。

【成　果】
◯コミュニケーションツールを用いるスキルが向上し、相互の考えを取り入れながら自分の考えを深める学習が展開できるようになってきた。

【課　題】
●算数科以外の教科等で取り組むことによりタブレット端末のよさを生かせるのではないか。
●タブレット端末の活用法を工夫することで互いの考えやよさが可視化され、協働的な学びが更に深まっていくのではないか。
これらの成果と課題を引き継いで、令和四年度の研究

推進に生かしてきた。

校長としての具体的取組を以下に述べる。

三　基盤を固める

1　私たちはどこを目指すのか

経営に当たっては、まず、目標（ゴール）の設定が大切である。そして、その目標を教職員に確実に理解させ、もてる力を同じベクトルに発揮していくことが求められる。

年度当初には、前年度（令和三年度）の取組を生かして、他の教科、領域に研究対象を広げ、効果的なタブレット端末活用法について探っていくことを全教職員で確認した。そして、授業時間だけではなく、朝の時間や昼休み等にも活用させる機会がないかを探ることにした。

> 子どもたち自身が活用場面を見つけ、タブレット端末を主体的に使えるようにする。

右記を合言葉にして、活用場面を拡大できないか、有効な活用法はないかを検討していくことにした。

2　研究体制を整える

目標達成のために、組織や体制をつくったり、必要に応じて更新したりすることは校長の責務である。本校は小規模校で教職員数が少ないため、シンプルな編制にしておく必要がある。本校勤務三年目となる教頭や研究主任と検討を加え、次のような研究組織とした（図１）。

図１　研究組織

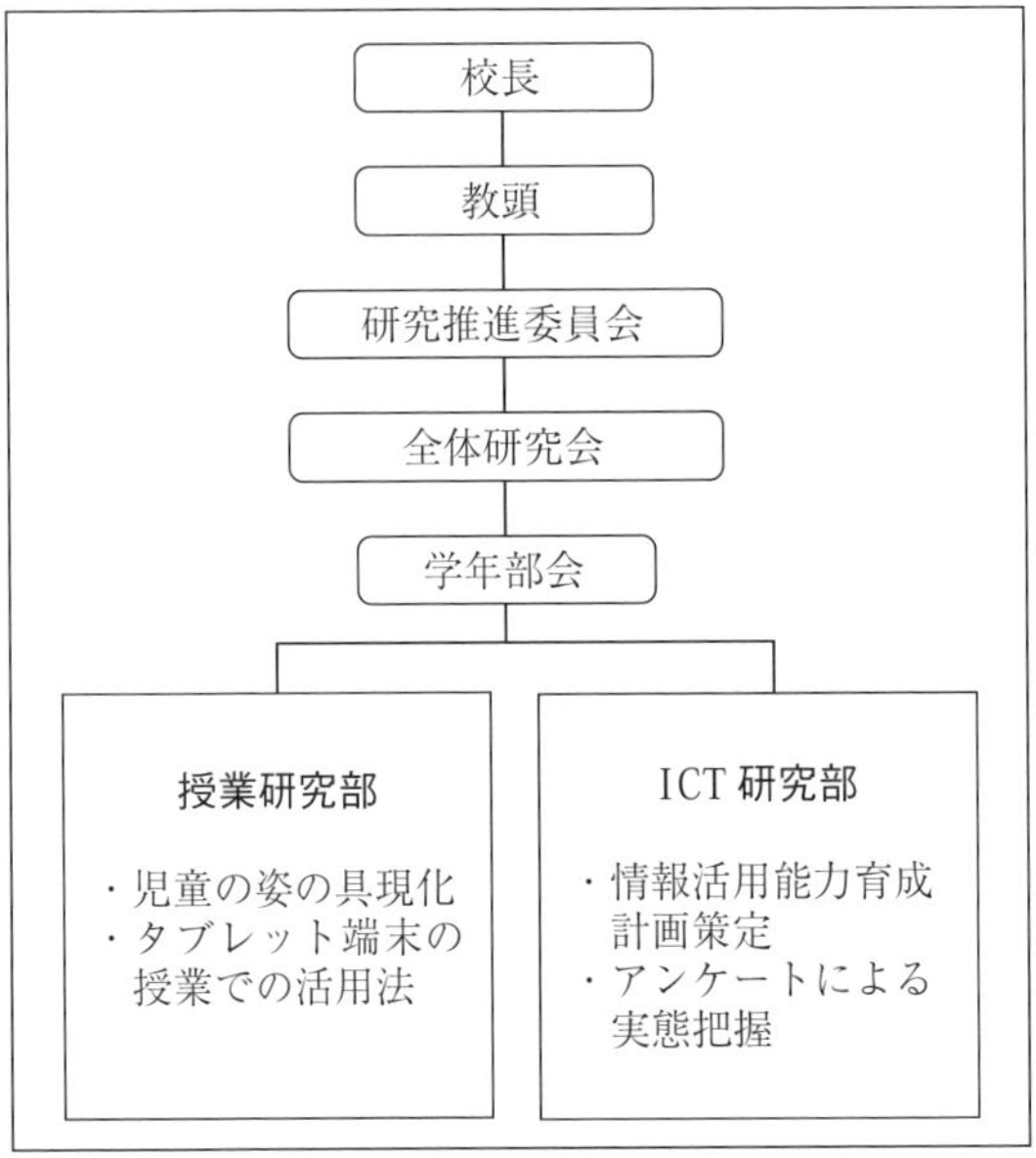

3　内容をクリアに

令和四年度は、複数の教科・領域に対象を広げるために、研究の内容相互の関連性を明確にしておく必要があった。そこで、次のような研究構想図を策定した（図2）。そして、学習のねらいに即して児童一人一人が目当てをもち、タブレット端末を活用した探究活動を行うことで、自分の考えを形成できるようにしていくことを共通理解した。

四　職員を前向きに

1　「自分事」として取り組むために

本研究指定は、県教育委員会の指定による研究であり、研究発表会の実施を伴う。当日は三本の公開授業を行うことは決まっていた。そのような場合、ともすると、公開授業の担当者に大きな負担が偏ってしまうことも考えられる。

全員が「自分事」として主体的に取り組むことが大切である。

図2　研究構想図

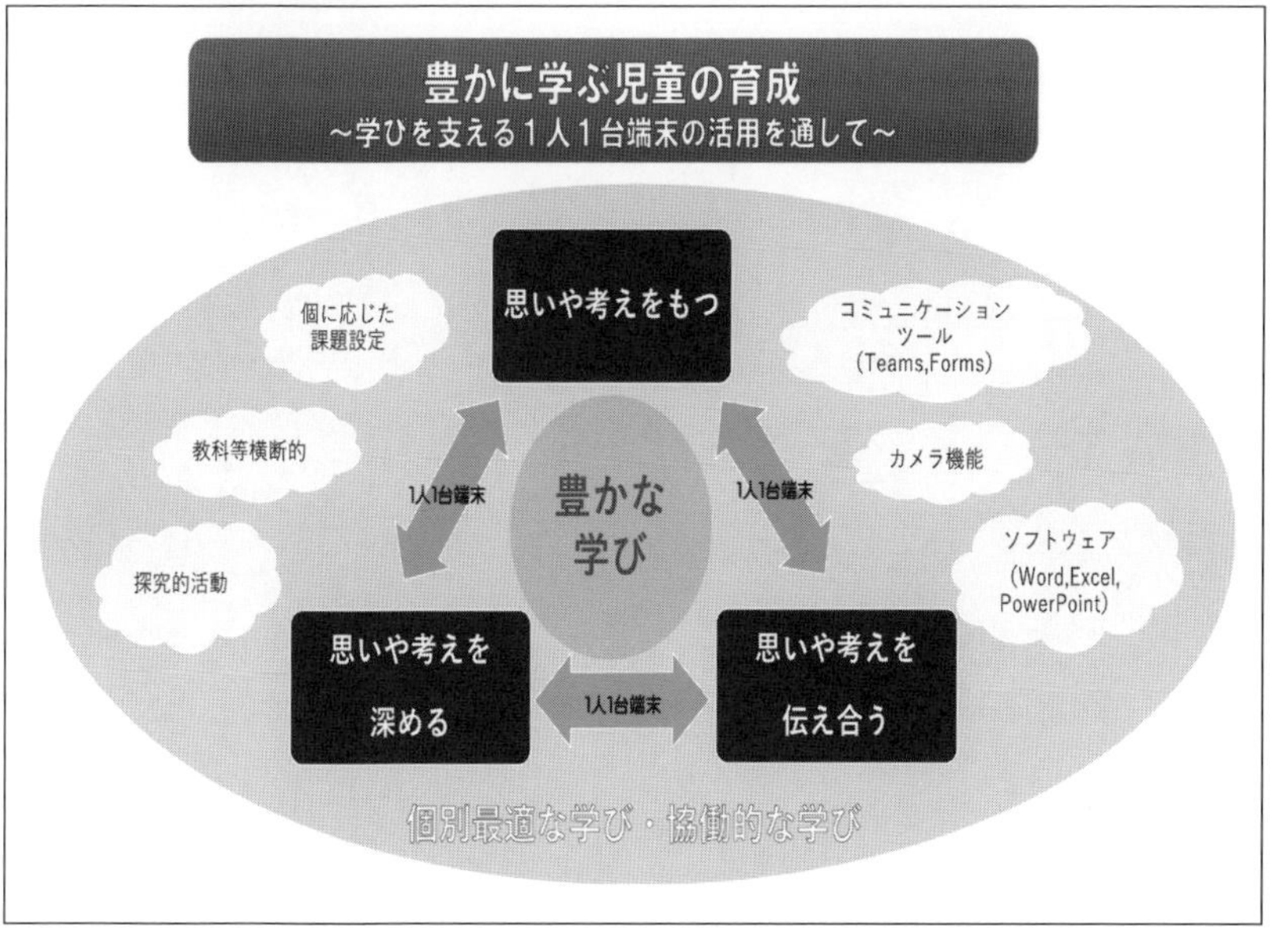

・全員が校内で研究授業を行う。
・研究授業で得られた知見は全員で共有する。
・校内研究会の内容を記録し、共有フォルダに保存する。
・授業者はそれまでの校内研究会の成果を集約して授業をプランニングする。

このようなことを取り決め、全員で取り組んでいくことを強く意識させた。

また、学校の研究は、苦労した割にはその後の教育活動に十分には活用されていない傾向にあるのではないかという疑問を感じていた。この点を是正し、本当に役立つ校内研究を実施したいと考え、「日常的に教育活動に活用できるものを創っていこう」「他校の参考になる内容を公開しよう」と機会をとらえて呼び掛けてきた。

2　無理のない計画に基づく実践

できるだけ一定のペースで業務に取り組むことができるよう、繁忙期を意識して研究授業の計画を策定した。

表１　令和４年度　研究授業計画

月	学　年	教科等
6月	3年生	算数科
	5年生	外国語科
7月	1年生	図画工作科
9月	特別支援	国語科
10月	特別支援	自立活動
	4年生	総合的な学習の時間
	4年生	総合的な学習の時間
11月	3年生	【公開】社会科
	5年生	【公開】理科
	特別支援	【公開】国語科
12月	2年生	国語科
	5年生	社会科
1月	6年生	体育科

3　タブレット端末活用の日常化のために

(1)　一年生の実践（図画工作科）

一学期には三つの研究授業を実施した。その中でも一年生を七月に実施したのには意味がある。一年生への一人一台端末のアカウントは六月に配付されたばかりであった。そこから一か月後にタブレット端末を活用した研究授業を実施したことで、大きな刺激となった。

授業内容の概要を以下に示す。

身近にある「すき間」の面白さに気付かせ、自分の「すきまちゃん人形」に似合う隙間を見つける。そして、タブレット端末のカメラ機能を活用して、お気に入りの空間を写真に残すという活動である。そして、一人一人が撮影した写真を共有して次の鑑賞会につなげるために、Ｔｅａｍｓ（マイクロソフトのアプリ）上に送信するというものである。

隙間を探して撮影

使用を始めて間もない一年生が、学びのツールとして使いこなす姿を見ることができた。

(2)　四年生の実践

次に、四年生の総合的な学習の時間の実践を示す。

テーマは「地域の魅力発信」である。

校区は吉野ヶ里遺跡をはじめ、多くの歴史遺産に恵まれている。地域固有のよさ（魅力）について調べ、地域への愛情を深めることを目標とした学習である。

これまでのインタビューや書籍による調べ学習に加えてインターネットによる検索を日常化し、調査方法の引き出しを増やすこともねらいの一つとした。また、獲得した情報の信憑性についても考えるきっかけの一つに位置付けた。

編集会議

調べた内容をパワーポイントにまとめ、Ｔｅａｍｓで共有し、グループとしての発信をどのようにしていくのかを協働しながら学び合う姿が見られた。

検討を重ねていく中で、情報スキルを系統的に身に付けさせることの大切さが再認識されてきた。

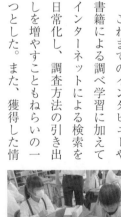

3　学習効果を高めるために

タブレット端末を活用した学習を行う場合には、各教科等の目標を具現化するための手段として用いることが重要である。問題解決のためのツールであるため、必要に応じてタブレット端末を活用して学習を深めていくこ

図３　端末活用ロードマップ（スキルの系統表）

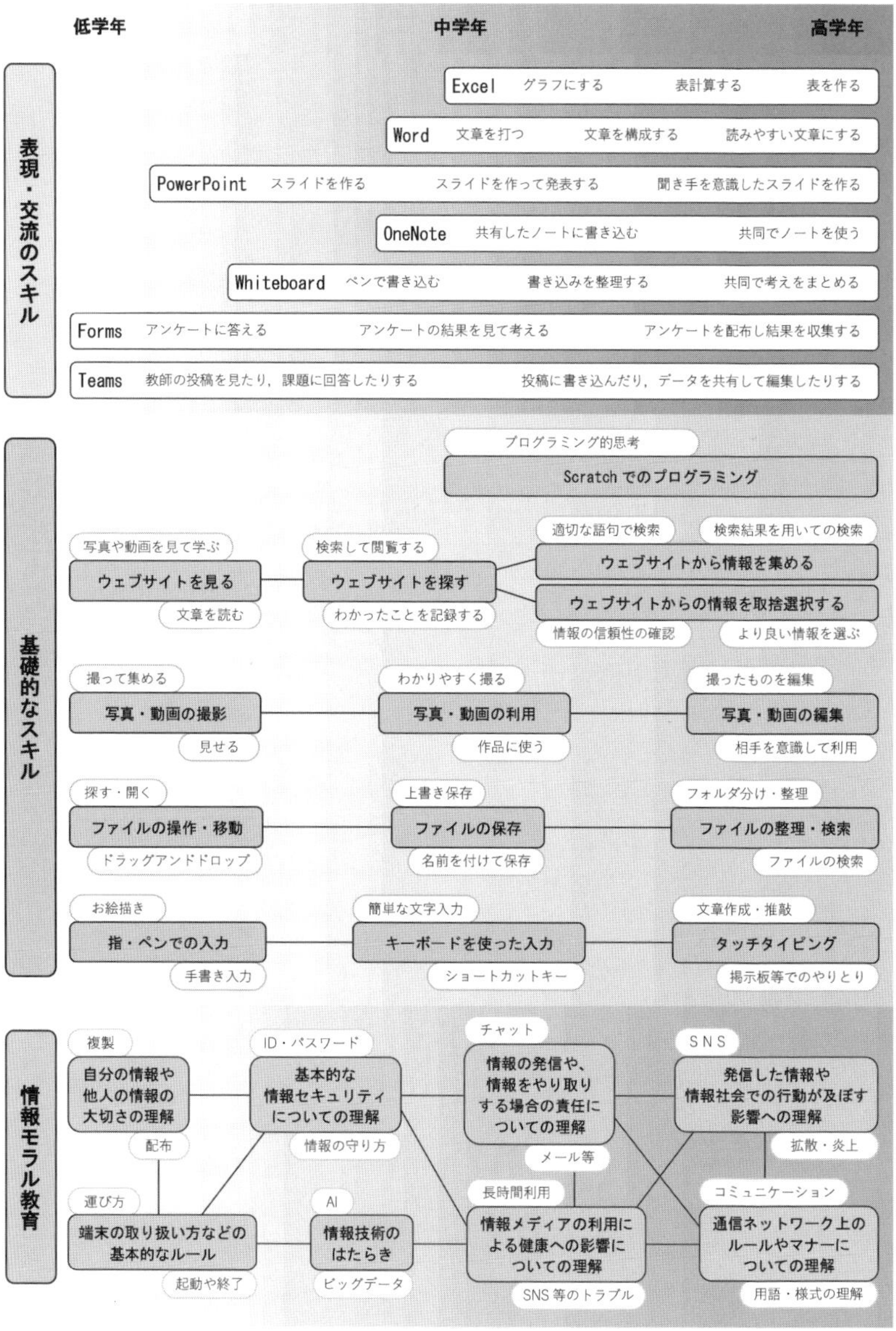

とが本来の姿である。

児童主体の授業を行いたいと試行錯誤を重ねてきたが、児童主体の授業は児童自身のＩＣＴスキルが身に付いていないと効果が上がりにくい。

また、主体的な学習が目的であるが、タブレット端末による効率化ばかりに目が向いて、形を変えた一斉授業が行われていることに気付く。

そこで、校内研究会で次のことを共通認識した。

・学年ごとの、身に付けるスキルを明確にして体系的に学ばせる。
・スキル獲得に特化した時間を設定する。

前頁の図３は、本校で策定した「端末活用ロードマップ（スキルの系統表）」である。

五　おわりに

「継続は力なり」は、やはり真実である。

授業中の児童から問題解決に当たって「タブレット端末で調べたい」「タブレット端末で友達と一緒に作業したい」との声が自然に上がるようになってきた。

児童が自分自身で活用場面を見つけ、タブレット端末を主体的に使おうとする礎ができてきた状況であるととらえている。

主体的に学ぶ学習を創っていくためには、まだまだ学ぶべきことは多々あるが、教員一人一人が前向きに取り組み、様々なアイデアを出し合うことで一定の成果を出すことができたのではないかと自負している。

そのためには、校長が目的地をどこに設定するか、どのようなルートをたどっていくか、どのくらいのスピードでいくのか、どのような人を組み合わせていくかの見通しと適切な判断が重要である。

また、多くの県と同様に佐賀県でも、年度当初に教職員一人一人と面談を行う。その中で学校が進もうとする方向性とその方法について共通理解し、当該職員がどのような役割を担っているかを確認し合う。このような個別の対応も有効であったと考えている。

6　感染症の発生を乗り越えて学びを保障する学校経営

令和の時代における学校経営改革

兵庫県神戸市立東落合《ひがしおちあい》小学校長
川　瀬　貴　子

〈本校の概要〉

昭和五十三年、神戸市の開発でニュータウンの中に開校した。令和五年度は、児童数二百七十六名、全十二クラス（特別支援学級二クラス含）、職員数は常勤二十三名　非常勤四名である。常勤教員の内訳は、二十代四人、三十代前半五人、四十代四人、五十代一人の小規模校である。

戸建と集合住宅が並ぶ地域で、落ち着いた家庭が多く子どもたちも穏やかである。

「ふれあいのまちづくり協議会」の活動が活発である。その中の「学校園交流部」が読み聞かせ、昔遊びの会、校区探検、戦争の話を聞く会などを毎年実施している。

一　はじめに

本校の教育目標は、神戸市教育振興基本計画に示す目指す人間像「心豊かに　たくましく生きる人間」を受けて、「豊かな心をもち、たくましく生きる子どもを育てる」とした。目指す子どもの姿を「思いやり深く考えがんばりぬく子」とし、コロナ禍を経験した子どもたちの希薄になりがちな人間関係をよりよいものにするために、相手を思いやり、助け合いながら生きようとする力、自分や友達のよさに気付く心をもつこと、確かな学力の定着を目指すために、自分の考えをもち、友達の考えを受け入れて自分の考えも深めて、粘り強く頑張りぬく子を目指している。

新型コロナウイルス感染症対策としてマスク着用が当たり前になった三年間で人の表情が見えにくくなり、相手の気持ちをうまく感じ取ることが難しくなった。子どもたちと向き合う教師も子ども同士も、お互いの気持ちが通じ合える学校を目指し「笑顔あふれる学校」となるよう、校長として新年度四月の初めに教職員へ示した。

二　登校する児童の姿を大切に

本校では重点的な取組として、「思いやりアップ作戦」で「あいさつ運動」を実施している。毎朝、一年生から六年生まで週ごとに当番を決めて校門で元気な挨拶を習慣付けている。校長、総務学習支援担当教諭、養護教諭が校門に立ち、登校する子どもの様子をよく観察し、子どもに声を掛ける。

さらに、四月の全校児童朝会で、「『おはようございます』の挨拶は今日一日元気で頑張れるスイッチ」と話し、「あいさつ運動」で頑張る全校の姿を褒めていった。挨拶を交わし笑顔で登校し、一日の学習を終えた子どもたちが笑顔で「また明日ね」を言い合えるように、学校運営ができることを目指していきたい。

三　当たり前の見直しから

令和四年一月付けで神戸市教育委員会より「令和の時代における『学校の業務と活動』第一弾」が、また「第二弾」が令和五年一月に通知された。テーマは「これまでの当たり前の見つめ直し」である。これまでは、年度の終わりに学校教育評価をし、学校という枠の中で、成果や課題を見つめてきた。時には、従来通りという提案で十分議論しないまま進められる運営もありがちであった。本来、子どものために何をするか、どんな資質・能力を育成するかという議論を毎年した上で見直されるべきことである。今回、教育委員会の打ち出しがきっかけで、これまで以上に予想困難な現代社会に必要な事柄を学校としてしっかりキャッチし、タイムリーに取り込んでいくチャンスととらえ実践してきた。

「令和の時代における『学校の業務と活動』第一弾」に述べられていることを基にして、本校で何ができたか、またこれから何ができるかを述べていく。

①目的、②目的・内容が時代に沿って妥当か、③手間や負担（子ども・教師）、④統合、精査の目線、⑤児童・保護者の利便性の向上、が挙げられている。毎年当たり前のようにして実施されてきた学校運営に関わることについて、複雑化・多様化する教育課程に適切に対応し、一人一人の子どもに寄り添った質の高い教育を提供

するために進めていく必要がある。

1　目的

新型コロナウイルス感染症対策により教育活動は多くを制限されたが、できない、しないという単純なことではなく、何ができるか考えてみること、何をどのようにどんな目的で、子どもにどんな資質・能力を付けさせるのかという原点に立つことが大切である。今まで考えてこなかった視点で学校運営を行っていく大きな転換期に入った。令和に入ったこの五年間で学校教育現場の意識も運営も大きく変わった。

校長として子どもの安全、安心を守り、成長と幸福を願う中、世間の動向、ニュース、教育委員会からの通知、地域や世の中の情勢について常にアンテナを高くし、ニーズにあった学校運営をしなければならない。それらに正解はない。目の前の子どもたちに教育的な価値ある学校生活を保障するため、何ができるかを考え、職員に発信し、皆が同じ方向で頑張れるよう牽引しようと決意した。

そして、変わりゆく学校教育を保護者へ丁寧に発信をして、理解と協力をしてもらうことが重要である。

2　目的・内容が時代に沿って妥当か

学校現場は、ある意味閉ざされた環境である。前年度がうまくいったので、今回も同様にしておくことが安心で安全だと考えがちである。令和になって時代の流れのスピードは加速した。そして「令和の日本型学校教育」が中央教育審議会で答申された。急激に変化する時代の中で育むべき資質・能力について、社会の在り方が劇的に変わる「Society5.0」の時代の到来と感染症や自然災害など先行き不透明な「予測困難な時代」を挙げている。

令和二年度、神戸市では学校現場にいち早くＧＩＧＡスクール構想の一環でＩＣＴ機器が教室に整備され、ものすごいスピードで取組が推進された。黒板の三分の一を占めるスクリーンが取り付けられ、投影するプロジェクターも各教室に設置された。一人一台に貸与される学習用端末を充電する保管庫も教室に置かれた。

当時は全国的に臨時休業であったため、急ピッチで各学校に工事が入った。新型コロナウイルス感染症が全国的に下火になり、臨時休業も解け、分散登校を始めた直

後からＩＣＴ機器を使うことができた。そして授業で盛んに活用していく時代に入った。そこで、校内でパソコンが得意な職員が校内研修を進めたり、外部や教育委員会から講師を呼び、研修を受けたりして、ＩＣＴ活用のスキルアップを図った。教室では今まで拡大コピーをして貼り付けて提示していた教材も大きなスクリーンに投影できるようになった。また、より鮮明でピンポイントでデジタル教科書が活用でき、子どもたちが分かりやすい学習をするためのツールとなった。

コロナ禍で生活様式も変化し、子どもたちはスマートフォンやタブレット端末に慣れ親しむようになった。視覚情報をスクリーンから吸収する意欲も高まった。危機感はあったにせよ、ベテランから若手教員まで新しいものを活用する順応力には非常に感心した。

そこで校長として、ＩＣＴ推進担当職員とよく相談し、職員には過度な負担にならない範囲で学習にどんなＩＣＴ活用ができるか事例やコンテンツを提案していくよう指示した。担当者を信じて任せることで自信をもち、活躍する場をつくることも校長の役割として重要である。

学習用端末を持ち帰り、家庭学習に活用することも、コロナ禍でリモートワークが当たり前になった時代になったことで混乱することなく進んでいった。

よりよい変革をするには、デメリットも必ずある。一人一人の考え方も大きな違いがある場合がある。コロナ禍ではマスク着用の対応、給食指導の在り方、学校行事の改革など、思いは学校も保護者も様々ある。自分の立場のみの視点でものを見ると答えが出ない。校長としては、「目的意識」をもった運営を軸にしてぶれないようにと考えていった。何を優先して考えていくか。安全、安心という環境を最優先し、これらが子どもたちの成長のためになっているか、力が付く学習になっているかということを大切にしていった。今まで以上に一つ一つの教育計画を職員全員で丁寧に行った。何事も立ち止まって改善していく行為は、本来なら、当たり前にしなくてはならないことである。例年通りでいけば安心だという考えが通じなくなった。

教育委員会から出された「令和の時代における『学校の業務と活動』」を基に学校の業務改革をしていくこと

は学校にとって追い風として受け止めていこうと職員へ投げ掛けることで、みんなが前向きになれると感じた。

また、学校だよりなどを利用して保護者に理解を求めていった。「地域のふれあいのまちづくり協議会」に参加した機会では、コロナ禍で見えにくくなった学校の様子を伝えたり、ホームページでも各学年の学習の様子が掲載されていることも伝えたりした。

学校行事では新しい形の運動会を計画した。本来は体育の授業の延長であり学習の成果を発表する場である。これまでも子どもたちのためにと教師が思考錯誤し、実施してきた行事のはずだが、いつしか高度な技術、見栄え、目新しい技の挑戦をすることを求めすぎていたのかもしれない。運動面ではコロナ禍で子どもたちの運動不足や団体行動の経験不足などを考えた「危険」というリスクと時数超過など課題もある。

教職員の中には、簡素化する物足りなさを感じた者もいたが、私は校長として職員会議や教科部会において、一つ一つの行事の目的は何なのかと言う原点に立ち返ることが肝心であると何度も言い続けた。教育委員会からの通知も学校経営改革のためのメッセージだと受け止めアップデートをし続ける学校、軸のぶれない学校として進んで実施していこうと考えた。そして、子どもたちのために、前向きに、「笑顔あふれる東落合小」「チームひがおち」を合言葉に職員と一丸となって実施してきた。

3　手間や負担（子ども・教師）

行事に関して言えば、簡素化したことで多くの時間を割かなくても、工夫次第で子どもたちは十分に力を発揮できていたと感じる。運動会を「スポーツフェスティバル」と名付け、今までとは違うねらいをもって実施することを保護者に向けて発信した。

本校では令和五年度、リレー競技と表現運動を披露した。四年ぶりに学年別に分散せず、全校の保護者の観覧が実現し、子どもたちのモチベーションも上がったことは間違いない。表現運動の実施においては、時数を多く使わないように子どもたちの学習用端末に学年担任が踊っている振り付け動画をアップし、子どもたちが自分の都合のよい時間に学校や家庭で反復できるような手だてを打った。効果的な取組をしている学年のアイデアはす

ぐに他学年でも取り入れられた。小規模校の小回りの利くメリットは大きい。新しいアイデアに取り組んでいる教員は大いに褒め、職員会議などでも紹介した。前向きに何とかしようとする姿勢があれば、子どもにもその思いは伝わっていく。一人一人の思いや姿勢がいかに大切であるかを感じている。

4　統合、精査の目線

神戸市教育委員会から、「教育委員会だより」が二か月に一度、保護者へ向けて発行されており、各学校で改革を進めるために神戸市としての取り組んでいくことを具体的に掲載している。学校生活のルールやきまりのこと、ＩＣＴ、学習端末の活用に関することなど多岐にわたる。市教育委員会と同じ方向を向き運営していることは、保護者に安心感を与え、新しい改革の理解と協力が得られやすくなる。令和五年五月発行の教育委員会だよりには「教職員の働き方改革」が載った。

本校で取り組んだ四点を挙げる。

①学校行事の在り方…式典等の学校行事について過度な練習や演出等を抑える。

②学校だよりに学年だよりを統合する。

③学校生活時程、スケジュールを見直す。

④電話の応対時間について。

夜間等（午後五時以降が基準）は、学校の電話を音声アナウンス対応に切り替える。

教育委員会だよりを活用し、まず教職員が納得し、その上で子ども、保護者に全てに理解してもらおうと考えた。「市教育委員会が認めているのだから思い切ってやってみよう」と呼び掛けて本校でも取組を始めた。

①式典等は、地域からの来賓も最小限にとどめている。練習内容も時間もかなり減らしていったが、それなりに充実したものになっていると感じる。

②毎月発行している「学年だより」と「学校だより」は統合し、見やすい紙面を心掛けた。見直してみると学校からと学年からとが重複しているお知らせが多いことが分かった。保護者への手紙類は、神戸市のメール配信システムを利用し添付ファイルでお知らせすることに切り替えた。

③学校生活のスケジュールは本校において令和五年度よ

り生活時程を変更した。それまで六校時の終わりが十五時三十分だったところを二十分早め、十五時十分終了とした。八時三十分から一校時をスタートし、一、二校時と三、四校時の間の休み時間を十分間から五分間に。清掃時間と短時間学習（十五分間モジュール）の間の準備時間に取っていた五分間を短縮することにした。

前年度三学期末に「学校だより臨時号」を出し（図1）、保護者に理解と協力を求めた。教育委員会だよりで周知した内容であるため、保護者にも理解をもらっている。

④電話対応について、近隣校の取組情報を聞いた上、思い切って午後五時で音声切り替えを実施した。それまでは遅くまで、電話に対応していたことを考えると大きな変化である。保護者へ連絡が必要な場合は、仕事で家にいないことが分かっている家庭にも午後五時前に一報をいれるように全校で

図1　学校だより臨時号

東落合だより
3月臨時号

NO. 683
令和5年3月7日
神戸市立東落合小学校
TEL793 - 1844
https://www.kobe-c.ed.jp/hoc-es

令和５年度の教育課程について、お知らせをいたします。神戸市教育委員会から、「令和の時代における『学校の業務と活動』について」（神戸市教育員会HP参照）で示された方針を元に、本校の実態と照らし合わせて来年度より、下表のように変更いたします。

【授業時数について】

コロナ禍以降、全市的に臨時休業や学級閉鎖措置がある可能性を想定し、授業時数を多く確保していました。この度、教育委員会より標準授業時数を大きく上回ることがなく適切に設定するよう通知がありました。そこで、来年度より新たに各学年の固定時間割や限定期間を設けて授業時数を調整していきます。

【時程編成（時程表）の見つめ直し】

来年度から５時間目までを１５分、６時間目までを２０分繰り上げ下校できるよう編制し直しました。ゆとりが出来た時間を自主的なじぶん学習を行うために使ったり、放課後の子供たちの活動に余裕ができたりと有効に過ごしていただきたいと思います。また、職員にとっても授業準備や研修の時間がしっかりとれるようになります。時間数が減ることで、学習内の定着に影響が起きないよう、各学年でその都度見直し、全校で確認できるようにしていきます。

時　程　表

朝会・朝の会	8:20 ～ 8:30
1校時	8:30 ～ 9:15
休　憩	9:15 ～ 9:20
2校時	9:20 ～ 10:05
休　憩	10:05 ～ 10:25
3校時	10:25 ～ 11:10
休　憩	11:10 ～ 11:15
4校時	11:15 ～ 12:00
給　食	12:00 ～ 12:40
休　憩	12:40 ～ 13:00
清　掃	13:00 ～ 13:20
短時間学習	13:20 ～ 13:35
5校時	13:35 ～ 14:20
休　憩	14:20 ～ 14:25
6校時	14:25 ～ 15:10
終わりの会	授業終了後、10分間

登校時刻の変更

現　在　　7時５５分～8時２０分
4月より　　8時００分～8時２０分

集団登校

このたびの行事の見つめ直しで、来年度から地区別児童会を行いません。それに伴い、地区で行っていた４月当初のなかよし登校（集団登校）は実施しません。安全な登下校については、学校でも引き続き指導をします。

欠席等の連絡

「すぐーる」での連絡にご協力いただきありがとうございます。午前８時を過ぎる場合は、引き続き電話での連絡をよろしくお願いします。

○学校行事等で、下校時刻が変わる時はすぐーる等で連絡させていただきます。

統一した。緊急の場合を除いては音声ガイド対応を続けているが、現在まで支障はない。このことによって、教員一人一人の授業準備やノートチェックなどの時間ができ、余裕ができたことは大きい。

5　児童・保護者の利便性の向上

令和四年度末から、学校で「当たり前」とされてきたことに視点を置き、改革を進めていっても、教職員にとっての働き方改革ばかりになってはならない。児童・保護者にとっても負担軽減にならないといけない。

「学校だより」の本文にも、放課後のゆとりができた時間を自主的な家庭学習を行う時間に使ったり、放課後の子どもたちの活動に余裕ができたりと有効に過ごしてほしいと呼び掛けた。

四　おわりに

今の時代、環境によって地域によって人によって運営も違ってくる。

議論は大いに教職員でやり抜き決める時もあるが、校長として責任をもって英断することもある。安心できる職場となるよう、一人一人の教職員へ声を掛けてきた。信じて任せることを大切にし、若手職員の強みを生かし計画立案もしてもらった。またベテランの意見もしっかり聞き、改善をしてきた。いま超過勤務時間が問題になっているが、早く帰りましょうと、呼び掛けるだけでは、職員は戸惑うばかりである。

令和五年度は生活時程を繰り上げしたこと、施錠当番の輪番制、校舎の締め方など全員で確認して一人一人が自分の教室の階の窓や戸締りに責任をもったことなど協力体制も出てきたことで、大幅に超過勤務時間が減った。この取組は管理職発信ではなく、日頃から働き方改革について、課題を共有してきた総務学習支援担当職員や主幹教諭からの提案で始まったことが重要である。

校長としてリーダーシップをとる一方で、信じて任せて、それを認めて、後方支援していくことも人材育成の観点から大切である。コロナ禍から混沌とした雰囲気の世の中にあって、職員一人一人がやり甲斐をもち働くことが学校力につながる。「笑顔があふれる学校」であるために日々の学校経営にこれからも努めていきたい。

7 災害の発生を乗り越えて学びを保障する学校経営

「つむぐ」「つながる」そして「つたえる」

岐阜県関市立上之保《かみのほ》小学校長
佐々木　治

〈本校の概要〉

本校は、岐阜県関市の北部に位置し、全校児童数二十三名、学級数は四学級の小規模校である。

学校の教育目標に「『ひとりだち』考える子・やさしい子・たくましい子」を掲げ、学校の諸活動が子どもたちの「ひとりだち」につながるよう工夫している。

本校は、昭和四十九年に岐阜県教育委員会から道徳教育地区推進校の指定を受け、現在もその取組を継承し、研究実践を積み重ねている。さらに、防災教育にも力を入れており、総合的な学習の時間を活用し、五・六年生が隔年で実施している。

一　はじめに

平成三十年七月八日。「平成三十年七月豪雨」と後に命名された災害が関市を襲った。特に校区である上之保《かみのほ》地域に甚大な被害を及ぼし、被害棟数は四百を超えた。小学校への直接的な被害はなかったため、災害日から二日後に学校が再開された。しかし、通常の生活を取り戻すまでにはかなりの月日がかかった。

災害当時の様子

現在、当時の被害の大きさを忘れてしまうくらい地域は整備されている。また、当時のことを知る教職員も異動しており、その様子を正確に知ることができない。正確な情報がなければ、この災害を「自分事」としてとらえることが難しく、知識の学習だけに終わってしまい、自身の行動へとつな

げていくことは難しいと考えた。

こうした現状を踏まえ、令和四年度の五・六年生が『上之保防災隊』と名乗り、「命を守る防災　あの日から四年～災害から学び、未来へつなぐ～」というテーマを設定し、総合的な学習の時間を活用して、体験活動に重点を置いた防災学習を行った。

図1　本テーマ達成に向けてのイメージ図

二　令和四年度の実践概要

1　はじめに

五・六年生は、災害当時小学校一・二年生であり、記憶も定かでないため、当時の災害の様子について覚えていることが難しかった。

また、教職員についても当時の様子を知るものがいないため、家庭における聞き取り、災害を体験した人からの聞き取り調査を行った。

各家庭での聞き取り調査では、子どもたちが、当時の記録写真と今の町の様子を比べ、違いを想像しながら話を聞くことで、自分たちが住む地域に想像できないほどの災害が起きたことに驚きと恐怖を感じた。

実際に災害を体験した人への聞き取り調査では、当時の様子やその時の思いを聞くことで、「自分事」としてとらえるよい機会となった。実体験をした身近な人からの話は、子どもたちに「さらに知りたい」という強い思いをもたせるには十分であった。

こうした子どもたちの思いを基に、まずは防災に関する基本的な知識を身に付ける（つむぐ）ために、経験豊かな方を講師に招き、防災学習をスタートさせた。

2　つむぐ

(1)「自分が知る」水害・土砂災害
水害・土砂災害についての基本的な知識を学習した。水害の特徴や災害と雨量との関係に興味をもった子どもたちは、災害当時に起きていたことを理論的に理解することができた。

また、持ち出し袋の実物に触れ、改めて今できることを考える機会になった。
(2)「自分が体験する」ＤＩＧ訓練（災害図上訓練）
防災士の方を招き、日本で起きた災害について、現場の写真を見ながら詳しく説明を聞いた。現地を訪れた防災士の話には説得力があり、子どもたちは、当時の上之保の被害の様子とつなげて考えるよい機会となった。その後、ＤＩＧ訓練をタブレット端末を使って行い、自分たちが住んでいる上之保地域の特性や災害の危険度を知り、実際に起きた災害と起こりうる災害が結び付くことで、「自分事」としてとらえる意識が更に高まった。

(3)「自分の眼でみる」地域探検

関市の危機管理課出前講座を活用し、被害にあった場所を訪れた。「すごい濁流が押し寄せて来た」と、取材で聞いていたが、その様子を想像することは子どもたちにとって難しかった。そこで、実際に実績浸水深の看板を見ることで、地域を襲った水害の恐ろしさを実感することができた。

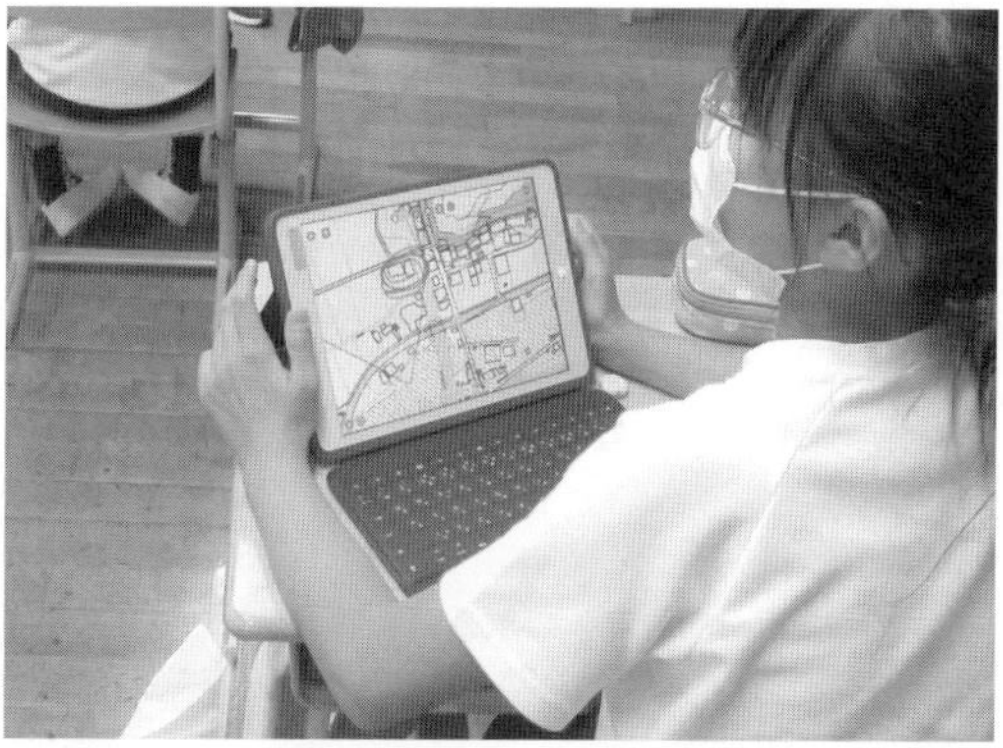

タブレット端末でＤＩＧ訓練

3　つながる

本校では、児童数が年々減少しており、校内だけの教育活動では広がりや深まりを仕組むことが難しくなってきている。そうした中、積極的に学校外とつながる教育活動に重点を置いている。特に、本物に触れる体験活動を意図的に設定し、知識の深まりだけでなく、知識をつなげて考えることができるようにしている。

地域体験

「つながる」段階の学習では、災害のメカニズム、被害の概要について学んだ知識をもとに、次は「自分事」に焦点を当てた学習を進めた。

(1)「自分で体験する」災害ボランティア

体験活動を進める中で、子どもたちは、当時の被害状況だけでなく、その後の復興について興味をもち始めた。そして、復興にはボランティアの方の力が不可欠であることを知り、社会福祉協議会の協力を得て、関市在住の防災士の方から、ボランティアの体験談を聞くことができた。実際にボランティアの様子を聞くことで、共助という言葉の意味について考える契機となった。

防災ボランティアの方の話

(2)「自分から調べる」非常食を食べてみよう

ここまでの体験活動を通して、子どもたちは「自分たちで今できることを実行したい」という思いが強くなった。こうしたことから、すぐに体験できる災害時における非常食体験を行った。

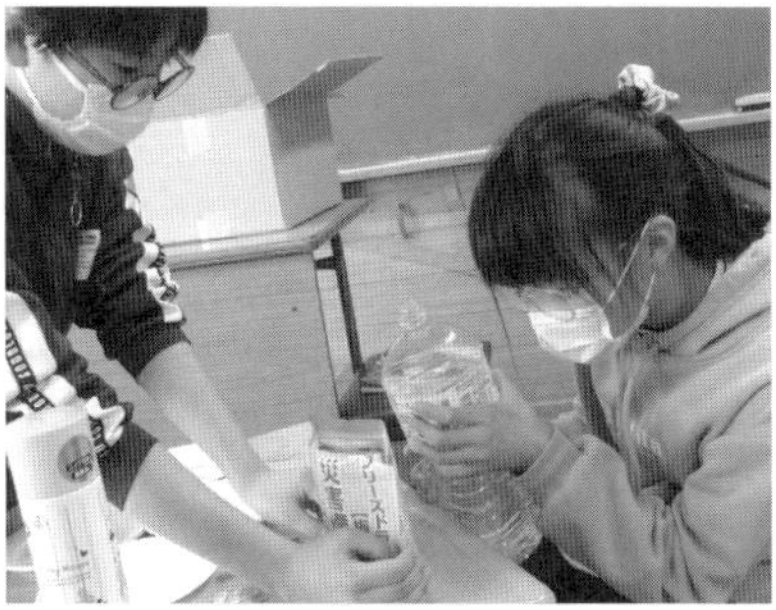
非常食体験

体験する前は、様々な条件が制限される災害時に、満足のいく食事ができるのか子どもたちは疑問をもっていた。しかし、体験を通して、ライフラインが止まっていても、簡単に食事ができる安心感とお腹も満たすことができる便利さを実感することができた。

(3)「家族と考える」緊急時の対応

子どもたちの「もし家族と一緒でない時に災害が起きたら」という疑問からＮＴＴ西日本の協力を得て、災害用伝言ダイヤル１７１の訓練機を使った体験を授業参観時に行った。非常時伝言ダイヤルのメッセージ録音だけ

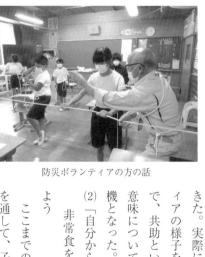

でなく、非常時の連絡方法についても、親子で真剣に話し合うことができた。こうした体験を保護者と共有することで、家庭の防災意識の向上につながった。

また、学校の敷地内にある備蓄倉庫の中を見学し、既習の持ち出し袋を参考に、家庭の非常持ち出し袋について、何が必要かを具体的に考える機会になった。

4 「つたえる」

本校の地区では、「武儀・上之保の集い」が毎年開催されている。この集いは、青少年育成の視点から本校での学習の様子を広く地域の方々に理解していただく目的で行われており、令和四年度は防災教育を発信してきた。子どもたちが一番伝えたかった「私たちがこれからの上之保を守っていきます」という「自分事」としての言葉は、地域の方への力強いメッセージとなって確実に伝わった。

後日、「全ての上之保地域の方へメッセージを伝えた

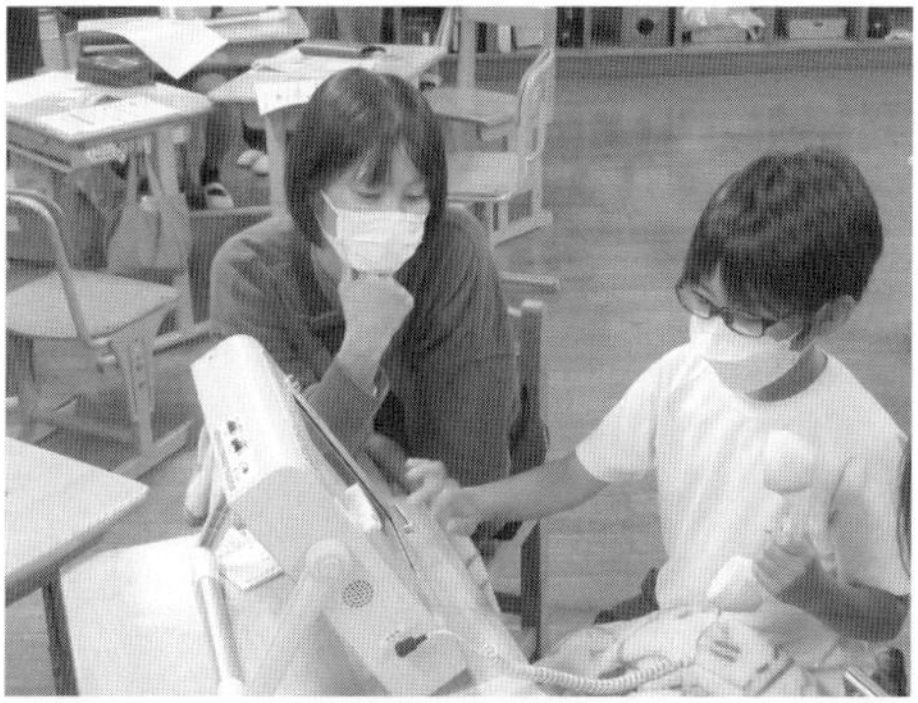

災害用伝言ダイヤル

地域での発表

道徳「命の授業」

配付した防災リーフレット

あの日から4年
～災害から学び、未来へつなぐ～
上之保防災隊(R4上之保小学校5・6年生)

平成30年7月8日。関市の多くの地域が水害に襲われました。この水害では上之保も被災し、たくさんの場所が被害に遭ったことから「平成30年7月豪雨」と命名されました。

今のまちは水害を受けた後の状況から被害の大きさを忘れてしまうくらい、きれいに整備されています。

自分たちのまちを自分たちで守るために『何ができるのか』、いつ起こるかわからない災害に向け、『何をしておくと良いのか』5・6年生で考えたことを発信します。

使い方
1、171とダイヤルする
2、ガイダンスに従い操作する。
3、家族などと共有した番号を入力する

災害用伝言板ダイヤル
171

話す内容
・安否
・場所
・被害

利点
災害時でもつながり、いくつか前の会話も聞くことができる。

注意点
・相手に聞こえるように大きな声でゆっくりと話す。
・30秒以内で話す。

災害用伝言板ダイヤル171は、電話による安否確認の連絡が取りにくいときの、被災地域内やその他の地域の方々との伝言板です。

WEB171というのもあり、伝言（文字）を登録して閲覧できます。

災害用伝言板ダイヤル171
（NTT西日本）

詳しくはこちらを見てください。

非常食について

非常食は、災害時など緊急の時に食べる物を言います。

例えば、乾パンやビスケットなど、空腹が満たされやすく簡単に食べられる物が最適です。

災害時という事を考えて、持ち運びやすい軽い物や、いつでも食べられるように、賞味期限の長い物を選ぶことが重要です。水やお湯を入れ、5～20分待つだけで出来上がり、少なかった中身も膨らみ、量が多くなります。

1袋食べたら満腹になり、入っていた袋をそのまま捨てることができます。中には、調理するものもあります。

家にある非常食を見直してみてください。

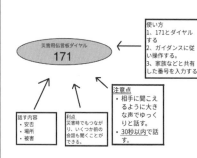

非常持ち出し袋の中身について

非常持ち出し袋に入れるものは、水、食料、手袋、簡易トイレ、マスク、医療品、ライト、ラジオなどが入っていると良いです。そして、食料や水は約3日分入っていると良いそうです。

その他に、避難するとき、自分の体力に合った、リュックなど中身を考えるのもポイントです。

季節に合わせたものや、水、食料の賞味期限が切れていないかを確認するのも大切です。

皆さんも、非常持ち出し袋の中身をぜひ確認してみてください。

防災チェックリスト8項目

- □自宅周りのハザードマップを確認したことがある
- □災害のとき、家族が離れていても集合する場所が決まっている
- □公衆電話の使い方を知っている
- □「災害用伝言板ダイヤル」の存在を知っている
- □家族の携帯番号を誰か一人でも覚えている
- □家に非常持ち出し袋が置いてある
- □非常持ち出し袋がどこに置いてあるか知っている
- □家族で防災について話したことがある

ぜひチェックしてみてください！

5・6年生からのメッセージ

4年前起きた平成30年7月豪雨。当時はとても暑く猛暑でした。そんな中たくさんの人々が上之保を守る活動をしていたことを知り、うれしくなりました。

次に災害が起きても、正しく対応できるように日頃から防災に努めることが大切です。

今回の内容は自分や仲間の命、そしてこのまちを守るためにも大切なことです。

私たちは、これからも上之保を守るために学んだ事を伝え続けて行きます。「共助」という言葉を関市役所の方に教えていただきました。これは自分たちの地域は自分たちで守るということです。みなさんも、いつ・どこで起きるか分からない災害に備え、命を守ってください。

い」という子どもたちの強い願いから、学習のまとめとして、自作した防災リーフレット（前頁）を地域全世帯へ配布し、地域防災の一助となった。

この学習を通して、地域への愛情と誇りを育み、地域へ参画する地域社会人としての土台の場となっていると考えている。

三　実践を終えて

様々な体験活動を通して、子どもたちは知識の習得だけでなく、習得した知識を基にどんな行動をしたらよいかを考え、それを発信していく力を身に付けることができた。また、体験活動が「自分事」としてとらえるために有効な方途であると改めて確認することもできた。

本校は、道徳の研究を長年行っているが、この防災学習と関わらせ、生命を尊重し大切にする心情を自分の言葉で語ることができたことが、一番の成果と言える。

四　おわりに

最後に昭和四十四年に本校の校歌が制定された。その一部を紹介したい。

緑にもゆる　城山の
松吹く風の　さわやかさ
さいわい多き　人の世の
さかえをここに　きずかんと
学びの道に　はげみあう
ああ　わが光
上之保小学校

人はどんなに努力しても自然を超えることはできない。だからこそ、突然訪れる自然災害と共存しながら、栄を築いていく必要がある。自然豊かな上之保地区に栄を生み出す人材を「地域」「家庭」「学校」三者が手を取り合い、これからも育んでいきたい。

第二章　新しい時代の特色ある学校づくりを推進する学校経営

提言

新しい時代の特色ある学校づくりを推進する学校経営

――たて・よこ・ななめの関係を「つなぐ」学校経営――

山形県酒田市立鳥海《ちょうかい》小学校長

齋藤清志

一　はじめに

新型コロナウイルス感染症が第五類に移行されたことにより、それまで制限され、十分実施できなかった活動が戻り出した。また、この数年間は、コロナ禍での学校の在り方とこれまでの学校を問い直す貴重な機会になったと同時に、学習指導要領の内容の充実（社会に開かれた教育課程や育成を目指す資質・能力等）やＧＩＧＡスクール構想の実施等の教育改革が大きく動き出した時期でもある。さらには、人口減少による児童数の減少や多様な価値観への対応、様々な教育課題等々、学校は今まさに「変化」の渦中にあると言っても過言ではない。コロナ禍が収束したから元に戻すのではなく、コロナ禍等を契機に、教育活動をそもそもの意味から問い直し、未来に向けた持続可能な将来性のあるものにしていく必要がある。

中央教育審議会では、学力や社会性の育成などの個別的な課題設定の上位にある目標として、「一人一人の多様な

ウェルビーイング」を形成する、ということに基づいて教育の場づくりを進めようという議論を進めている。教育は一人一人を幸せにするものであり、それが社会全体に広がっていくことを考えよう、ということである。これまでも幸せを目指した特色ある学校づくりを各学校で展開してきたわけだが、実態は様々で、しかも日々変化している状況にある。今回の提言では、新しい時代の特色ある学校づくりを推進する上で、自分なりに重要性と可能性を感じている以下の四点について、「つなぐ」をキーワードに思いを述べたい。

二　学校教育目標・グランドデザインをつなぐ

学校教育目標は、学校が掲げる最上位の目標であり、判断や行動の拠り所である。校長は、学校教育目標の達成を目指し、主体性を発揮しながら協働する教職員集団をつくりたいと願っている。しかし、学校教育目標は、不変ではなく、学校の実態や社会の変化、地域の願いに応じて常に問い直し、必要があれば改訂していくべきものである。これからの多様性に向けて人権教育を核に据えたり、小中学校の接続を見据えてキャリア教育に重点を置いたり、または、地域の自然との関わりを全面に掲げたりと各学校ごとに大事にする視点は異なっている。

そこで、どのような学校づくりを進めていくのかは、教育施策や地域理解を含め、個々の教職員の課題意識や現状のとらえ方にも違いがあるため、全職員で、これまでの成果と課題の洗い出しと地域を知ること等に十分時間をかける必要がある。この作業を大事にすることは、教職員の思いやベクトルを揃えることにつながっていく。

それを受け校長は、子どもの実態に合わせ、保護者・地域の願いや地域の歴史・文化等のそこにしかない特色を大切にした強い思いと信念があふれ出るような明確なビジョンを示さなければならない。自分事として、考えを出しやすい小集団での話合いの場や自分のペースでスプレッドシートなどに入力できる場を設けながら、続ける活動なのか、

新しく取り入れる活動なのか、教科横断的に取り組むのか等、カリキュラム・マネジメントの視点も合わせながらグランドデザインの吟味をしていかないと「前年度踏襲」「絵に描いた餅」になりかねない。

また、後述の（四）でも触れるが、保護者や地域住民にも積極的に発信し、理解を得ることも欠かせない。学校運営協議会あるいはＰＴＡ・地域の各種会議等の場で重点を説明し、理解やアドバイスをいただくことはもちろん、年度途中の様々な会議の場や学校だより等で子どもの成長や頑張り、課題等を伝えていくことで「地に足の着いた」グランドデザインとなっていくのであろう。保護者や地域に浸透させることは時間がかかることでもある。

学校教育目標とグランドデザインを教職員・保護者・地域そして児童とをつなぎ、ＰＤＣＡサイクルを機能させていくことができるかどうか、校長のリーダーシップ、コーディネート力が問われているところであると同時に、多様化の進む新しい時代の学校経営においてこそ、この当たり前の共通理解が重要な押さえ処と考えている。

三　チーム・マネジメントでつなぐ

「人は立場で育つ」「任されて育つ」とよく言われる。教職員がやる気ややり甲斐をもって子どもたちの前に立ち、生き生きと同僚と協働しながら教育活動を推進していってほしいと校長は常に願っている。そのための土台は、やはり職場内の信頼関係を築いていくことと考える。まずは校長自らが、教職員に積極的に感謝や労いの言葉を伝え、いつでも相談に乗り、困った時には必ず支援する姿を示しながら、安心できる職場の雰囲気をつくっていくことを大切にしたい。その上で、「人は職場の雰囲気で育てる」を具現化するために、教職員のキャリアステージに合わせたバランスのよい校務分掌の配置や学年組織、各部会等のメンバー構成を教頭・教務主任等と情報や思いを共有する。教職員人事評価面談等の機会には教職員自らが意欲ややり甲斐をもてるよう思いや期待感を伝えていきたい。当然、経

験年数や専門性、性格等、教職員集団も多様であり、周りに助けを求めることが苦手な職員もいる。苦手なことやできないことはフォローし合う雰囲気を大事にしていくためにも、相手に成果や変容を求めるだけでなく、自分が変わる（行動する）ことでよりよい「つながり」になることを教職員に丁寧に伝え、土台となる意識を高めていきたい。

また、マネジメントしていく上で大事にしていきたいこととして、「報告・連絡・相談」の徹底は欠かせない。学校諸課題の未然防止や早期発見・早期対応の基本であると同時に、様々な情報を共有することは「チームの一員」として大事にしている、信頼しているというメッセージでもある。「いつ決まったか知らなかった」「自分には知らされていなかった」は避けなければならない。また、つながるための時間と場をつくっていきたい。放課後におしゃべりをして同じ時間を過ごす、行事や企画等を進める時に苦労や楽しさを分かち合う等は、日常的なＯＪＴをより機能させることにもつながり、削減すべき時間ではないと考えている。「効率だけを求めるのではなく、心を共有する」「他の先生の思いやよさを生かせる場を設定する」ことは、メンタルヘルス対策と人材育成にも大きな効果があるとの報告もある。校長は、働き方改革の名のもと、削減すべき内容と時間を見誤らないようにしなければならない。

「方向と期待を示し、任せて見守る」ことは、口で言うほど簡単なことではなく、つい口を出したくなる。そこを我慢することも校長の力量の一つと自分に言い聞かせていきたい。「共に働く仲間のアイデアや心をつなぐ」「経験や教育技術を後輩につなぐ」といった自分の範囲だけでなく、学校全体に目を向けて職務に励む職員を育て、つないでいくことは、新しい時代でも大事な校長の役割であると思う。

四　地域とともにある学校づくりでつながる

本県でも人口減少とともに、児童数が減少傾向にある。それに伴い、学校の統廃合が進み、学校数も減ってきてい

る。本校は、平成九年度と平成二十九年度の二度に渡り、統合した学校である。住民の会話の中では、学校がなくなる寂しさはもちろん、学校という存在がいかに地域の拠点であったかを痛感するといった内容のことが随所で語られ、だからこそ今ある学校を大事にしていきたいのだと……。それだけ学校は地域とのつながりが強い存在なのである。

コミュニティ・スクールは、平成二十九年の地方教育行政法の改正により、学校運営協議会設置が各教育委員会の努力義務化となったことで、全国的に導入数が飛躍的に増加している訳だが、導入のあるなしに関わらず、地域との連携・協働による学校運営の重要性が一層増していくことは間違いない。未来を担う子どもたちの原風景は、小学校時代であると言って過言ではない。地域のよさを実感し、大切に思う心を育むことを、特に小学校では意識しなければならない。

学習指導要領で「社会に開かれた教育課程」が示されたように、目指す教育目標や子どもの姿、手だてとしての教育活動の成果や課題等を保護者・地域住民に理解してもらうために、学校と地域それぞれに人が出入りしやすい機会をつくり、「つながっていく」ことを工夫したい。田畑が広がるのどかな地域に位置する本校では、総合的な学習の時間での地域素材を生かした様々な学習の指導者として、また、定期的に行われる読み聞かせの講師として等、多くの方に来校していただいている。子どもたちが地域の人と顔馴染みとなり、気軽に声を掛け合っている姿を見ると、つながりが強くなっていることを強く感じる。また、校長自ら、地域づくりの中核にある方々とも積極的に、学校が地域にできること、学校に協力してほしいことを伝え合う役になることも欠かせない。今では、地域の組織の会合を学校会場で開いて授業に参加したり、地域のイベントに学年親子で参加しお米を対面販売したりして、大変喜んでいただいている。

学校はこれまで、地域からしてもらうことはあったが、地域に恩返しできることはあまりなかったのではないか。互いにＷｉｎ－Ｗｉｎの関係を構築するところまではいってなかったのではないか。少しずつではあるが、地域と学

校が融合した「共につくる」一つのやり方が見え、手応えを感じている。地域との連携は、時間外勤務が増えるとの声も聞こえるが、そこは工夫の仕方一つである。私たちの目指す「特色ある学校づくり」は、「活力ある地域づくり」にも必ずつながるものであることを、校長は忘れてはならない。

五　小中一貫教育でつながる

本市では、「生きる力」を育むために、中学校区ごとに目指す子ども像を共有し、系統性・一貫性のある九年間の教育課程を創り上げていくことをねらいとして、小中一貫教育の取組が令和四年度から本格的に始まっている。施設分離型の小中一貫教育というとらえ方で、これまでの小中連携を更に強化した教育を図っていこうとしているところであるが、私の実感としては、非常に大きなメリット、可能性を感じている。

小中一貫教育を進めていく上では、学校教育目標とグランドデザイン作成に合わせて、小中共通の教育目標等を設定していくことが必要になる。合わせて、九年間を発達段階に合わせて三期程度に分け、指導内容・方法を明らかにすることも押さえなければならない。さらには、具体的な学習規律や生活規律を統一していくことも大事になってくる。そこまでして一貫教育をする意味はあるのかと問われることもあるが、この「目指す十五歳の姿」に向けたグランドデザインを年度当初に小中全職員で共通理解することが大きなポイントと言える。実際、小中教員が、互いに授業参観して意見交換したり、中学校教員が六年生に授業をしたりすることを通して、系統性や専門性の高まりを確実に実感している。児童生徒のつながりでも、六年生が中学校の行事で交流したり、中学生から勉強を教わったりするといった機会を通して、多様な意見や姿に刺激を受けながら、学びを深めている姿は、一貫性のある育ちを感じる。

地域の実情にもよるが、幼稚園・保育園、または高等学校等との連携からも大きな教育効果や教員の更なる資質向

上の可能性が見えてくる。

また、タブレット端末が配付されたことにより、中学校区の施設分離型を生かし、小中または小小の互いの学びを発信し合ったり、オンラインで話し合ったりする等の手だての効果も見える。「とにかく使ってみよう」という初期段階から、「端末を使うことで、どう学習を広げるか」という段階へと進んでいる中、ＩＣＴを活用したデジタルな交流と対面でのアナログな交流のハイブリッド型の交流の様々な実践は今後の展望を広げてくれるであろう。校長自ら、関係小中学校の校長と思いをつなぎ、教育行政とも連携しながら、一小学校に留まらず、中学校区を総合的にマネジメントすることは、子どもたちの学びが多面的、多角的な広がりとなり、生きる力が着実に育まれていくことにつながるものと期待する。小中の「たてをつなぐ」ことも校長のリーダーシップが試されるところである。

六　おわりに

「教育は一人一人を幸せにするもの」である。一人一人の多様なウェルビーイングを形成するために、これからの学校にはどんな「変化」が必要なのか。既に学校だけで「生きる力」を育む時代ではない。少子化やＤＸ（デジタルトランスフォーメーション）等といった大きな時代の流れの中、教員の長時間労働やいじめ・不登校の増加等の教育課題も山積みである。教育の本質を見失わないためにも、「不易と流行」「目的と手段」といったことを改めて見極め、様々なチャンスや情報をとらえ、学校を核に「心をつなぐ、のりしろをつなぐ」といったＡＩにはできない人間ならではの技で、「つながり」を創り出し、学校が地域の人々にとって身近な存在になっていくことが、今後ますます必要になってくると思う。校長の使命は、与えられた環境を最大限に活用し、それらのたて・よこ・ななめの関係を「つなぐ」ことを通して、子どもたちに「生きる力」を育んでいくことだと改めて肝に命じて、提言を閉じたい。。

実践事例

1　人権教育を推進する学校経営

全ての子どもが自分らしく学ぶことができる学校づくり

宮城県仙台市立南吉成《みなみよしなり》小学校長
黒　川　利　香

〈本校の概要〉

本校は、仙台市中心部から少し離れた、山野草の豊富な雑木林に囲まれた自然豊かな場所に位置する。平成三年に開校した全校児童数五百十一名、学級数二十学級、教職員数四十五名の学校である。

本校では、学校教育目標「進んで学び　心と体がたくましく　共に高め合う児童の育成」のもと、「自他の個性を尊重し、共感を持って関わる力」を、育成を目指す資質・能力の重点事項に掲げている。また、心を育む教育の充実により、子どもの自己肯定感を高め、学び合うことができる魅力ある学校・学級づくりを進めている。

一　はじめに

人権を尊重するとは、「自分も相手も大切にすること」である。校長に求められることは、子どもの人権を尊重し、個々の子どものよさや個性を伸ばし、子どもが自分らしく学ぶことができる学校づくりを進めることであるととらえている。

本校の学区は一小一中で連携が図られ、目指す子ども像や課題を共有している。四月に行った「仙台市生活・学習状況調査」では、本学区の児童生徒の課題として、学年が上がるにつれ「難しいことでも、失敗を恐れないでチャレンジしている」「自分らしさを大切にしている」の二項目で数値の低下が見られる。これは「自分のことを認めてもらいたい」という思いはあるものの、「失敗するのが怖い」「皆と違うのが嫌だ」という意識が学校生活への意欲や取組に影響しているものと考える。

そこで、子ども自身が「認められている」と実感することで、自分らしさを発揮して安心して通える学校づくりが必要であると考えた。そのために、校長としてどのように教職員に働き掛け、計画・実践に結び付けていったらよいかを考えるため、まずは教職員の人権教育に関わる意識調査を行った。その上で、教職員の意識向上を図り、各校務分掌と人権教育との関連を明確にする取組を行った。

二　教職員の人権に関わる意識調査

全ての教育活動は、人が幸せに生きていくために必要な知識や技能を身に付けることを目的としていることから、それ自体が人権教育の理念に基づいたものであると言える。したがって、学校教育における教科等の指導は、各教科等の目標と人権教育を通じて育てたい資質・能力とを結び付けて取組を進めることが大切である。そこで、教職員が人権をどの程度理解して日々の教育活動を進めているか意識調査を行った。

調査の結果から、学校生活において、「子どもを差別しない」「子どもにとって分かりやすい表現で物事を伝える」などの取組を行っている教職員が多く見られた。

一方、子どもに権利を伝えるための取組は「特にしていない」と回答した教職員が最も多く、「子どもの権利を伝える具体的な方法が分からない」「多忙で、子どもの権利について授業をする余裕がない」との回答が見られた。このような実態から、教職員への意識付けを図るとともに、これまでの教育活動を人権教育の視点から整理し、とらえ直すことが必要であると考える。

三　具体的な取組と成果

1　校長のリーダーシップ

校長の取組の一つとして、教職員が率先して自らの人権に対する意識の向上を図ることを目的に、子どもの人権を尊重した教育活動や環境づくりについて、打合せや職員会議で折に触れて話をした。また、コミュニティ・スクールにおける学校運営協議会でも議題として熟議し、学校だけでなく、家庭や地域の大人が情報を共有し、共通理解のもと子どもを褒め、認め、自己肯定感を高める

取組を行っていくことを確認した。

もう一つは、カリキュラムの整理・とらえ直しである。本校の人権教育は「学校生活全体を通して行う。人権教育の精神は、信頼と思いやりのある人間教育の中で学習される。各教科、日常生活、領域などとの関連を図りながら指導内容の体系化を図る」という方針の下に年間指導計画を策定し、教育活動を行っている。

しかし、教職員の意識調査の結果から、授業をはじめとする日々の教育活動において、人権との関連を意識して実践している教職員は少ないことが明らかになった。そこで、人権教育と関連のある、障害者との交流活動やいじめ防止の取組などの学習活動について、各教科等との関連を踏まえ、人権教育の目的を明確にした実践を行った。

2　単元配列表の整理

本校で作成、活用している各教科、領域の学年ごとの単元配列表をもとに、人権教育の視点で関連を整理した。その際、本市で作成・配付している人権教育資料「みとめあう心」で取り上げている人権課題の中で、本校の重点取組事項に関わる「生命尊重」「障害者や高齢者の人権」「自分らしく生きる」の視点で色分けをし、関連を線でつなぎ、視覚的に人権教育の意識化を図った。

3　教科・領域等と関連付けた授業実践

(1)　道徳「生命の尊さ」

本実践は、五年生の道徳「生命の尊さ」を学習する際、人権教育資料「みとめあう心」を活用し、受け継がれてきた命について考える実践である。

子どもの権利条約の四つの柱の一つに「生きる権利」が示されており、子ども自身も自分の生命に関して自覚をもつ必要がある。生命を尊重することと生きる権利についてねらいを明確にした上で、生命は自分だけのものではなく、受け継がれ大切にされてきたものであることを考えるとともに、「生

道徳の授業風景

きる」とはどういうことかを子ども自身に考えさせた。このような人権意識は一単位時間で育成されるものではなく、発達の段階に応じた学習を積み重ねることにより涵養に努めていく必要がある。

(2)　いじめ防止出前授業　五・六年生

いじめが繰り返し起こる原因として、「なぜいじめをしてはいけないのか」という根本的なことを加害児童の心にしっかりと落とし込めていないことにある。いじめは、被害者である子どもの教育を受ける権利を侵害し、健全な成長や人格の形成に多大な影響を与える。

そこで、いじめは被害者を精神的・肉体的に傷付け、その生命又は身体に重大な危険を生じさせる恐れがある悪質な行為であることについて、弁護士を講師に招聘し授業を行った。授業では、

●いじめは重大な人権侵害であること
●いじめに関わった全ての人が不幸になること
●いじめをなくすためには、相手の気持ちを考える、信頼できる人に相談すること

について具体的な事例を基に考えた。子どもたちは、授業後「いじめは相手がどう思うかが大切だと分かりました」「自分はいじめにあった人を見たことがあります。そのとき自分は知らないふりをして過ごしていました。これも今回の授業でいじめにつながると知り、自分に怒りたいくらいです」のように、自分の経験と重ね合

いじめ防止出前授業の風景

わせた感想をもち、深く考える姿が見られた。

(3)　障害理解学習　三年生

障害のある人もない人も、同じ社会の一員として互いを尊重し、支え合いながら生活することの大切さを学ぶ機会として、障害者の方との交流活動を行った。障害のある方に接し、障害と付き合いながら楽しく生活している様子をうかがい、児童は、障害のあるなしに関わらず、自分らしく生きることの大切さを学ぶことができた。

(4)　「自分のいいところみつけた！」

本時は、特別支援学級の自立活動において、自分を見

障害理解学習の風景

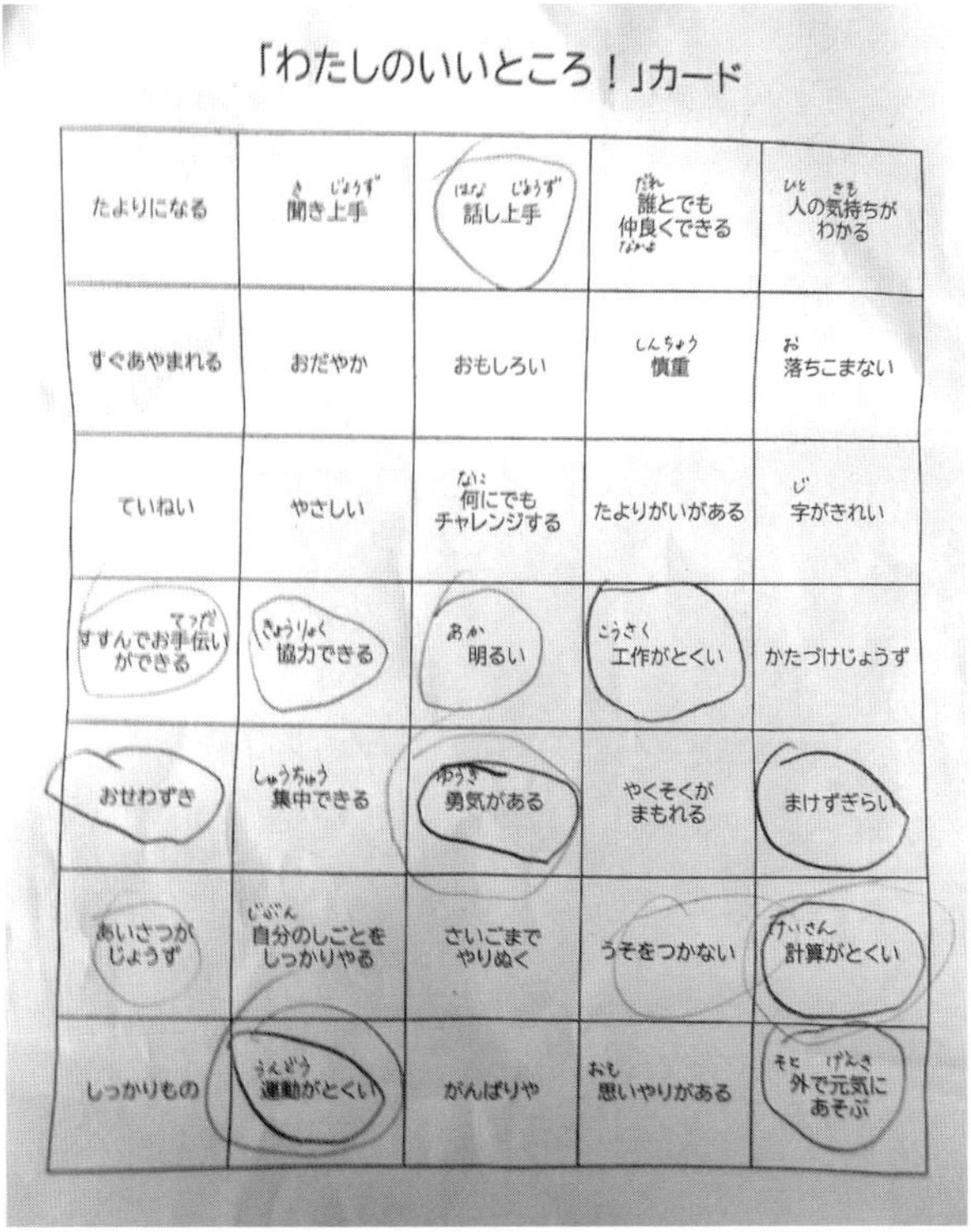

「わたしのいいところ！」カード

たよりになる	聞《き》き上手《じょうず》	話《はな》し上手《じょうず》	誰《だれ》とでも仲良《なかよ》くできる	人《ひと》の気持《きも》ちがわかる
すぐあやまれる	おだやか	おもしろい	慎重《しんちょう》	落《お》ちこまない
ていねい	やさしい	何《なに》にでもチャレンジする	たよりがいがある	字《じ》がきれい
すすんでお手伝《てつだ》いができる	協力《きょうりょく》できる	明《あか》るい	工作《こうさく》がとくい	かたづけじょうず
おせわずき	集中《しゅうちゅう》できる	勇気《ゆうき》がある	やくそくがまもれる	まけずぎらい
あいさつがじょうず	自分《じぶん》のしごとをしっかりやる	さいごまでやりぬく	うそをつかない	計算《けいさん》がとくい
しっかりもの	運動《うんどう》がとくい	がんばりや	思《おも》いやりがある	外《そと》で元気《げんき》にあそぶ

わたしのいいところカード

つめることを経験して自己理解を進め、新たな自分のよさを発見し、これからの生活でよりよい自分になれるよう努力しようとする意欲を育てる〈三　人間関係の形成　(3)自己の理解と行動の調整〉ことを目標として指導を行った。

導入として、「わたしのいいところカード」（前頁）を使って、自分のよさを確かめた。次に、グループで友達のよさを出し合い、友達に教えてもらったいいところを「わたしのいいところカード」に再度記入し、自分のよさをとらえ直す活動を行った。

ある児童は、自分自身のよさを考える段階では「何かあるかな」と不安そうであったが、指導者の声掛けによりカードの中で八つに丸を付けることができた。その後、友達から教えてもらった自分のいいところを基に、再度カードを使って自分のよさをとらえ直したところ、丸の数は五個増えた。

振り返りでは、「自分では気付かなかったよさを教えてもらってうれしかった」と感想を述べた。自分で気付いていなかった新たなよさを見付けられたと同時に、友

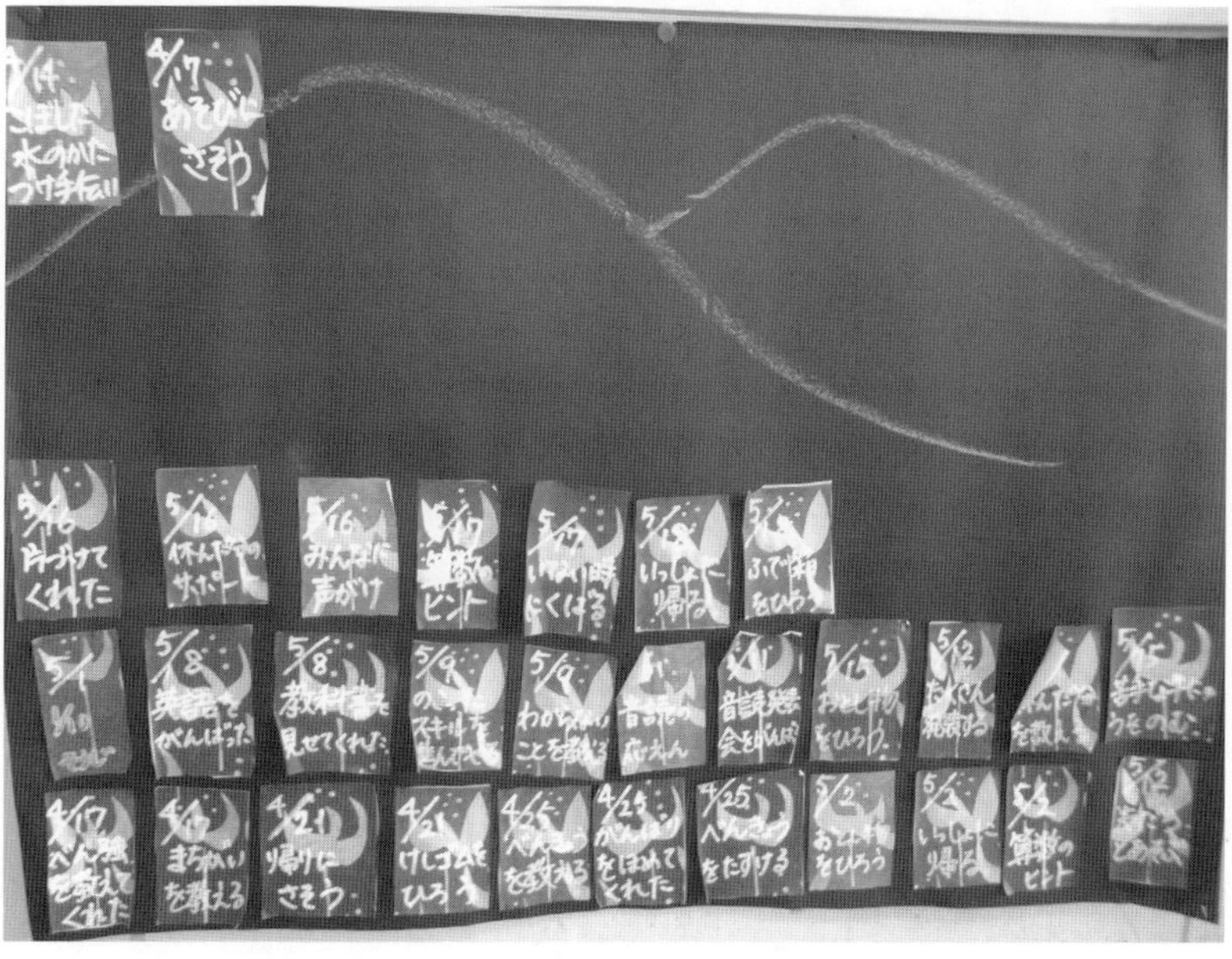

人権掲示「花さき山」

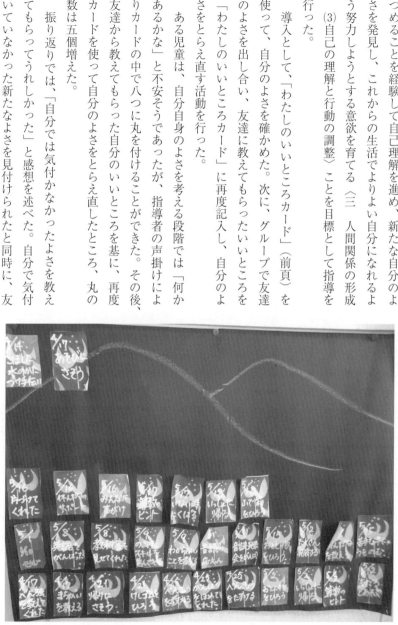

達に認めてもらったことへのうれしい気持ちが感じられた。

４　お互いを認め合う環境づくり

人権への意識は、学校生活全体を通した人間関係や環境の中で醸成されていく。したがって、人権が尊重される学校教育を実現・維持するための環境整備に取り組むことが大切である。

そこで、児童の頑張りや相手を大切にした言動を認め合い、それを掲示し視覚化する取組を行った。この取組は「自分も相手も大切にする」「他者に認められることで児童の自己肯定感を高める」ことをねらいとしている。興味津々で掲示物を眺めている児童の姿や自分の行いが掲示され、うれしそうにしている児童の姿を見掛けると、自分も相手も大切にしようという気持ちや、自分は大切にされているという人権感覚は、少しずつではあるが確実に養われていることを実感した。

人権教育の目標と各教育活動の関連を明確にし、人権意識をもって実践を行ってきたことで、教員の意識の変容も見られた。当初は「子どもの権利を教える具体的な方法が分からない」「自分自身が子どもの権利についてよく理解していない」等の消極的な意識が見られたが、各自の授業や校務分掌と人権教育の関連を確認し、実践を行ったことで、「教科指導、生徒指導、学級経営など教育活動全体を通して子どもの立場に立って相手を尊重した上で指導することが人権尊重だ、ということを実感した」という声が聞かれた。

四　おわりに

子どもたち一人一人がかけがえのない存在として大切にされ、お互いを認め合いながら学んでいく場をつくることが学校の責務である。子どもたち自身はもとより、教職員、家庭、地域がこのような意識をもち、連携して学校教育を進めていくことが肝要である。

今後も、一人一人の人権を尊重した日々の教育実践を積み重ね、子どものよさや個性を伸ばし、自分らしく学ぶことができる学校づくりを進めていきたい。

2　「特別の教科　道徳」を推進する学校経営

自己を見つめ、生き方を考える子どもの育成

――「考え、議論する道徳科の授業づくり」を通して――

長崎県西彼杵郡《にしそのぎぐん》長与町立高田《こうだ》小学校長
寺　地　久　弥

〈本校の概要〉

本町は南を長崎市に接し、北は波穏やかな大村湾に面した温暖な気候に恵まれ、町内には保育園・幼稚園から大学まで設立されている。子どもたちが学習やスポーツ、文化活動に熱心に取り組むことができる学園都市として発展してきた。

本校は前身の長与小学校高田分校として大正五年に創立された。高田小学校としては、令和五年度で創立五十六年目を迎える歴史に刻まれた、児童数三百十六名の中規模校である。

地域の行事も多く、生産栽培活動等には多くの地域指導者が協力するなど、学校の教育活動を支えている。

一　はじめに

現在、私たちを取り巻く社会は、グローバル化や人工知能（ＡＩ）などの技術革新が急速に進み、未来を予測することが困難な時代を迎えている。子どもたちがこのような予測困難な時代を生き抜いていくためには、多くの情報を収集して処理する能力を身に付けなければならない。その中で、学習指導要領が平成二十七年三月に一部改正され、平成三十年度から「特別の教科　道徳」が小学校及び特別支援学校小学部で全面実施となった。

本校においても平成三十年度より、長与町教育委員会の指定を受け「道徳科」の研究を始めた。長崎県の道徳教育方針に沿って、答えが一つではない道徳的な課題を一人一人の児童生徒が自分自身の問題としてとらえた。向き合う「考える道徳」、「議論する道徳」へと方針転換を図ることを中心に据えて、その指導改善の研究に取り組んできた。子どもたちが、これからの予測困難な時代を生き抜くためにも、「自己を見つめ、生き方を考える力」を育成することが、私たちの重大な使命だと考えて

いる。

私は令和三年度より校長として本校に赴任後、現在三年目を迎える。令和三年十一月の研究発表会で、これまで四年間の研究の取組の一端を発表した。ここでは、校長が職員と共に取り組んできた実践を紹介したい。

二　長崎県の道徳教育方針より

年度当初には本校の道徳教育活動を充実するために、校長として学習指導要領改正の経緯とその指導を改善するための必要性を説明した。

平成三十年度より「特別の教科　道徳」学習指導要領の一部が改正された。

今回の改正では、「一　いじめ問題への対応の充実」「二　発達段階をより一層に踏まえた体系的なものとする観点からの内容の改善」「三　問題解決的な学習を取り入れるなどの指導方法の工夫」を図ることが示されている。

また、「教師としての経験年数や研究実績等によらず、全ての教師が、三十五時間の道徳の授業を充実したものにすること」「いじめ問題や重大事件の未然防止・解決へ向けて生徒指導面からのアプローチだけでなく、日々の道徳教育を通して子どもの心を耕すこと」も、道徳教育における重要な目標である。

また、長崎県においては、心豊かな長崎っ子の育成に向けて大切にしてきた道徳教育の二つの指針を継承して、一部改正の学習指導要領に示された趣旨、内容等を踏まえて道徳教育の改善を図っていくこととしている。

その指針は以下の通りである。

（指針一）すべての教育活動を通じて道徳教育を推進し、いのちを輝かせて生きる子どもを育てる。
（指針二）小中高十二年間を見通して、子どもの発達の段階に即した道徳教育を推進する。

これらのことにより、本校においても新しい学習指導要領に準じた道徳教育について、基本的な考え方を基として実践することを全職員で共通理解し、以下のことを重点的目標とすることとした。

一　目標を明確で理解しやすいものに改善する
二　道徳の内容を発達の段階をふまえた体系的なものに改善する
三　多様で効果的な道徳教育の指導方法へと改善する
四　一人一人のよさを伸ばし、成長を促すための評価を充実する

これらの共通理解した事項と本校児童の実態を基にして、道徳教育全体計画の中に各学年の目標と重点内容項目を位置付けるよう指示した。

三　研究主題

本校では研究主題を「自己を見つめ、生き方を考える子どもの育成」、副主題を「思考ツールを活用した『考え、議論する道徳科の授業づくり』を通して」と設定し、道徳科の授業の研究を進めていくこととし、研究主任を中心に研究体制づくりを指示した。

研究仮説は「『思考ツール』の活用を工夫することで『考え、議論する授業』を目指す。この授業を積み重ねていくことで、子どもたちは主体的に自己を見つめ、生き方を考えることが出来るであろう」とした。

また、研究を進めるに当たり、「①思考ツール」「②議論」「③四十五分をベースとした授業づくり」という三つの柱を大切にしながら授業の実践と改善を行った。

なかでも研究の中心となった「思考ツール」とは、学習指導要領解説（総合的な学習の時間編）にもある「考えるための技法」の一つで、「思考を整理し、可視化するもの」である。シンプルであり、頭の中を誰にでも分かりやすく可視化することにより、子どもたちが他者との考えを比較したり、分類したりするために有効なツールになるように開発を進めた。

思考ツールの活用によって、子どもたちに自分の考えをもたせるための主体的な学びが更に深まった。次頁図1に「思考ツール」の例「クラゲチャート」と「くまでチャート」を紹介する。

図１　思考ツールを活用したワークシートの例

クラゲチャート

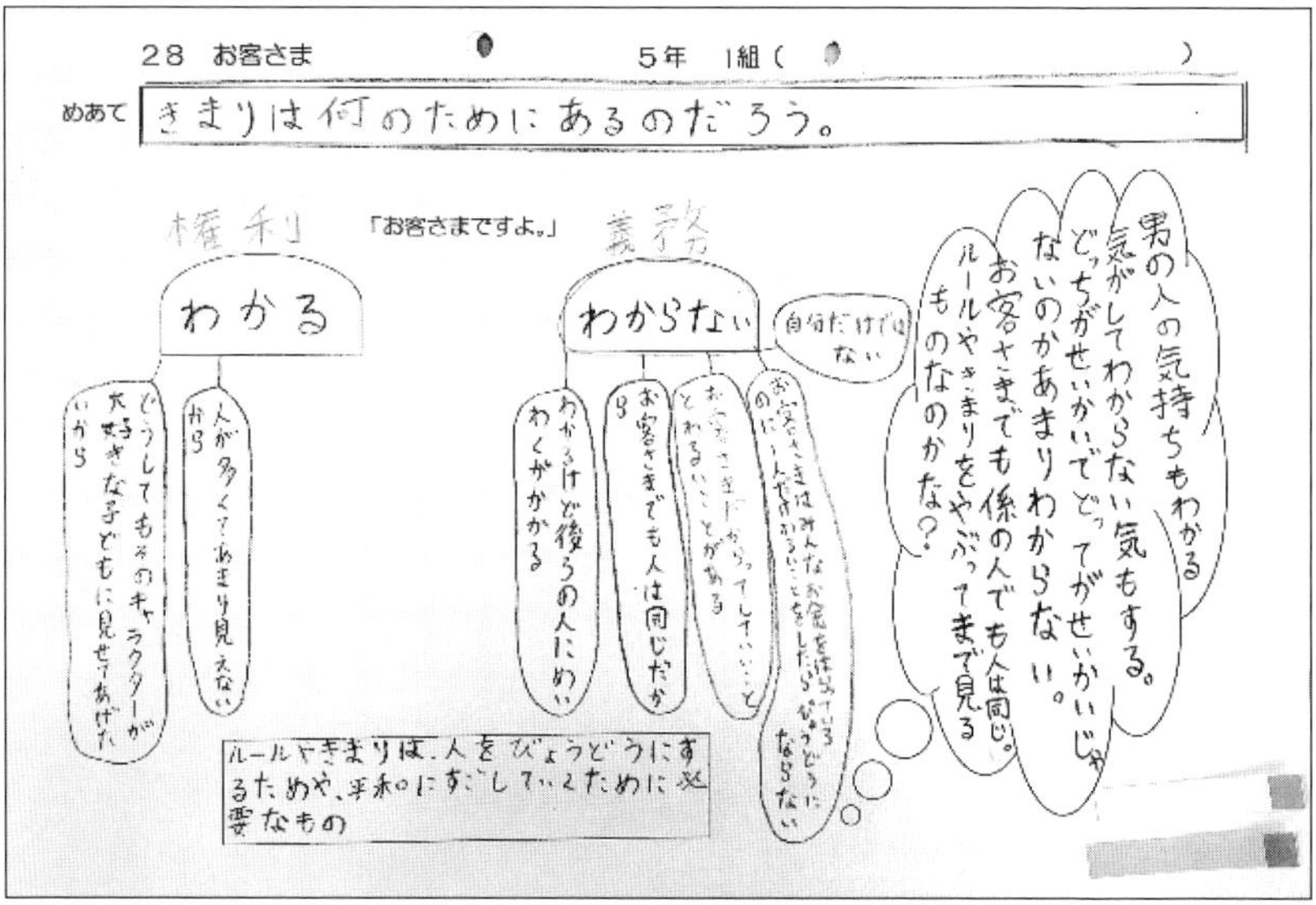

くまでチャート

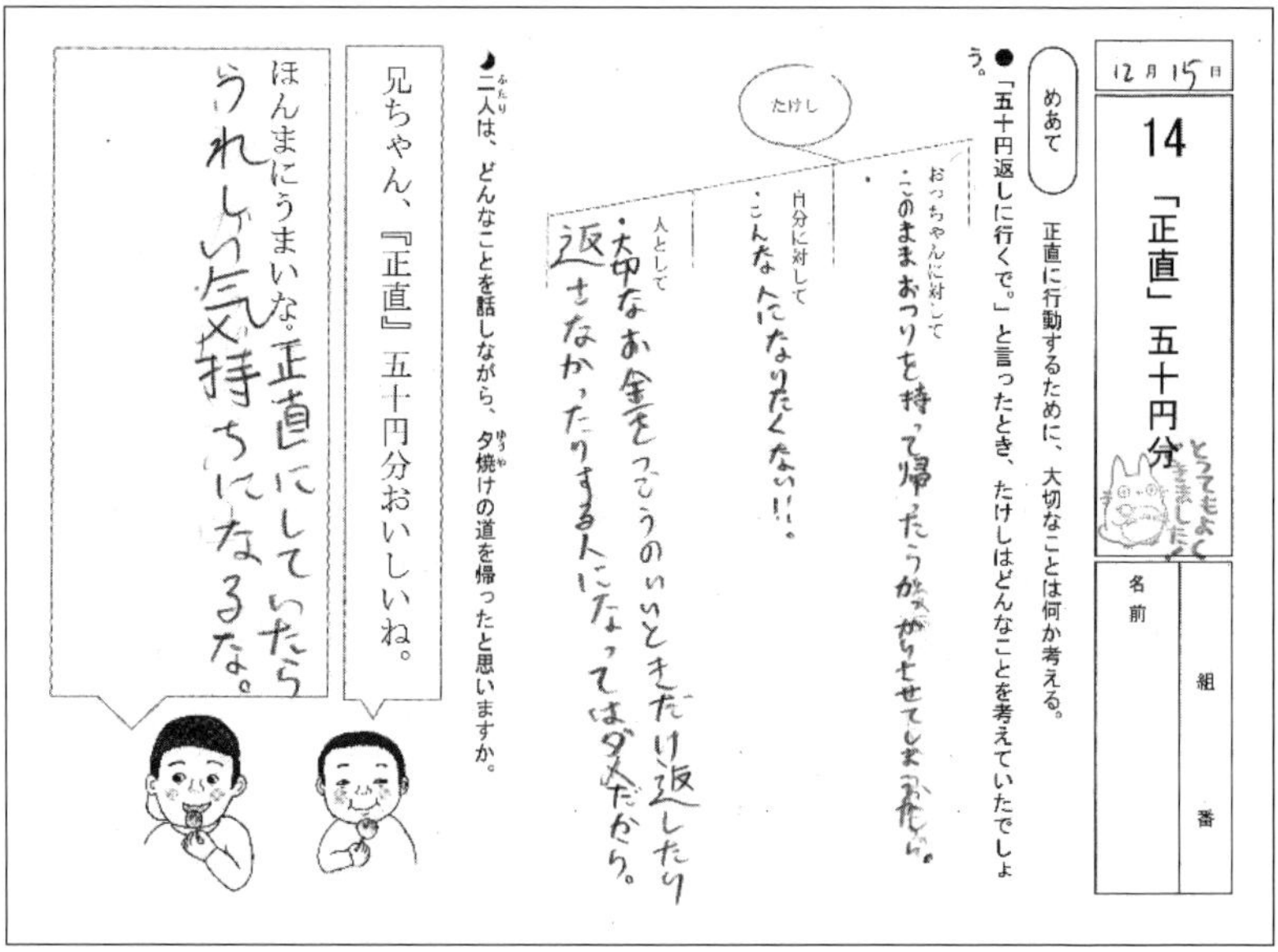

四　おわりに

平成三十年度から「自己を見つめ、生き方を考える子どもの育成」を目指して、全校職員一丸となって研究に取り組んできた。研究の三つの柱を意識して授業を行うことで、児童は様々な道徳的価値を自分事としてとらえ、今までの自分、今の自分、これからの自分について考える姿が見られた。また、日々の授業の積み重ねにより、高学年では、道徳の授業は自分の生き方について考える時間だと実感し、日常生活とつなげたり、広げたりして考える児童も見られるようになった。

道徳性は、一朝一夕に養えるものではなく、徐々に着実に養われることで、自立した人間として他者と共に生きるための基盤となる。今後も一人一人の子どもが、道徳的価値の理解を基に自己を見つめ、自分の生き方を考える学習を大切にしたい。

また、今後更に取り組んでいくことは、「教材の開発」である。道徳の指導計画を新たに編成した後には、その重点的内容や特色に合わせて、様々な教材を使う必要がある。検定教科書の使用はもちろんであるが、新たな教材の開発や選択も重要となる。

特に本校のように、地域に根ざした教育活動を基盤とする学校では、郷土や地域の特色を指導計画や別葉の中にふんだんに取り入れたいと考える。検定教科書の内容はあくまでも標準的なものであり、地域の特色に全てが必ずしも適応しているわけではない。もう一度、郷土の歴史や地域の風土を訪ね、産業や文化の現状を取り入れた教材の開発に取り組みたい。

次に「授業形態の改善」である。本町でもＧＩＧＡスクール構想によりＩＣＴ機器が導入され、ＩＣＴ教育が急速に推進されている。大型電子黒板、デジタル教科書、タブレット端末など、日々の学習に大いに活用されている。一人に一台ずつ専用のタブレット端末を配付しており、これにより個別の学習の機会が保障されてきた。

個人での学びは、子どもの個性や考え方を伸長させることができる。従来の一斉集団型の学びの有用性に加えて、個に応じた学びを融合することにより効果的な学習を展開できるようになった。学習指導要領のねらいにも

「考える道徳」「議論する道徳」への転換がある。発達の段階に応じて、答えが一つではない道徳的な課題を自分自身の問題ととらえ、向き合うことが重要である。

「特別の教科　道徳」の授業においても、自己の考えをまとめたり、表出したりする「考える道徳」の場面で、ICT機器の活用が有効であることが分かってきた。また、「議論する道徳」の場面でも、子どもたちの考えを個人のタブレット端末から一斉にまとめて、提示用スクリーン等に容易に表示できるようになった。

これは個々の多様な考えを知り、一人一人のよさを伸ばすことにもつながり、互いに認め合う人間関係の構築にも大いに役立つと考える。ICT機器は他教科の授業でも大いに活用されており、道徳の授業でも更に活用の域を広げることにより、「考える道徳」、「議論する道徳」への転換が十分に期待できる。

校長として、新たな課題について共通理解を図り、全職員の意識を高めながら、本校の実態に即した特色ある道徳教育を推進したいと考える。

3　外国語活動・外国語科（英語）を推進する学校経営

「意欲的に表現する児童の育成」を目指す学校経営

福島県伊達郡桑折町《こおりちょう》立醸芳《じょうほう》小学校長

遠藤和宏

〈本校の概要〉

本校がある桑折町は、福島県の北部に位置し、「献上の桃の郷」として有名である。本校は、桑折町の中心地にあり、児童数二百七十四名、学級数十六学級の中規模校である。また、令和五年度、創立百五十周年を迎えた伝統校でもある。

桑折町は、「十五歳の目指す姿」（人間としての基本を身に付け、強みを発揮して、たくましく未来を切り開いていく桑折っ子）の実現を教育理念に掲げ、ＡＬＴ（外国語指導助手）や英語指導協力員の配置、英語体験活動の実施など、英語指導にも力を入れている。

本校には、県が委嘱した外国語教育推進リーダー、町が採用した英語指導協力員が所属しており、専門性を生かした英語指導を推進している。

一　はじめに

福島県では、令和二年度からの学習指導要領（小学校）の全面実施を見据え、小学校外国語教育の早期化・教科化に対応するために、平成三十年、「ふくしま小学校外国語教育推進プラン」を策定した。小学校における「質の高い授業」の実施により、外国語教育の充実を図るものである。その施策の一つが、「ふくしま外国語教育推進リーダー」（県教育委員会委嘱）の配置であり、各地区で外国語教育の専門性を発揮し、授業改善した成果を普及させている。

令和四年度の文部科学省の「学校における英語教育実施状況調査」の算出では、小学校の英語教育は五八％を学級担任が行い、英語の専科教師等が担当している学級は二一％である。

新しく教科となったため、現在の小学校教員の多くは教員養成課程で英語指導を学んでいない。そのため、学校や地域によっても英語教育の差が見られ、英語力の学習進度に格差が生じることが懸念されている。そんな状

況の中、この推進リーダーの配置は、現場にとっては救世主と言える存在なのである。

二　学校経営方針と具体的方策

1　教育目標と目指す資質・能力

(1)　よく考えて学ぶ子ども

「知」にかかる目標で、具体的には「話を最後まで聞き、互いに分かりやすく伝えることができる」「自分の考えを目的に応じて分かりやすく発信することができる」「自分のよさを生かしながら、協働的に学び合うことができる」児童を目指している。

(2)　親切で思いやりのある子ども

「徳」にかかる目標で、具体的には「相手の気持ちを考えた言動ができる」「自分で考え、正しく行動することができる」「苦手なこともあきらめず、自分から挑戦することができる」児童を目指している。

(3)　健康で明るい子ども

「体」にかかる目標で、具体的には「健康や安全について実践的に理解し、基本的な技能を身に付けることができる」「運動に親しみ、進んで体力の向上に努めようとしている」児童を目指し、心身ともに健康な体づくりに力を入れている。

2　教育目標達成に向けての具体的方策

(1)　学校経営の合言葉

本校には、平成二十五年より伝統的に引き継がれている学校経営の根本精神がある。それは「こつこつ　とことん　あきらめない」という言葉で、例え困難なことにぶつかっても、自分の目標に向かって努力、挑戦することの大切さを児童に教えている。この「継続」「徹底」「根気」の精神は、児童だけでなく、教職員もこの精神で教育活動に当たっている。

学校経営の合言葉

(2) 学力向上への具体的な方策

学力向上への具体的な方策の一つは、「基礎・基本の定着と確かな学力の育成」である。町事業である「徹底反復練習」の取組、振り返りの充実、多様な指導方法・学習形態の工夫、ICTの効果的な活用に取り組んでいる。特に授業内では、「書く・話す活動」を重視し、現職教育の授業研究会を中心に授業改善を図っている。

もう一つは、「主体的・対話的で深い学びの授業づくり」である。学び合いによる思考力・判断力・表現力等の育成、探究型学習の授業と家庭学習の充実を挙げている。協働的な学びを進めるためには、自分の考えをきちんと相手に伝え、相手の話す内容を正確に聞き取ることが必要である。これについては、国語科や英語科を中心として、表現力を伸ばすことを目標に指導を続けている。

三　外国語教育の実際

1　外国語教育推進リーダーの活躍

県内各地区で、外国語教育の専門性を発揮し、授業改善の成果を普及させるために、「ふくしま外国語教育推進リーダー」（県教育委員会委嘱）が任命されている。令和五年度より外国語教育推進リーダーの教員が本校所属となり、桑折町・国見町の小学校五・六年生の英語授業を受けもち、専門性を発揮しながら担任と共に英語指導を行っている。

(1) 専門性を生かした指導

ジェスチャーを入れて伝えよう

大学で専門的に英語を学んできた教員は少なく、英語指導には尻込みをしてしまうことが多い。そんな状況の中、英語指導に関して専門性を備えている推進リーダーの存在は、学校としても大きい。

また、「英語で自分の思いや考えをやりとりする言語活動を

通して指導すること」が授業で大切なことを理解しており、英語で表現したり、友達と会話をしたりする活動を積極的に取り入れながら楽しく授業を行っている。

五年生は、「将来の夢」について、隣町の小学校とオンラインで交流を行った。はじめは「緊張する」などの声も聞かれたが、交流が始まると、カメラの友達に向かって堂々と英語で思いを伝え、コミュニケーションを楽しむ姿が見られた。

他校とオンラインで交流

また、話の構成を考えたり、詳しく知るために質問したりする児童もいた。担任は、自分の思いを伝えるだけでなく、質問やリアクションをすることで、思いが通じ合い、よりよいコミュニケーションになることを学ばせた。

桑折町の特産を紹介

六年生は、「桑折町のよさを発信しよう」ということで、県内の学校と交流を行った。これまでに学んだ表現を使って、分かりやすく紹介する方法を考え、動画にして送ることにした。「桑折町の魅力がよく分かるように伝える」という相手意識や目的意識を児童にはっきりもたせたことで、学んだ英語をたくさん活用して伝えようという意欲が高まり、英語表現が充実したものとなった。会話の内容も話し方もかなりレベルアップしているように感じる。

(2)　推進リーダーにかかる研修会の開催

令和五年七月十三日、本校で外国語教育推進リーダーによる六学年外国語科の授業研究会が行われ、県北教育事務所指導主事及び県内の推進リーダー二名が参観した。授業テーマは、修学旅行で行きたい場所を友達に知ってもらうために、友達とやり取りをしたり、よりよくするための表現を考えたりしながら、工夫をして伝えることである。行きたいお店等の画像をタブレット端末で表示しながら、意欲的に伝え合っていた。もちろん、本校の教職員も授業を参観し、活発な交流活動の様子によい刺激を受けたようだ。

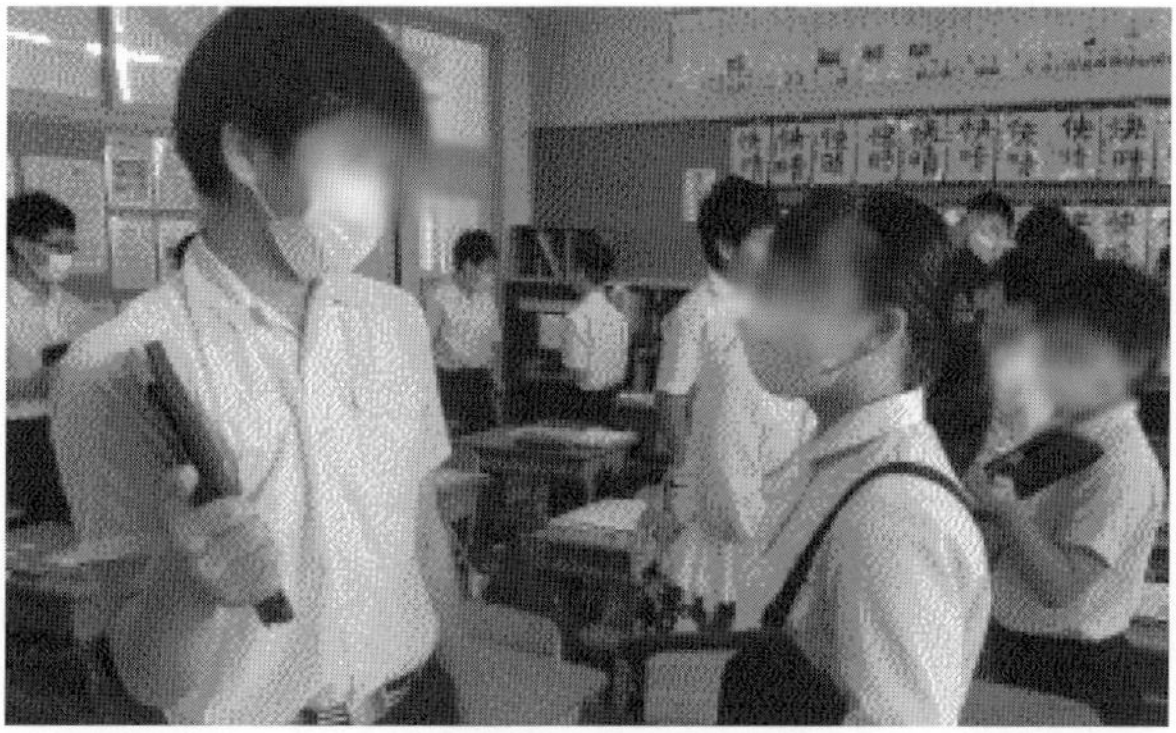
授業研究会の様子

なお、六学年は翌日に隣町の学校とオンラインでつないで、互いの修学旅行について伝え合う学習を行った。説明の仕方、ジェスチャーの入れ方、リアクションのよさを互いに認め合っていた。

(3)　教職員の授業力向上（外国語研修だよりの発行）

推進リーダーは、教職員に対して、月一回程度、研修便りを発行している。「外国語科の目標とは」「言語活動とは何か」などを分かりやすく解説し、実際の授業の様子や児童の反応、本時の指導のポイントを明らかにしている。これは、教職員にとって大変参考になる内容のものので、授業力向上に役立っている。

(4)　保護者へ「外国語通信」の発行

「外国語科の授業ではどんな学習をしているのだろう」という保護者にも外国語科の学習について理解していただくため、授業の様子を「外国語通信」で伝えている。月一回程度であるが、これによって学校では、自分の思いを相手に伝えたり、互いに学び合ったりする活動を大切にしていることを積極的に発信している。

2　英語指導協力員の活躍

桑折町では英語指導協力員を二名採用している。五・六学年の外国語科では推進リーダーと共に、四学年以下の外国語活動では担任やALTとTTを組み、英語指導に当たっている。外国語活動は、外国語による聞くこと、話すことの言語活動を通して、コミュニケーションを図る素地となる資質・能力を育成することが目標である。コミュニケーションスキルを高めるためには、指導者も児童と会話を楽しめなければならない。専門性の高い教員が正しい発音を教えたり、話し方のアドバイスをしてくれたりするので、児童は楽しく意欲的に活動することができ、外国語活動の時間をいつも楽しみにしている。

教職員向け「外国語研修だより」

Hello! English!　外国語研修便り　第2号

R 5. 5. 30

前回は、言語活動についてのおさらいでした。言語活動は、実際に英語を使用して、互いの考えや気持ちを伝え合う活動のことで、目的、場面、状況設定に配慮することが大切であることを確認しました。今回は、醸芳小学校で、実際にどんな言語活動に取り組んでいるかを紹介します。ポイントは、相手意識を明確にして、伝える意欲、目的意識を高めることです。

5年生：第1単元「Hello, friends.」

5年生の Unit1「Hello,friends.」では、クラス替えで一緒になった新しいクラスメート（相手）ともっと仲良くなるため（目的）に自己紹介をしたり、運動会の係や委員会でお世話になる6年生（相手）ともっと互いのことを知るため（目的）に自己紹介をしたりしました。

6年生：第1単元「This is me!」

第6学年最初の単元Unit1「This is Me!」では、運動会の係や委員会で共に活動する5年生（相手）をもっと知るため（目的）に自己紹介をしたり、新しく転入された教頭先生（相手）に自分のことを知ってもらったり、教頭先生のことを知るため（目的）に自己紹介しました。

5／1　～5、6年生の交流学習～

6年生は、まだ誕生日の学習をしていない5年生のために、誕生日を伝える際に、手で数字を示しながら伝えたり、5年生が分かっているかどうかを確認しながらゆっくりはっきり伝えたりする工夫が見られました。5年生からは、「6年生のように話せるようになりたい！」「6年生が分かり

保護者向け「外国語通信」

Hello! English!

第5学年外国語通信
令和5年　5月12日（金）
第1号　文責　阿部　淳子

5年生は、今年度から外国語科の授業がスタートしました。

外国語科は、コミュニケーションを図る基礎となる力を育てることを目標とする教科です。伝える相手のことを考えながら、どんな英語を使えば、自分の思いが伝わるかを考えて表現できるようにします。

記念すべき最初の単元Unit1「Hello,friends.」では、クラス替えで一緒になった新しいクラスメートともっと仲良くなるために自己紹介をしたり、運動会の係や委員会でお世話になる6年生ともっと互いのことを知るために自己紹介をしたりしました。

5／1　6年生との交流

自分が好きなゲームを好きかを尋ねて、「Yes!」だったり、どんなスポーツが好きかを尋ねて、自分と同じだったりした時のうれしそうなリアクションが印象的でした。緊張したようですが、6年生

英語指導協力員、ALTと楽しく会話

四　おわりに

「主体的・対話的で深い学び」「学び合いによる表現力等の育成」を重点に掲げ、学校経営を推進してきた。これらの力は、学力向上だけでなく、コミュニケーションを活発にし、生活をより充実させるための重要なポイントでもある。

外国語の授業がその先頭を切って推進されていることはまちがいない。単に自分の思いを伝えるだけでなく、より分かりやすく伝えたり、相手の気持ちを理解しようとしたりする活動の中で、表現のおもしろさ、楽しさに気付き、意欲的に交流している児童の姿は実に頼もしい。

このような姿が学校全体に広がっていくように、学校経営の一層の充実を図っていきたい。

教頭先生に自己紹介したり質問したりする児童

4　コミュニティ・スクール（学校運営協議会制度）を活用する学校経営

宇都宮版コミュニティ・スクールを活用した学校経営

栃木県宇都宮市立中央《ちゅうおう》小学校長
堀　場　幸　伸

〈本校の概要〉

本校は、宇都宮市の中心部に位置し、周辺には栃木県庁や宇都宮市役所、文化・福祉施設、大型商業施設などが混在している。児童数は百五十五名、学級数は特別支援学級を含めて七学級、教職員は二十名の学校である。

本校では、「すべては子どもたちの笑顔のために」を合言葉に、教育目標の具現化に向け、学校・家庭・地域が連携・協働しながら、「地域とともにある学校」を目指し、教育活動に取り組んでいる。

一　はじめに

宇都宮市は、人口約五十二万人の中核市であり、市内には令和六年度現在、小学校六十九校、中学校二十五校がある。

本市では、国のコミュニティ・スクールの機能の一部を取り入れ、学校運営に対する意見交換や協議を通して、地域の声を学校運営に反映させるなど、宇都宮版コミュニティ・スクールとして「魅力ある学校づくり地域協議会」を全校に設置し、心豊かでたくましい「宮っ子」の育成に取り組んできた。

本論では、これまで本校が取り組んできた「魅力ある学校づくり地域協議会」を活用した学校経営について振り返るとともに、今後の在り方について考察する。

二　宇都宮版コミュニティ・スクール設立まで

宇都宮市では、これまで地域に開かれ、信頼と魅力のある学校づくりを目指して様々なことに取り組んできた。平成十三年度には全校に「学校評議員制度」を導入し、

保護者や地域住民の意見を反映した学校運営に努めてきた。さらに、平成十五年度より「街の先生」活動事業を展開し、地域の教育力を生かす取組を進めてきた。一方、学校施設については、平成十二年度より、全ての学校において地域開放に対応する教室等を整備し「開かれた学校づくり」を推進してきた。

こうした中、地方分権の流れにより、教育分野においても、地方自治体による独自の主体的な教育行政の展開が求められるようになった。本市でも地域の実態を的確に踏まえながら、地域の特性を生かした質の高い教育の実現を目指すこととなり、平成十八年に「宇都宮市学校教育推進計画」を策定した。その基本目標の一つに「地域から信頼される学校をつくる」を掲げ、その実現のための重点プロジェクトとして「地域の学校づくり」を位置付けた。

このような学校づくりを進めるためには、保護者や地域住民の意見を学校運営に反映させるとともに、地域の教育力を一層効果的に生かしていくことが必要となる。また、保護者や地域住民には、学校と子どもたちのために何ができるかを考え実践するとともに、自らも家庭・地域の教育力を高めていくことが求められる。

そこで、本市では、「地域の学校づくり」を推進するための組織として、平成二十年度から全校に「魅力ある学校づくり地域協議会」（以下、地域協議会）を設置した。地域の教育力を生かした「学校教育の充実」と地域ぐるみの子育てによる「家庭・地域の教育力向上」を図ることで、大人と子どもがともに学びともに育つ「地域とともにある学校づくり」と「学校を核とした地域づくり」を推進してきた。

三　中央小地域協議会の紹介

本校地域協議会の目的は、「中央小学校区において、学校、家庭、地域が連携・協働して、地域とともにある学校づくりを推進することにより、心豊かでたくましい宮っ子を育成すること」である。現在、「学校教育支援部会」「地域子ども育成部会」「地域事業推進部会」の三部会で活動を行っている。地域協議会の主な活動は、次の通りである。

1　活力ある学校づくりへの参画

地域協議会は、校長が行う学校運営について地域の意見を取り入れ、学校のマネジメント力を向上させる。また、多くの地域の大人が学校の教育活動を支援できるよう、学校の課題や取組に関する意見交換や学校評価、学校教育に協力が可能な企業や事業所に関する情報提供などを行うための会議を開催する。校長は、保護者及び地域住民の意見を学校運営に反映させるために、学校運営について詳しく説明し、地域協議会の意見を聴く。

地域協議会開催の様子

校長が作成する学校運営に関する基本方針を、教育目標、学校経営の方針、教育課程編成の方針と定め、次年度の基本方針の案について年度末の会議で説明し、出された意見を尊重しながら次年度の計画を策定する。さらに、地域協議会から基本方針の実現のための職員の配置に関する意見があった場合は、市教育委員会に人事について申し出る際、その意見を尊重するよう配慮する。

2　地域の教育力を生かした学校教育の充実

地域協議会は、ボランティアの参画を得て、学校教育を充実させるための学校教育支援活動を実施する。そのために、活動の企画、広報、学校支援ボランティアの募集、人材バンクの作成などを行う。また、地域の実情や特性、学校の要望に応じて、「学習支援活動」、「校内環境整備活動」、「その他の活動（学校行事の補助など）」を企画・運営する。活動の実施に当たっては、特色ある教育活動、児童の発達段階や学びの深さの違い、小中学校間の連携など、地域協議会を取り巻く状況にも配慮する。

3　地域ぐるみで取り組む子どもの健全育成

地域協議会は、ボランティアの参画を得て、地域ぐるみで子どもの健全育成や安全確保のための活動を実施する。その際、活動内容や活動数は、地域の実情や特性、学校の要望に応じて、地域協議会が企画し、実施する。実施に当たっては、特色ある教育活動、小中一貫教

育を生かした学校間の連携に配慮したり、「学校・家庭・地域」の役割を明確にし、それぞれの強みを生かした活動が展開できるよう工夫したりする。

４　教育資源を活用した地域の教育力向上

地域協議会は、保護者などを対象に「家庭教育について考える活動」や「親子でコミュニケーションをとる活動」など、家庭の教育力の向上を図るための活動を実施する。また、保護者を含む地域住民を対象に、「地域教育について考える活動」や「子どもを含めた地域のネットワークを広げる活動」「放課後や学校休業日などの学習支援」などの、地域の教育力向上を図るための活動を実施する。活動に当たっては、地域学校圏内での合同実施など、地域協議会同士の連携にも配慮する。

四　地域協議会を活用した学校経営の実際

１　質の高い授業を目指す外部人材の活用

外部講師による授業は、子どもの学習意欲を高め、また、専門的な知識・技能に触れることで深い学びにつながることが期待できる。さらに、個に応じた支援が適切に行われることで、学習の効率化や子どもと向き合う時間の確保、教員の負担軽減なども期待できる。

これらを踏まえ、校長は、外部人材を教育活動に積極的に活用できるよう校内のシステムを構築する。具体的には、学校と地域とをつなぐ地域連携教員を校務分掌に位置付ける。地域連携教員は、社会教育主事の有資格者を充て、学校と地域をつないだり、コーディネートしたりする役割をもたせる。地域連携教員が窓口となり、地域との連絡調整を行うことで、学習支援が円滑に受けられるようになり、授業の質の向上や教員の負担軽減につながっている。

６年生音楽「箏の体験学習」

２　教育課程の充実を目指す地域の教育資源の活用

学校には、「社会に開かれた教育課程」の実現が求められており、そのためには、社会教育との連携が必要不

可欠である。子どもたちへの教育は学校だけで完結するものではない。地域住民や企業など専門知識・技能をもつ人材と関わりながら学ぶことは、学習意欲を高めたり、学びを深めたりすることにつながり、子どもたちが未来をたくましく生きるために、大変貴重な経験となる。

校長は、地域と連携した教育活動の実現を目指し、カリキュラム・マネジメントを生かした教育課程の工夫・改善に取り組むよう教員に働き掛ける。具体的には、教務主任を中心に、全教員で地域教材や地域人材、企業などの教育資源の洗い出しを行う。そして学習を進める上で効果的な教育資源を年間指導計画に位置付け、学校の強みを生かした特色ある教育課程の編成につなげていく。

ここで大切にしたいことは、目的の共有化である。校長は、家庭や地域と目指す児童像について合意形成が図れるよう、学校経営方針などを積極的に発信するよう心掛ける。

3　地域との連携による子どもの健全育成

子どもたちには、変化の激しい時代に対応するため、高い志や意欲をもつ自立した人間として、他者と協働しながら課題を解決する力が求められる。このような力は学校だけで育まれるものではなく、家庭における教育はもちろんのこと、地域の多様な人々と関わり、経験を重ねていく中で育まれるものである。

これらを踏まえ、校長は、子どもたちが地域の交流活動などへ積極的に参加するよう働き掛ける。具体的には、育成会や自治会、公民館の行事への参加を呼び掛けたり、学校の施設・設備を優先的に使用できるよう便宜を図ったりする。地域で子どもを育てる取組は、大人の学びや地域の活性化にもつながることから、地域にとっても有益である。今後も、学校と地域のつながりを大切にしながら、学校・地域の双方が「Ｗｉｎ－Ｗｉｎ」の関係が築けるよう、子どもの健全育成に連携して取り組んでいきたい。

地域の高齢者との交流活動

4　学校改善を目指す評価委員会の活用

学校は、教育の質を保障し信頼される存在になるために点検・評価を定期的に行うとともに、その結果を広く公表するなど、常に学校改善に努めていかなければならない。そのためには、内部評価と外部評価とのずれや共通点を見取り、総合的に検討することで課題や改善策を導き、それらを家庭や地域と共有する学校評価の活用が有効となる。

６年生総合「教えて先輩」

宇都宮市では、全市統一の『(学校評価システム) うつのみや学校マネジメントシステム』を採用している。地域協議会の委員を学校関係者評価者と位置付け、地域協議会の中で評価委員会を開催している。

校長は、評価委員会を通して、自らの学校経営を振り返るとともに、地域協議会の意見を尊重しながら、次年度の教育計画を策定していく。その際、マンネリ化を防ぎ、教育活動を活性化させるためにも、時には先進的な取組や斬新な意見を積極的に取り入れるなど、常に挑戦する姿勢を忘れないよう心掛けていきたい。

五　おわりに

近年、学校に対する期待や学校が抱える課題は、複雑化・多様化してきている。これらの課題を学校だけで解決することは不可能である。

現在、学校には、地域と連携・協力し、それぞれの力を集結させながら子どもの健全育成に取り組むことが求められている。子どもたちが激動の時代をたくましく生き抜くことができるよう、校長は、地域との協働体制を構築し、「地域とともにある学校」の実現に努めていかなければならない。

全ては子どもたちの笑顔のために。

5　安全教育を推進する学校経営

海と共にある学校の地震・津波に立ち向かう安全教育

石川県鳳珠郡《ほうすぐん》能登町立小木《おぎ》小学校長

加　藤　政　昭

〈本校の概要〉

本校は能登半島の北東部、石川県能登町にあり、学校のそばには、イカの漁獲量で全国屈指の小木港がある。令和五年度に創立百五十年を迎えた。地域の人口減少は著しく、昭和五十年代は約五百名だった児童数が、令和五年度には五十一名となっている。

能登町は町をあげて海洋教育を推進している。本校は平成二十七年度より、能登町の「海洋教育拠点校推進事業」の拠点校であり、研究発表会を毎年度開催している。文部科学省に特例申請して設置された「里海科」（海洋教育）が、五・六年生の教育課程にあることが大きな特徴である。

一　はじめに

本校の教育目標は「学び合う子　支え合う子　やり抜く子　～共に支え合い、最後まで粘り強く取り組む児童の育成～」である。

全校児童五十一名（令和五年度）の学校である。少人数で、こども園から中学校まで、学年の顔ぶれはほとんど変わらない。児童一人一人は強い関係で結び付いている。反面、切磋琢磨という状況は生まれにくい。児童相互の支え合いを強みとしつつ、一人一人を大切にしながら、最後まで頑張る児童を育てたい。教育目標には、そんな私の願いを込めた。

学校経営の核は、学力向上である。少人数のよさを生かした学習指導に加え、きめ細やかな生徒指導と特別支援教育も積極的に推進する。海洋教育では、ふるさとへの誇りと愛着を育む。そして、これらの教育活動を支える土台として学校安全、地域・保護者との連携をあげた。

これらは、年度最初の職員会議で、私が学校経営方針として職員に示したものである。ここでは、安全教育の

取組について、地震・津波対応を中心に述べる。

二　学校経営の基盤としての安全教育

1　学校経営における安全教育とその目標

学校安全は、学校経営の全てを支える基盤と考えている。児童の安全・安心あってこその教育活動であり、これなくして、保護者の信頼を得ることはできない。

その学校安全の一翼を担うのが「安全教育」である。安全教育の目標は、安全のために必要なことを実践的に理解し、生命尊重を基盤として、生涯を通じて安全な生活を送る基礎を培うとともに、進んで安全で安心な社会づくりに参加し貢献できるような資質・能力を育てることである。

自分を守る力を付けるだけでなく、社会とのつながりの中で安全を考える人材に育ってほしいと考えている。

2　安全を支える関係機関との連携

警察と連携する形で、交通安全教室・防犯教室・非行被害防止教室・薬物乱用防止教室などを行っている。また、消防署員の指導による救急救命教室や、海上保安官の指導による着衣水泳教室なども毎年実施している。

制服を着た警察官や消防署員などから直接指導を受けることは、児童にとっても強い関心とほどよい緊張感をもたらす。指導を受ける児童の目は一段と真剣である。

関係機関と連携する授業を計画することを通し、職員の企画力向上を図るという校長としてのねらいもある。

警察や消防、海上保安庁など、地域の安全を支える機関との連携は、指導内容の充実だけでなく、保護者に安心感をもっていただくために重要である。そこで、指導の様子を学校だよりやホームページで積極的に伝えている。さらに、非行被害防止教室や薬物乱用防止教室、救急救命教室は、保護者も参観や参加する形をとっている。

これに加え、火災や地震、ミサイル等へ対応した避難訓練を年間を通して行っている。漁港があり、海と共にある町の学校であり、特に津波については、保護者や地域住民の意識は高い。

三　能登を二度襲った地震

1　身近な自然災害としての地震

石川県能登地方は、全国でも屈指の地震が頻発する地域となった。令和四年六月は能登町の隣にある珠洲市を震度六弱（能登町で震度五弱）、令和五年五月には珠洲市を震度六強（能登町で震度五強）の地震が襲った。一年もたたないうちに、二度の地震に襲われたことになる。いずれも休日に起こった地震で、幸い本校の児童や保護者に人的な被害はなかった。

しかし、被害が大きかった珠洲市は、児童にとって、親戚や知人の家があり、普段から習い事や通院などで出かける生活圏である。本校も、校舎に多くの亀裂が入る被害を受けた。児童は、自分たちが学ぶ教室の壁に入った何本もの亀裂を、目の当たりにすることになった。地震が身近で、大きな被害をもたらす自然災害であることを児童は肌で感じた。

2　緊張感の中での避難行動

二回の地震とも、翌日から通常の授業を行った。前日と同規模の地震が予想される中、職員には「地震が起こった時は、落ち着いて命を守る行動をとること」と指示した。

令和四年の地震では、本震の翌日に大きな余震があった。教育委員会による学校訪問が行われている最中だったが、職員は迷わず避難行動をとった。

この時は、「放送を聞く」「机の下に身を隠す（一次避難）」「集合して安全確認を行う（二次避難）」の一連の行動を、迅速にとることができた。これまでの、どの避難訓練よりも速く、落ち着いた行動だった。特別支援学級の児童や別室登校の児童も、全く遅れることがなかった。二次避難で集合した時は誰一人話さず、まっすぐに整列した光景は忘れられない。それまで積み上げてきた避難訓練の成果だった。児童や職員一人一人が、地震への緊張感を高くもっていたからとも言える。

四　他と連携した津波対応避難訓練

1　こども園、中学校との強いつながり

本校校舎の横に「小木こども園」がある。また、車で数分のところに「能登町立小木中学校」がある。

こども園から中学校まで、子どもたちはほとんど顔ぶれを変えずに進学する。一貫校と言ってよい環境であり、

つながりは強い。

学校経営全般を通し、小木こども園、小木中学校との連携は重要である。園長、中学校長とは、日頃から行き来したり、連絡を取り合ったりしている。ここでは、小木こども園、小木中学校それぞれと実施した津波対応避難訓練を紹介する。

なお、小木小学校、小木中学校とも、町を見下ろす高台にあり、地域で最も高い場所にある建物になる。両校とも、災害時の避難場所に指定されている。

2　こども園との合同避難訓練

授業中に地震が起こり、さらに、津波警報が発令されたという想定で、小木こども園と合同避難訓練を行った。

(1)　一次避難　地震発生

小学校、こども園それぞれで放送を行い、机の下等へ入る。

(2)　二次避難

小学校校舎前に園児、小学生が集合。学年・組ごとに整列し人数確認。本部へ報告。

(3)　三次避難　津波警報

園児、小学生とも組・学年ごとに小学校の最上階へ避難。避難完了後本部へ報告。

(4)　体育館に集合　訓練の振り返り

全員が体育館に集まり整列。参観していた学校防災アドバイザーと消防署員から講評を受けた。

新型コロナウイルス感染症対策として、こども園は一次避難は園児全員で、二次避難からは年中・年長組が参加という形をとった。

コロナ禍前は、高学年児童が園児の手をひいて避難したが、この時は保育教諭が園児を引率する形をとった。小学校の校舎に慣れない園児も、保育教諭の適切な指導の下、落ち着いて行動していたのが印象的だった。

3　小木中学校との合同避難訓練

登校時に地震が起こり、津波警報が発令されたという想定で訓練を行った。小中学生は、自分が居住する町内会ごとに、避難場所が小木小学校か小木中学校か決まっている。そこで、決められた場所へ避難するための訓練を実施した。以下、その流れである。

①登校中に地震発生

②津波警報発令（町全体へ放送）避難開始
③児童生徒、地域住民が、小木小学校または小木中学校の体育館へ避難
④体育館で町内会ごとに並ぶ
⑤避難場所ごとに各校長へ避難完了の報告
⑥中学生による津波に関する啓発活動

この訓練は日曜日に行われた。能登町の申し入れで、小中学校の訓練に自由参加で地域住民も加わった。さらに、避難場所の受付業務には能登町の職員が入った。一緒に避難する児童生徒は、近所に住み、同じ小学校へ通っていた仲である。小学生と中学生が一緒に避難場所へ来る姿もあった。災害時は近隣の支え合いが大切である。訓練の意義は大きい。

児童生徒の避難行動は落ち着いていた。小木中学校が事前指導を十分に行い、中学生が地域のリーダーとしての自覚をしっかりもっていたことは大きかった。

訓練は一般道を使って行う。交通安全の観点から、訓練は徒歩で行った。しかし、実際に津波があれば、一刻を争うため走ることが必要である。児童生徒に十分指導

中学生による啓発活動

小中学生で行う防災カルタ

しておく必要があり、継続的な課題と考えられた。

小木中学校には「防災体操」「防災カルタ」がある。いずれも防災活動の啓発のために生徒が考えたものである。何年も前から学校や地域の避難訓練などで活用されてきた。今回の避難訓練では、避難完了後に中学生が会場をリードし、防災に関する啓発活動を行った。スライドによる説明や○×クイズ、防災体操、防災カルタなどが行われた。

五 「おわりに」に代えて

脱稿後の令和六年一月一日、「令和六年能登半島地震」が起こった。大津波警報の中、「学校へ避難しよう」と、真っ先に声をあげた児童がいた。避難所生活の中で、中高生と共にボランティア活動を続けた児童もいた。被災したことは残念だが、その中で児童が見せてくれた姿は誇りに思う。二週間遅れの始業式で、私が児童に伝えた言葉をもって、結びとしたい。「地震なんかに、能登は負けない。地震なんかに、小木小学校は負けない。」

6　環境教育を推進する学校経営

地域を知り地域を愛する子どもを育てる環境教育

宮崎県東臼杵郡《ひがしうすきぐん》椎葉村立尾向《おむかい》小学校長
宇都宮　浩

〈本校の概要〉

本校は、日本三大秘境の一つである宮崎県の山深い地にある。百四十年以上の伝統がある小学校で、令和五年度の児童数は二十名、三学級（完全複式学級）、教職員十一名の学校（三級へき地指定校）である。

教育目標として「心豊かで、知性に富み、健康で実践力のある児童の育成」を掲げ、「自立」と「貢献」の力を身に付けさせるべく教育活動を推進している。

本校は、保護者や地域との結び付きが強く、子どもたちは多くの人々に見守られながら、自分のよさや可能性を伸ばすために努力を続けている。令和五年度よりコミュニティ・スクールとなった。

一　はじめに（椎葉村と尾向小学校について）

椎葉村は、九州山地のほぼ中央に位置している。最寄り駅（JR日向市駅）から約二時間かかり、熊本県と隣接している。

平家の落人伝説が残り、村の中心部には那須大八郎と鶴富姫の悲恋を伝える鶴富屋敷《つるとみやしき》が残っている。日本の民俗学の先駆者である柳田国男が『後狩詞記《のちのかりことばのき》』を記した地でもあり、日本の民俗学発祥の地とも呼ばれている。

本校は、村の中心である上椎葉地区から車で約三十分奥に入る。学校の横には日向市に流れ下る耳川の源流が流れている。学校近くには、平家の落人が米を洗った際に水が白くなったと伝えられる白水《しらみず》の滝という名所もある。学校所在地の標高は約五百四十メートルである。

ご多聞にもれず、全国と同じように過疎化・高齢化の進む椎葉村であるが、村内の他地区に比べ尾向地区は若い人が戻ってくる割合が多いと言われている。実際、焼畑体験活動に協力してくれる青年も多く、焼畑体験学習をはじめとする学校の様々な活動や地域で行われている

神楽が、ふるさとに戻る一つのきっかけになったとしばしば聞くことがある。

椎葉村内の小中学校では、令和五年度から「椎葉村学」という新しい取組を始めた。椎葉村内の産業や伝統文化を体系的に学習するもので、小学校三年生から中学校三年生まで、焼畑をはじめとする複合型農林業、方言、神楽、民謡（ひえつき節）などを総合的な学習の時間としてカリキュラムを組み立てた。尾向小学校は焼畑について体験を通して学習してきたが、今後は他の小中学校でも学習テーマの一つとして学習することをとても嬉しく誇りに思う。

椎葉村は九州山地の奥深くにあるので、自然災害とも隣り合わせである。近年では、令和四年九月の台風十四号によって甚大な被害を受けた。尾向地区でも橋が流され、多くの道路が損壊した。現在でも、村外に出るには迂回路を通行するなど、台風の爪痕が残っている。冬には雪が積もるなど自然の厳しさと隣り合わせの暮らしではあるが、子どもたちや職員、保護者、地域の方々が力を合わせながら楽しく過ごしている。このような地で、伝統文化である焼畑を継承することは、先人の努力を知り、ふるさとへの愛着を更に高めることにつながると考えている。

二　三十五年の歴史をもつ焼畑体験学習

本校は長い歴史を刻む学校である。様々な教育活動が脈々と受け継がれているが、中でも中心的かつ有名な活動が「焼畑体験学習」である。焼畑による農業は古くは縄文時代から行われていたと聞くが、椎葉村内で現在も焼畑を受け継いでいるのは、本校を含め数か所しかない。学校行事として焼畑を行っている学校は、本校が全国で唯一である。

椎葉村で行われてきた焼畑は、東南アジア等で行われている「焼きっぱなし」「環境破壊につながる」ものとは全く違う。椎葉の焼畑では、山を焼いた後に一年目はソバ、二年目はヒエやアワ、三年目はアズキ、四年目はダイズを育てる。その後、三十年ほど土地を休ませて、元の森林に戻す。農薬を全く使わないので動植物への影響が少なく、循環型農業として高い評価を受けている。

平成二十七年に世界農業遺産に指定された「高千穂郷・椎葉山」の要因の一つにもなった。環境教育の題材としては他に例を見ないほど優れたものだと言える。

今から三十五年前、昭和六十三年に本校の焼畑体験学習は始まった。当時の学校と保護者・地域住民が、焼畑文化の継承を願って始めたと伝えられる。大多数の保護者が子どもの頃、この活動経験者であることも、活動がスムーズに続けられる要因の一つだと考えている。

三　焼畑体験学習の実際

焼畑体験学習は、ＰＴＡによる焼畑地の選定（一学期当初）に始まり、六月から七月上旬の「やぼきり」（木を切ったり草を広げたりする作業）を経て、活動のメインとなる「火入れ・種まき」を七月下旬に行う（数日前に、草を返して乾かす「まくり」という作業も実施）体験学習である。

火入れ・種まきには尾向地区在住の椎葉中学生も体験学習として参加する。地元消防団の協力も得ながら、大地の神に祈りを捧げた後に、六年生児童とその保護者が火を入れる。

火入れの祈りは、以下の言葉である。長い間受け継がれたことを考えると大変な重みを感じる。

〈**このヤボに火をいれもうす。へび、わくどう（かえる）、虫けらども、そうそうにたちのきたまえ。山の神様、火の神様、どうぞ火のあまらぬよう、またやけ残りのないよう、おん守ってやってたもりもうせ。**〉

広大な焼畑地に火が広がる様子は圧巻である。テレビや新聞など多くのメディアが、循環型農業の象徴として好意的に取り上げてくれている。本年（令和五年度）は、ＮＨＫの全国版テレビニュースでも紹介された。

火入れの様子

昼食後、まだ温かさの残る灰の上に全員でソバの種をまく。その際にも言い伝えられている祈りの言葉がある。

その後は、九月に花の観察をしたあと、十月中旬に収穫を行う。収穫には児童に加えて保護者や地域住民、椎葉中学校の一年生が参加する。できるだけ小石が混ざらないように刈り取ることや刈り取ったものを運ぶのは大変な作業である。

その後、収穫したものからそばの実をとるために「あやし」という作業を行う。

十一月下旬には「収穫祭」を行う。前日から保護者と職員で準備をし、当日は広く地域の方や来賓をお呼びする。児童が焼畑に関する発表をしたり、伝統的な鼓笛を披露したりする。中学生や保育所生も発表をする。

燃え広がる火

そば切りの様子

発表会の後、石臼でそばの実を挽いたり、そば粉をこねたりゆでたりしてそばが完成する。そばを作る過程には、地元の高齢者の皆様に協力していただく。子どもたちは、石臼を使ったり、そばをこねたり切ったりすることをとても楽しみにしている。保護者や高齢者との交流の様子はほほえましい。また、完成したそばには地元で捕れたイノシシの肉も入っており、絶品である。その日は、夜遅くまで収穫を祝う。これも参加者の一体感を味わう貴重な機会である。このような活動を通して、循環型農業のよさを知り、ふるさとを愛する心を育てている。また、農耕地の少ない椎葉の地で、先人たちが苦労して食料を得てきた歴史に触れる貴重な機会となっている。

宮崎県内の多くの学校では、稲作や芋・玉ねぎなどの栽培が体験活動として行われている。私は、体験後に「楽しかった」という感想だけが子どもたちから出るのは、活動内容が不十分ではないかと常々思ってきた。焼畑体験学習を終えた子どもたちからは、「大変だった」「疲れた」という声が多く聞かれる。同時に、重労働を

終えた充実感・満足感が感じられる。農業体験の本当のねらいはここにあるのではないかと思う。

本校は、緑の少年団活動も盛んで、小林市で毎年開かれる夏の研修大会では、焼畑を中心とした発表をして何度も最優秀賞を受賞しており、全国大会（令和四年度は北海道大会）において発表をした。

このような活動が脈々と続いているのは、地域の理解・協力に加え、歴代の保護者や職員の献身的な努力があってこそである。

本校は情報発信にも力を入れており、学校の日々の様子をホームページで紹介している。焼畑の火入れや収穫、収穫祭の写真も多数掲載している。令和四年四月に約四十万だったアクセスが、令和五年五月には百万アクセスを達成した。校長の仕事の一つとして情報発信を続けているので、ご覧いただければ幸いである。

四　環境教育の視点から

子どもたちにとっては当たり前となっている尾向地区の大自然であるが、地球規模で見れば環境破壊が進んでいる。椎葉の先人たちが自然を守りながら自然の中で生きてきた歴史を後生に伝えていくことは、椎葉の地で現代を生きる我々に与えられた使命だと考えている。持続的な農業の象徴である焼畑文化を継承することは、大自然を身近に感じ、自然の恵みのありがたさを実感することのできるとても意義ある活動だと考える。

自分たちが自然の中で生きていることを実感し、恵みを与えてくれる自然を大切にしたいという気持ちが、意図せずともわき上がってくる素晴らしい「環境教育」ではないだろうか。

火入れ・種まき終了後、子どもたちにアンケートを取ってみた。火入れや種まきについて、全員が「とても楽しかった」「どちらかというと楽しかった」と答えている。また、大変だったかという問いに、約四割の子どもが「とても大変だった」、約五割の子どもが「どちらかというと大変だった」と答え、農作業の大変さを体感する活動としての意義も感じられることが分かる。

尾向小の焼畑体験学習が三十五年も続いていることや、日本で唯一であることについて自由記述で聞いてみたと

ころ、「尾向小学校はすごいところだと思った」「日本でここだけということが信じられない」「とても嬉しい」「受け継ぐために昔の人ががんばったと思う」など、学校や伝統の素晴らしさに感心している子どもが多かった。

自分の通う学校に誇りをもつという点でも大変意義ある活動だと考えられる。また、今後の収穫や収穫祭に向けて頑張りたいこととして、「下級生にしっかり教えたい」「みんなと力を合わせて収穫したい」「おいしいそばができるようにがんばりたい」など、活動に対してとても意欲的な様子が伝わってきた。

この活動が、子どもたちの意欲を高めたり学校や地域への愛着を育てたりしていることは間違いない。また、自らも小学生時代にこの学習を体験した保護者から、「子どもたちの体験を充実させたい」「何としても続けたい」という声を聞く。卒業生にも思い入れのある活動であり、小学校を卒業すると椎葉中学校の寮に入って中学校生活を送ることになる本校の子どもたちや保護者にとって、親子の絆を深めるとともに思い出を共有できる貴重な場でもあると言える。

五　おわりに（今後の課題）

令和四年度から五年度にかけて、児童が六人、保護者軒数も六軒減った。火入れや収穫、収穫祭には保護者（大人）の力が必要なので継続が厳しい状況となっている。公民館や青年会にこれまで以上の協力をお願いする必要があると考えている。今後も、この焼畑体験学習が子どもたちの環境教育の一環として脈々と受け継がれ、椎葉村の文化継承にも寄与することを願っている。

豊かな体験をしている本校の児童であるが、複式学級であることもあり、学力向上が喫緊の課題である。課題解決の手だてとしてＩＣＴの活用を進めている。ＡＩ型ドリルの活用による基礎的な学力の定着に加えて、椎葉村内の他の小学校とオンラインでつないで学習する「椎葉村ユニット学習」にも力を入れている。約十キロメートル離れた不土野《ふどの》小学校とのオンライン学習（社会科や道徳）を進めており、複式指導の解消にもつながっている。基礎学力とコミュニケーション力の向上のために、ＩＣＴの積極的な活用を進めているところである。

7　健康教育を推進する学校経営

健やかな体を育むための学校経営の推進

――保健指導・食教育・運動の三観点から――

三重県志摩市立大王《だいおう》小学校長　山　岡　幸　雄

〈本校の概要〉
本校は、児童数百十八名、学級数七学級で、志摩市の南にあり、平成二十八年に開催されたG７伊勢志摩サミット会場から車で十五分ほどの場所にある海に面した小学校である。
本校は、明治六年に「波切学校」として寺院を仮用し開校した。かつて大王町にあった、畔名小学校、船越小学校、波切小学校（名田分校を含む）の三校が統合し、平成二十九年四月一日以来、学校教育目標「豊かな人間性を備え、たくましく生きる子どもの育成」を目指して「大王小学校」として歩みを刻んでいる。

一　はじめに

「令和四年度全国体力・運動能力、運動習慣等調査結果」から、令和元年以降、新型コロナウイルス感染症の拡大により、子どもの体力が低下傾向にあると指摘されている。その影響は、体力・運動能力の低下のみならず、生活習慣病を患う子どもの増加や人間関係の希薄化など、子どもたちの心身両面にわたる健康上の課題を生み出している。予測が困難なこれからの社会において、子どもたちが生涯にわたって健康で安全な生活を送ることができるよう、自ら必要な情報を収集し、適切な意思決定や行動選択ができる力を育むことが求められている。

本校では、心身ともに健やかに育っている児童が多く、全体として基礎体力や身体能力も高い。しかし、前述の課題に加え、単学級であることから生ずる固定化した人間関係や保護者同士のトラブル等の課題もあり、家庭環境等を含めた支援が必要な児童が年々増加している状況である。

そのような中、本校は、学校教育目標「豊かな人間性

を備え、たくましく生きる子どもの育成」の下、知・徳・体それぞれに努力目標を設定しており、「体」に関しては「自分の心と体の健康に関心をもち、コントロールしたり、改善したりする力を培う」こととしている。

二　健康で安全な生活を営む実践力を育てる教育活動の推進

児童期は、生涯にわたって心身ともに健康に過ごすための基礎を養う時期であり、学校における健康教育は、他のライフステージにも増して重要な意義と役割を担っている。

学校においては、児童が、食事、運動、休養、睡眠などの重要性を理解し、自らの基本的な生活習慣を改善していく力や、心と体の密接な関係性を理解し、様々な欲求やストレスに対して適切に対処できる力を育てること、さらに、生活習慣病や感染症に関する知識をもち、予防手段を講じること等、自分の体への関心を高め、生涯にわたって、健康を維持できる能力を育む必要があると考える。

【保健指導】

1　小・中学校が連携したチャレンジ週間（生活リズムチェック）の実践

本校では、体や心の不調を訴える児童が休み明けの月曜日に多い。その背景に、休日にゲームやスマートフォンを長時間使い、就寝時刻が遅くなっている状況が見られた。そこで、小・中学校が連携し、同時期に生活習慣を見直す取組を行っている。中でもその中心となるのが、チャレンジ週間の取組である。開始当初は、児童が指定された期間のうち一日を選び、「夕食だけのノー・メディア」から「朝から就寝時までメディアを見ない」までの五段階の目標を選択し、見直しを行った。

これは、意欲のある児童が任意で取り組んだものであったが、現在は、「チャレンジ週間記録票」を活用し、全ての児童を対象に家庭での宿題の一環として必ず取り組むようにしている。

特に、休日明けに、生活リズムを取り戻すことを目標に取り組むとともに、二学期に向けたフィードバックとして、保健室から「チャレンジ週間がんばり通知表」を

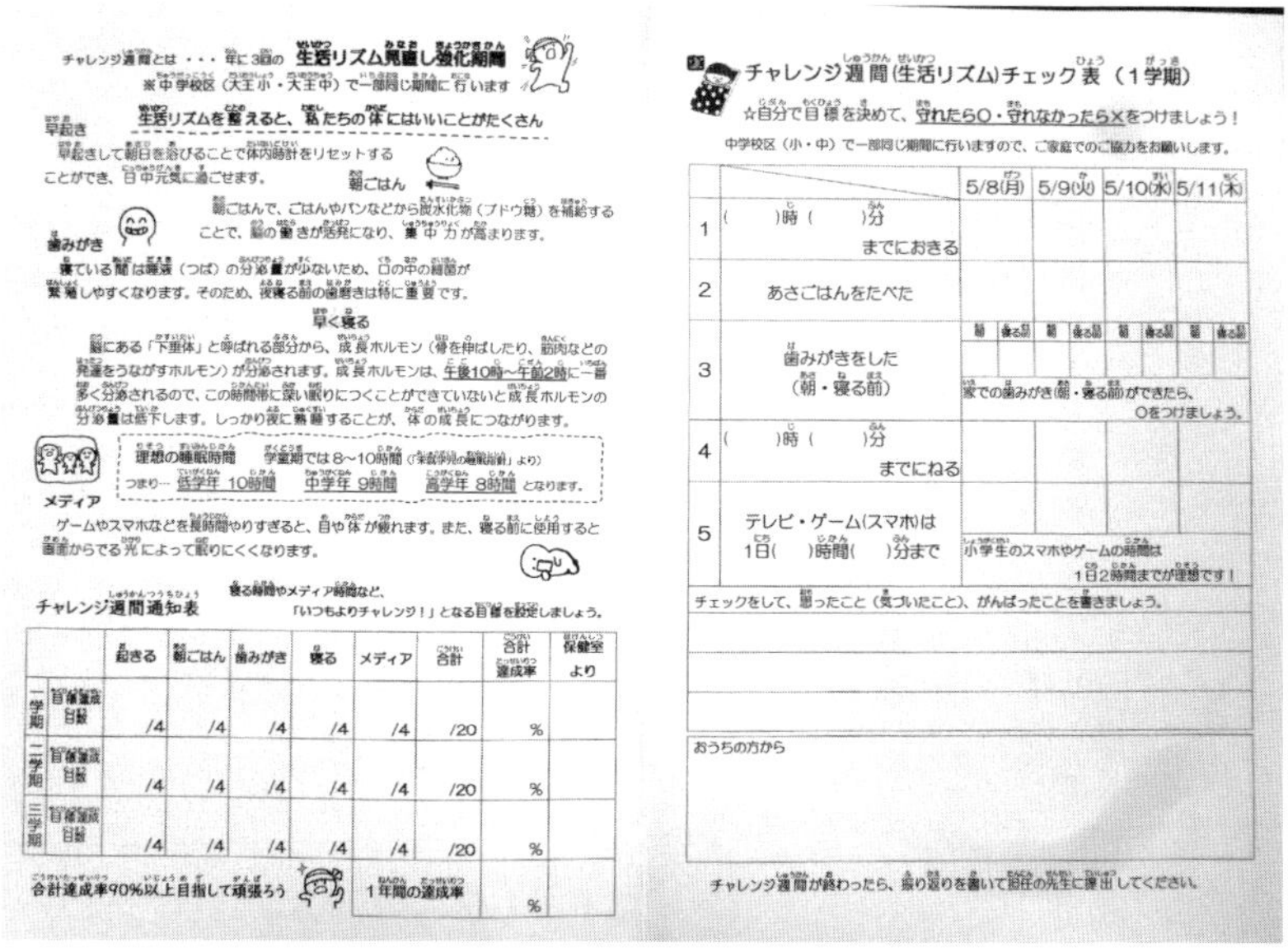

チャレンジ週間とは・・・年に3回の　生活リズム見直し強化期間
※中学校区（大王小・大王中）で一部同じ期間に行います

生活リズムを整えると、私たちの体にはいいことがたくさん

早起き
早起きして朝日を浴びることで体内時計をリセットすることができ、日中元気に過ごせます。

朝ごはん
朝ごはんで、ごはんやパンなどから炭水化物（ブドウ糖）を補給することで、脳の働きが活発になり、集中力が高まります。

歯みがき
寝ている間は唾液（つば）の分泌量が少ないため、口の中の細菌が繁殖しやすくなります。そのため、夜寝る前の歯磨きは特に重要です。

早く寝る
脳にある「下垂体」と呼ばれる部分から、成長ホルモン（骨を伸ばしたり、筋肉などの発達をうながすホルモン）が分泌されます。成長ホルモンは、午後10時～午前2時に一番多く分泌されるので、この時間帯に深い眠りにつくことができていないと成長ホルモンの分泌量は低下します。しっかり夜に熟睡することが、体の成長につながります。

理想の睡眠時間　学童期では8～10時間（「未就学児の睡眠指針」より）
つまり…低学年 10時間　中学年 9時間　高学年 8時間となります。

メディア
ゲームやスマホなどを長時間やりすぎると、目や体が疲れます。また、寝る前に使用すると画面からでる光によって眠りにくくなります。

チャレンジ週間通知表
寝る時間やメディア時間など、「いつもよりチャレンジ！」となる目標を設定しましょう。

		起きる	朝ごはん	歯みがき	寝る	メディア	合計	合計達成率	保健室より
一学期	目標達成日数	/4	/4	/4	/4	/4	/20	%	
二学期	目標達成日数	/4	/4	/4	/4	/4	/20	%	
三学期	目標達成日数	/4	/4	/4	/4	/4	/20	%	

合計達成率90%以上目指して頑張ろう　1年間の達成率　%

チャレンジ週間（生活リズム）チェック表（1学期）
☆自分で目標を決めて、守れたら○・守れなかったら×をつけましょう！
中学校区（小・中）で一部同じ期間に行いますので、ご家庭でのご協力をお願いします。

		5/8(月)		5/9(火)		5/10(水)		5/11(木)	
1	(　　)時(　　)分までにおきる								
2	あさごはんをたべた								
3	歯みがきをした（朝・寝る前）	朝	寝る前	朝	寝る前	朝	寝る前	朝	寝る前
		家での歯みがき(朝・寝る前)ができたら、○をつけましょう。							
4	(　　)時(　　)分までにねる								
5	テレビ・ゲーム(スマホ)は1日(　)時間(　)分まで								
		小学生のスマホやゲームの時間は1日2時間までが理想です！							

チェックをして、思ったこと（気づいたこと）、がんばったことを書きましょう。

おうちの方から

チャレンジ週間が終わったら、振り返りを書いて担任の先生に提出してください。

チャレンジ週間記録票（見開き）

子どもたちに渡し、自己の取組の改善を自ら行えるようにしている。

また、チャレンジ週間の結果は、小中保健室だより「灯台」や大王小学校「ほけんだより」（次頁）に学年ごとの状況をグラフで掲載し、これをもとに、二学期に向けた各学級での保健指導を行っている。中学校では、小学校からのバトンを受け取り、九か年の取組としてチャレンジ週間を実践している。

2　学校歯科医との連携

以前、学校歯科医から、歯と口の健康とともにゲーム機やスマートフォンが子どもたちの姿勢や生活習慣、特に「早寝・早起き・朝ご飯」に及ぼす影響について、保護者に伝えたいと申し入れがあったことをきっかけに、様々な形で連携を図ってきた。具体的には、ＰＴＡ総会で講演を行っていただき、それ以降は、新入学児童保護者説明会で講演をしていただいている。家庭に対しては、子どもが学習に集中できる環境づくり、姿勢・睡眠、朝ご飯、歯磨き等の改善に取り組んでほしいこと、学校に対しては、姿勢をよくするための運動、体育科での体幹

ほけんだより

2023 年 5 月 30 日
チャレンジ週間の結果発表 号
大王小学校　保健室

大王小学校《だいおうしょうがっこう》のみなさん、

チャレンジ週間《しゅうかん》の取《と》り組《く》みおつかれさまでした!

5/8(月《げつ》)～5/11(木《もく》)に取《と》り組《く》んだチャレンジ週間《しゅうかん》の結果《けっか》を発表《はっぴょう》します。

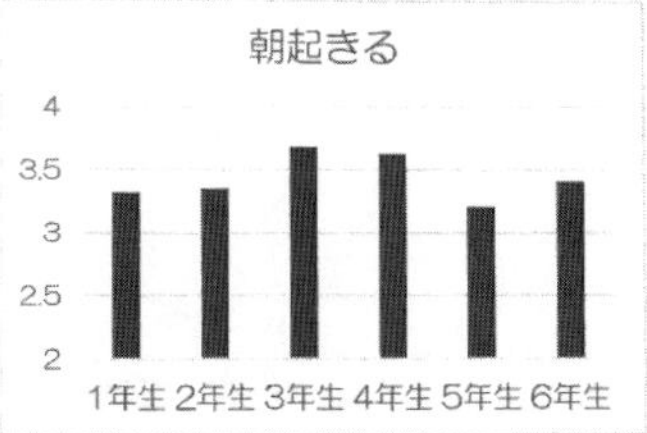

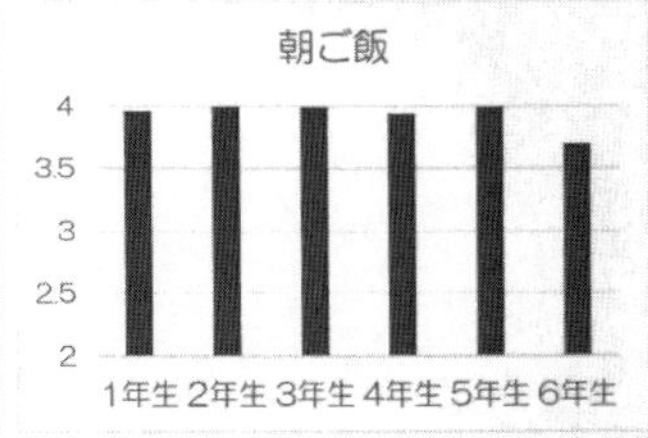

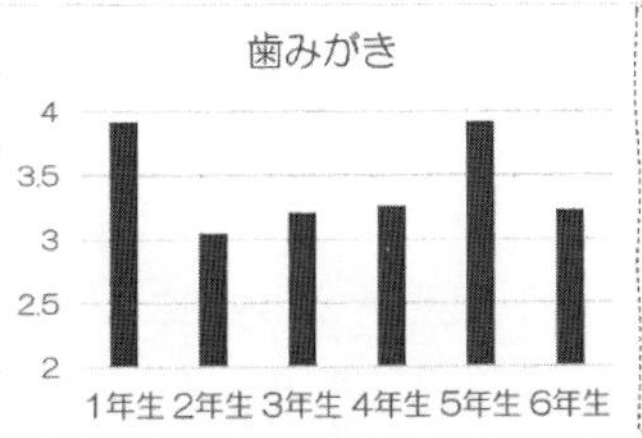

夜《よる》の歯《は》みがきに比《くら》べて、朝《あさ》の歯《は》みがきができていない人《ひと》が多《おお》かったです。

また、歯科検診《しかけんしん》を終《お》えて、学校歯科医《がっこうしかい》の中井先生《なかいせんせい》より、

「前歯《まえば》に歯《し》こうがついている人《ひと》が多《おお》かった」

と、みんなの口《くち》の中《なか》の状態《じょうたい》を教《おし》えていただきました。

時間《じかん》がなくて朝《あさ》の歯《は》みがきができていないという人《ひと》!

あと 10分早《ぷんはや》く起《お》きて朝《あさ》の歯《は》みがき習慣《しゅうかん》を身《み》につけましょう。

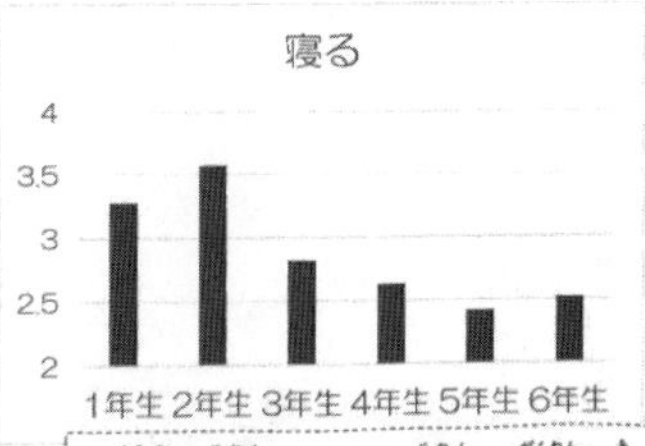

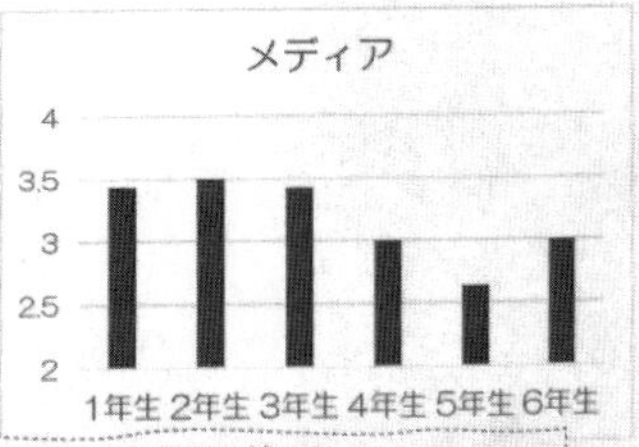

夜寝《よるね》る時間《じかん》とメディア時間《じかん》は、学年《がくねん》が上《あ》がるにつれて達成日数《たっせいにっすう》も減《へ》っていました。

しかし今年度《こんねんど》のチャレンジ週間《しゅうかん》は平日《へいじつ》のみのチャレンジです!

学校《がっこう》がある日《ひ》はメディア時間《じかん》や寝《ね》る時間《じかん》を特《とく》に意識《いしき》して、次《つぎ》の日《ひ》に備《そな》えましょう!

次回《じかい》のチャレンジ週間《しゅうかん》は 9月《がつ》4日《か》(月《げつ》)～7日《か》(木《もく》)となります。

今回達成《こんかいたっせい》が難《むずか》しかった項目《こうもく》は、目標《もくひょう》を見直《みなお》したり、

逆《ぎゃく》に目標達成《もくひょうたっせい》できた項目《こうもく》は、さらに上の目標《もくひょう》を設定《せってい》して、チャレンジしてみましょう!

を鍛える片足立ちの準備運動を導入することなどについて提案があった。

取組の結果、本校では「令和四年度全国学力・学習状況調査」の児童質問紙で、《朝ご飯を毎日食べている》《毎日、同じくらいの時刻に寝ている》《毎日、同じくらいの時刻に起きている》という設問に対して「当てはまる」と答えた児童の割合が、全国平均を五から一二ポイント上回った。

また、志摩市内の小学校では、令和四年度よりフッ化物洗口を実施しており、フッ化物洗口の指導とともに歯磨き指導や生活習慣についても話をしていただいている。

令和五年度は、学校歯科医、学校運営協議会、教職員、保護者代表が共に参加する研修の開催ができないか検討を進めた。

【食教育】

1　栄養教諭による食育指導

本校は、例年、栄養教諭による食教育を進めているものの、給食の残食がかなりある。令和五年度は、しばらくコロナ禍で行えなかった食に関する授業を、給食センターから栄養教諭を招いて六年生十七名に実施した。栄養のバランスだけでなく、一日三食を食べることの大切さや生産者・調理員の仕事の大変さに気付き、残すことなく感謝の気持ちをもち、食することを学んだ。

食教育栄養教諭授業

授業後は、「食べ残しを減らしたい」「好き嫌いをせず何でも食べる」「栄養のバランスに気を付けたい」という感想が多く出された。

現在、徐々に残食は減ってきているが、メニューによっては多いことがある。志摩市給食センターでは、毎日の献立と給食だよりをインスタグラムで発信しており、

生産者交流会

児童は自らタブレット端末で栄養価を確認したり、食と健康との関わりについて理解を深めたりしている。

2　生産者との交流活動

志摩市では、児童の食に関する意識を高め、残食を減らしていくことを目的に、小学校での「志摩産給食生産者交流会」を実施している。本校では、令和五年度に五年生十四名を対象に交流会を実施した。地元で収穫されたオクラをテーマに、給食センター長や生産業者、調理員を招き、オクラの知識や調理法、栄養価、給食ができあがるまでの工夫や苦労について話していただいた。

この様子はオンラインで発信されるため、市内のどの小学校でもその様子を見ることができる。当日の給食では、五年生全員、感謝の気持ちをもって、オクラを残さず食べることができた。今後は、全ての学年がオンラインで視聴できるようにし、食教育を進めていきたいと考えている。

【運動】

1　スポーツテストの活用

「全国体力・運動能力、運動習慣等調査」は、五年生

が対象となるが、本校では、一年生から六年生までの全児童が取り組み、その結果をキャリアパスポートに綴じている。学年を追うごとに、どれだけ体力や運動能力が向上したか、児童が確認でき、更に運動に興味・関心をもてるようにしている。

また、この調査のデータを基に、課題となる項目について保健体育部会が中心になって分析・提案を行い、体育科の授業等に生かせるようにしている。取組の成果と課題については、「学校だより」に掲載し、保護者や地域にも発信している。

2　業間運動の取組

本校では、二限目と三限目の間に二十分休憩があり、この時間を業間と呼んでいる。

一学期は、この業間に、竹馬や一輪車を使った運動を推奨し、児童はこれらの道具を使って活動している。また、低学年や中学年での学習発表会では、竹馬や一輪車を使った発表を行っている。昼休みにも竹馬や一輪車を使っている児童が多い。

二学期には、校内持久走大会を行っている。普段の体育の授業でも、はじめに運動場を二、三周走っているが、持久走大会の一か月前からは業間マラソンを行い、大会当日を迎える。これは、志摩市が南海トラフ地震による被害が想定される地域に属しており、津波発生時に逃げるための体力づくりの一環でもある。大会は平日に行うが、保護者や地域の参観も大変多く、楽しみにしていただいている行事である。

また、三学期には、一月から二月にかけての約四週間、業間縄跳び運動を行っている。横一メートル、縦二メートル五十センチメートルの踏切板（職員が作製）を三つ準備し、二重跳びにも挑戦できるよう、活用している。六年生を送る会等では、保護者も参観する中、縄跳び発表をする学年が多い。

3　児童会での取組

児童会活動では、縦割り班で縄跳びをしたり、ドッジボールをしたり、鬼ごっこをしたりする活動週間を設けている。児童会や班長に当たる六年生が中心になり、体力の向上や仲間同士の信頼関係の構築、外遊びの活性化を進めている。

三　成果

学校においては、子どもの心と体を一体としてとらえ、生涯にわたって心身の健康を保持増進し、豊かなスポーツライフを実現する資質・能力を育成する必要がある。このような認識のもと、子ども自身が運動や健康に関する課題を発見し、その解決を図るために主体的・協働的な学習をしていくことができるよう、学校全体で組織的・系統的な指導を進めてきた。また、家庭や地域社会と密接に連携・協働しながら、健康で安全な生活を営むための実践力を育てる教育活動に取り組んできた。

文部科学省が発表している体力・運動能力の年次推移では、体力水準が高かった昭和六十年代頃と比較すると、多くの項目で依然として低い水準となっており、運動する子どもとそうでない子どもの二極化傾向も見られるとの指摘がある。しかし、本校では、保健指導、食教育、体育科学習、体育的行事を通して、子どもの基礎体力や身体能力が高まり、生涯を通じて運動に親しみ、健康・安全で活力ある生活を送るための資質・能力が着実に育ちつつあることを実感している。

今後も子どもたちが自己の体を管理・改善し、心身ともに健やかな生活を送るための能力や態度を身に付けることができるよう、家庭や地域社会と連携を図りながら健康教育を推進していく必要がある。

四　おわりに

これから更に健康教育を推進していくに当たっては、様々な取組が必要になってくると考える。外部人材の活用、校内専門職の育成、課題解決に向けた組織体制の構築、他校種・保護者との連携等、一過性のものにすることなく継続的に推進していきたい。

8　キャリア教育を推進する学校経営

学級経営の充実・地域との連携によるキャリア教育

山梨県上野原市立島田《しまだ》小学校長

上　野　敦　司

〈本校の概要〉
本校は、明治八年に創立された。令和五年度の児童数は六十五名、学級数八学級、教職員数十五名の学校である。上野原駅に近く、桂川によって作られた河岸段丘に位置し、豊かで美しい自然は、与謝野晶子にも愛された。古くは昭和二十九年に「文部科学省特殊教育実験校」となり、昭和三十年に「特殊教育全国研究会」を実施した。平成四年、県教育委員会の「ＮＩＥ研究指定校」として、平成十八年～十九年には、文部科学省「豊かな体験活動指定校」として研究を行った。
また、令和二年度には、山梨県総合教育センターの研究協力校として山梨県のＩＣＴ教育の推進と充実に貢献した。

一　はじめに

本校の学校教育目標は「げんきに　なかよく　たのしく　～笑顔　かがやく　島田小～」である。目指す子ども像を「意欲的に学習する子ども（知）」「仲間を大切にする子ども（徳）」「丈夫な心と体を持つ子ども（体）」とした。

学校経営方針の目指す学校像は、「地域と願いを共有し、地域の力を生かしながら、少人数のよさを生かし、一人一人に応じた支援をし、学習者主体の教育を行う学校」である。

令和五年度の学校経営の重点に新たに導入したものがある。それは、「考え、学び、行動する児童を育てる学級経営」である。児童一人一人のよさや可能性を十分発揮できる学級集団づくりを充実させることが、生きる力や必要な資質・能力を育てることの土台になると考えた。

二　学校の特色と課題

本校は、山梨県の東端にあり、東京都、神奈川県に近

く、都内への通勤、通学圏にある。豊かな自然に囲まれ、伝統的な風習や文化が地域に残っている。学校のすぐそばを流れる桂川（相模川）は、貴重な水生生物の生息地でもある。川と河岸段丘と山々が織りなす四季折々の美しい風景の中で学校教育活動を行っている。また、本校は、学校林を保有しており、森林組合や地域の人々の協力を得て、子どもたちは自然体験活動や林業体験活動を行っている。

本校は、市内で最も早くコミュニティ・スクールとなった。学校運営協議会を中心として、地域が学校に関わり、協力的である。地域と共にある学校として、地域の人材を活用する機会を有している。

小規模校であり、全児童に全教職員の目が行き届くため、効果的な学習指導が可能である。児童は、互いに顔と名前を知っている。児童会活動や学校行事の取組においては、異学年の児童の良好な関係が築かれている。日々の清掃を、縦割り班で行ったり、休み時間には、一年生から六年生が一緒にサッカーをしたり、ドッジボールをしたりしている。

一方で、学年の人数が少ないため、人間関係が固定化されてしまうという課題がある。また、関わり合う他者が少ないため、多様な他者を価値ある存在と認める経験を積むことが難しいことも課題である。ただ、小規模校であることは、メリットにもなり得るので、視点を変え工夫することで、本校の課題解決の方向を見いだすことが可能である。

三　キャリア教育の推進のために

人口の減少と少子化が進むこれからの時代を、夢や目標を描き、多様な他者と関わりながら協働して社会に役立ち、主体的に自己実現をしていく子どもたちを育てたい。一人一人の子どもが、変化の激しい時代の中を生き抜いていくためには、キャリア教育が不可欠である。

本校のキャリア教育の計画では、キャリア教育推進の目標を次のように四つ設定している。「自他共に認め合い、よりよい生活を築こうとする態度を育てる」「学ぶこと・働くことの意義を知り、互いに協力し合う喜びや達成感を味わわせる」「将来に対する夢や希望をもち、

互いに努力する態度を育てる」「自分の考えを持ち、目標に向かい努力する態度を育てる」である。

育成する能力は、「人間関係形成・社会形成能力」「自己理解・自己管理能力」「課題解決能力」「キャリアプランニング能力」の四つである。

さらに、低・中・高学年にそれぞれの目標が設定されている。また、各教科、道徳、特別活動（学級活動・学校行事等）、総合的な学習の時間において、四つの育成能力を育てる指導をするように計画されている。

校長として、キャリア教育の推進について、次のように考え実行した。学級経営の充実や地域連携に関わる教育実践を、キャリア教育と関連付け、教職員のキャリア教育に対する意識を高めることをねらう。

学校運営協議会で承認された学校経営方針に加え、学校経営ビジョンを教職員と共有した。その中で、子どもに対する「本校の使命」の一つを「将来の基礎固めをする」とした。小規模校のため学年組織がないので、「ブロックチームを活用した組織力向上により、学級経営力を高める」こともねらった。ブロックチームというのは、低学年、中学年、高学年を受けもつ教員のグループのことである。地域との連携を本校の強みとして示した。そして、よりよい学級・学校づくりのための教育実践である「学級経営の充実」と「地域との連携や人材活用」を通して、キャリア教育の推進の実現を目指すことにした。

校長は、「子どもを主語に教育を語ろう！」「教室に温かい雰囲気を醸成しよう！」「学級経営の充実を質の高い授業の土台にしよう！」と呼び掛けている。そこには、教職員が主体的に考え、行動し、協働して教育活動を行う学校をつくりたいという願いがある。

学校ビジョンで使命感をもってほしいという願いを共有したことと、校内人事で実現させたベテランと若手を配置したブロックチームによるＯＪＴを推進させることによって、教職員が、主体的・対話的に協働して教育活動に取り組み、キャリア教育に関しても、主体的な教育活動が推進されている。

四　キャリア教育を推進する教育活動

1　学級経営の充実

(1)　日常の取組

学級経営で大切なことは、教室に温かい雰囲気があること、つまり、心理的安全性をつくることである。安心して学校生活を送ることができるためには、学級のルールが守られ、生活を安定させる当番や係が機能し、互いに励まし合う良好な人間関係が必要である。

本校の各担任は、安心して過ごし学び合う環境としての学級づくりに取り組んでいる。

一年生では、毎日帰りの会で友達のよいところを発表し合っている。

二年生では、掲示物（宝箱）をつくり、互いのよいところを見つけている。また、「ふわふわ言葉」で大きなハートをいっぱいにしようとしている。

三年生では、互いの言葉や行動で意欲が沸いたことを集めて富士山をつくろうとしている。

四年生は、少人数であることを強みに、一人一人の掲示コーナーを作って自分の得意なことや目標等を記入したプロフィールを掲示している。

五年生は、よいことがあったら壺にビー玉を一つ入れて、壺をいっぱいにしようとしている。また、友人関係のトラブルの解決のために、ソーシャルスキルトレーニングを取り入れている。

六年生は、学級活動を充実させ、自分たちの学習や生活について目標を立て、振り返りを行い、課題解決に取り組んでいる。全学年、当番活動と係活動を行っているが、二年生からは、係活動と当番活動の意義を明確に分けて取り組んでいる。このような各学級での日常の取組が、キャリア教育を充実させていることを担任に理解してもらうことが校長の役目の一つである。

ふわふわ言葉を集める

「ふわふわ言葉」、「富士山」などの取組は、「人

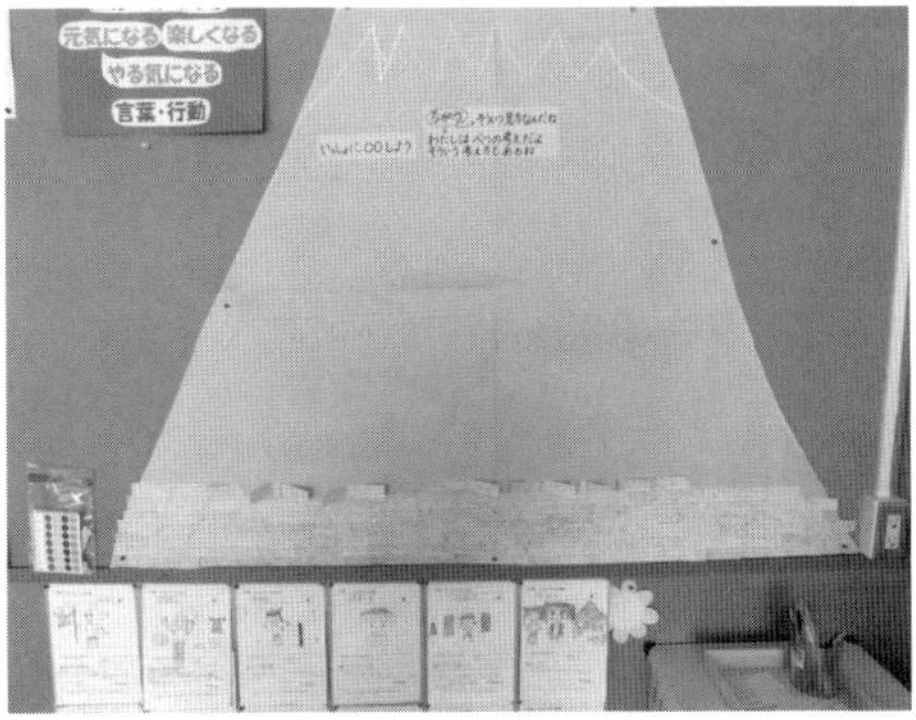

言葉や行動が意欲を高める

間関係形成能力・社会形成能力」を育んでいる。自分を見つめて記入したプロフィール作成は、「自己理解・自己管理能力」の育成につながる。当番、係活動は、「キャリアプランニング能力」の基礎的な部分を育てている。

学級会の自治的な活動は、「課題解決能力」の育成につながる。前頁の写真に、「ふわふわことばであたたかいクラスをみんなでつくろう」とある。取組を通して何を目指すかを明確にしている。

校長の呼び掛けに応えた取組の一つである。これらの取組は、単体で存在するのではなく、学級経営上の様々な取組とともに織りなされ、相乗効果を生み出し、子どもたちの成長につながっている。

(2)　行事への取組

学校行事においては、目標に向かって努力し、話し合い協働して、取り組むことに大きな価値がある。友達と協力したり折り合いを付けたりすること、成長をメタ認知すること、課題を解決していくこと、学級の中で自分の役割をもち責任を果たしていくことで、「人間関係形成・社会形成」「自己理解・自己管理」「課題解決」「キャリアプランニング」の四つの能力の育成が図られる。

市内音楽会への取組では、できるようになったことを可視化することで、自分の目標にどれだけ近づけたかということを認知する「自己理解・自己管理能力」を育んでいる。校外学習の取組では、班活動で、リーダーを中心に話し合い、協力することを通して、「人間関係形成能力・課題解決能力」を育んでいる。

また、見学先で働く人々の話を聞き、考えることを通して、「キャリアプランニング能力」も育っている。学校で最も大きな行事である運動会では、児童会、各学年、各ブロックで目標を立て、練習を積み重ねて目標の達成

に向かう活動の中で四つの能力を育んでいる。ここでも、それぞれの教職員の主体的な教育活動がある。どの学年でも、発達段階に合わせて目標を設定し、見通しをもち振り返りを行いながら、日々の練習に取り組んでいた。

子どもたちは、教員の指導の工夫により、演技や競技の練習を通して、協力することや互いのよさを見つけることができた。運動会の目標と努力点を掲示物としていつでも見えるようにし、日々振り返ることができる工夫をしている学年もあった。「一枚ポートフォリオ」を作成し、毎日振り返りを記入することで、努力や他者との関わりが自分の成長につながったことを認識していた児童もいた。

このような各学年の運動会に向けた取組を共有し、互いに参考にして更によい取組にしていくために、教頭が、各学級の目標や具体的な取組を掲示して可視化した。学級担任だけではなく、教頭も主体的に校長の目指す学校づくりのために自分の力を発揮してくれている。

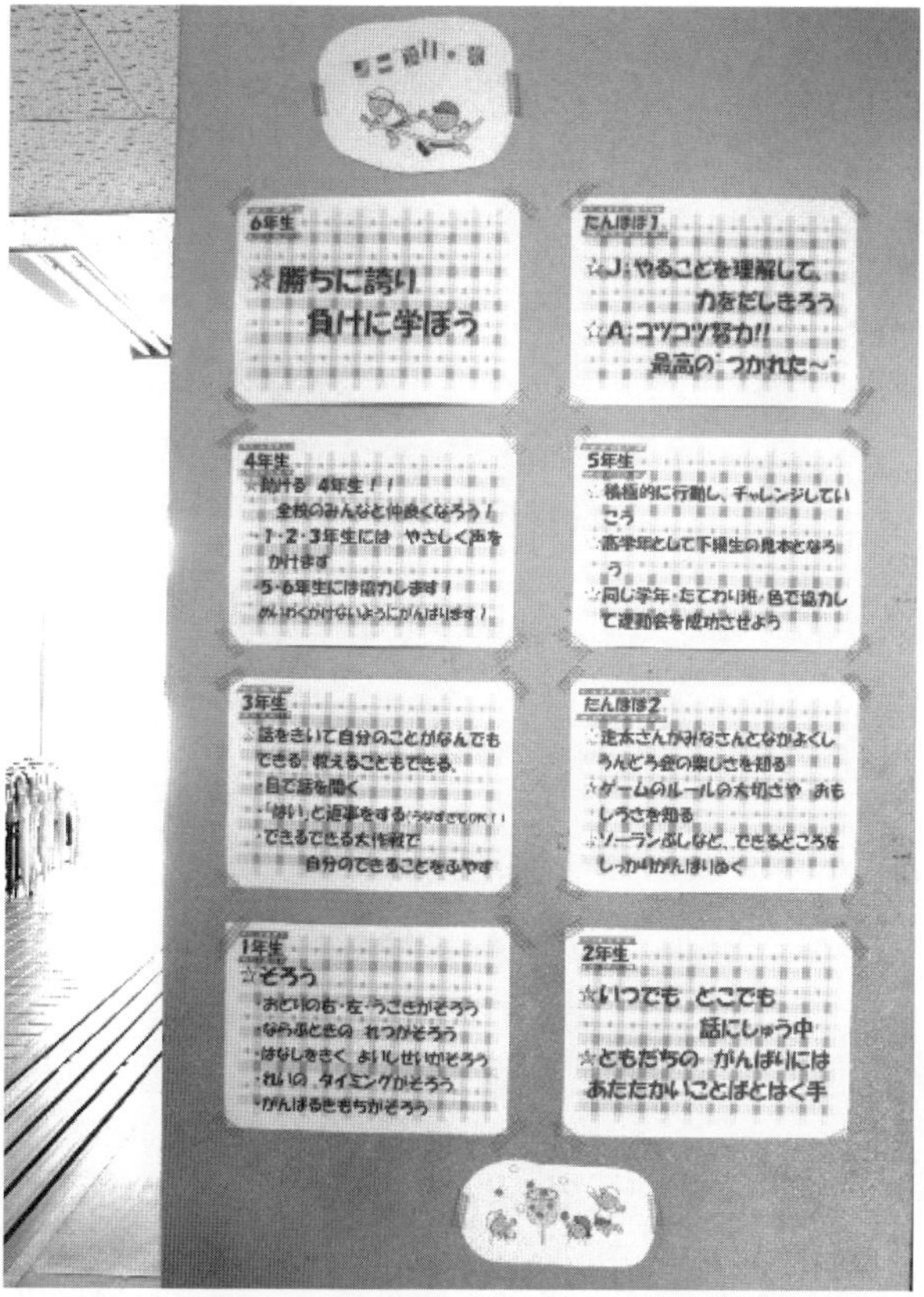

教頭による運動会に向けた各学年の目標と具体的な取組の掲示

2　地域との連携・人材の活用

子どもたちが、教職員以外の大人と交流したり学んだりすることは、「キャリアプランニング能力」の育

成に役立つ。

一・二年生の地区探検や三・四年生の社会科学習では、店や警察署、農家、ごみ処理場や浄水場の仕組みを学ぶだけではなく、働く人の願いや努力を直接聞く学習がある。

五・六年生は、稲刈り体験や植樹体験を通した活動の中で職業について考える機会を得ている。

地域の人々が、本校の児童会活動の一つであるごみ拾い運動に協力してくれたり、夏休み中の課外学習の指導に協力してくれたりするなど、本校は、地域とよい関係にある。地域が協力的であることを強みにし、校長は地域の人とのつながりを大切にしている。

また、人権教室、福祉講話など講師を招聘して人の生き方について子どもたちが学ぶ機会を確保している。

令和五年度は、幸いにも生物の専門家や調理の専門家を招いて話を聞くこともでき、子どもたちにとって、自分の未来を描くよい機会をつくることができた。

五　おわりに

校長として、年度初めの学校経営方針や学校ビジョンの共有に加え、校長室だよりを発行してきた。特に、学級経営の充実の大切さや子どもが目標に向かって取り組むことの意義については、自分のかつての実践を基に教職員に伝えてきた。教職員のもっている力を引き出し、教職員が学び合うことで、次年度以降、さらにキャリア教育に対する意識が高まり、教職員が主体的に考え、対話し、協働してキャリア教育の実践を行っていく学校となっていくことを期待する。

今後も教職員と共に夢を描き、一人一人の子どもの未来に思いを馳せながら、学校経営に尽力していきたい。

9　教科横断的な視点に立った教育課程に取り組む学校経営

生活科・総合的な学習の時間を中核にした教育課程の創造

新潟県上越市立浦川原《うらがわら》小学校長　石　黒　和　仁

〈本校の概要〉

本校は、下保倉小学校、末広小学校、中保倉小学校が閉校し、平成二十九年に統合新設校として開校した。

上越市の東部（旧東頸城郡《ひがしくびきぐん》）に位置し、令和五年度で七年目を迎えた。学級数九学級、全校児童数百二十七名。校舎は、旧下保倉小学校を改修して使用し、「いちょうが丘」と称される高台にある。校地には紫陽花や銀杏が多く植えられており、「千人いちょう」と呼ばれる大きなものもある。教育目標「ふかくかんがえる　あいてをおもいやる　すすんできたえる」が具現できるよう、「関わりと振り返り」をキーワードに教育活動を展開している。

一　はじめに

令和五年度の重点目標は「自立（自分も大切に）と共生（相手も大切に）」である。コロナ禍を経て改めて明らかになったのが、学校の存在意義である。教室等に集い、同じ空間の中で、共に学ぶことのよさ、楽しさ、素晴らしさを再認識できたのではないだろうか。逆に、学校が再開し、人間関係やレジリエンスの低さ等が原因で不登校が増加していることも事実である。

社会で生活することにおいて、人との関わりが全てと言っても過言ではない。私は、学校も人との関わりの中で学び、人との関わりを学ぶ場と考えている。だからこそ「自立と共生」ができる子どもを育てたい。その具現化のキーワードが、体験を含む様々な〈もの・ひと・こと〉との「関わり」であり、自己の変容や成長、学びのメタ認知を促す「振り返り」である。

二　学校経営の重点〜協働・最適解・実践〜

四月一日、学校経営方針を説明する際、大好きな映画

のシーンをもとにプレゼンテーションを行い、「事件は現場（教室）と会議室（教務室）で起きている。協働して解決していこう」と訴えている。世界や自然環境の昨今の状況からこの思いは年々強くなっており、ここ数年は「協働して、最適解を考え、実践していく」ことを経営方針の中核にしている。

そして、経営方針の柱の一つに「地域の人の学校への愛着や誇り・期待に応える学校運営」を掲げ、次の三つの取組事項を示している。

- 保小中連携、コミュニティ・スクールの推進
- 地域の教育資源を活用した活動や地域への発信の充実
- 多様な形態で地域との結び付きを深めた教育活動の充実

地域と深く関わりながら生活科・総合的な学習の時間を中核に、教科等横断的な教育を展開していくこと（カリキュラム・マネジメント）で、学校課題を解決し、教育目標や重点目標の具現化を図っている。

三　教科横断的な視点に立った上越カリキュラム開発研究

1　上越カリキュラムとは

上越市では平成十九年度から、研究推進委員会を立ち上げ、上越カリキュラム開発研究を推進してきた。上越カリキュラムとは、全小中学校で共通に取り組む内容を示した○○プランのようなものではない。特色ある学校づくりを推進するためのカリキュラムづくりや授業デザイン、マネジメント、研修、環境整備など、学校と市の取組の総称をさす広義のカリキュラムであり、子どもの姿を元に実践・評価・改善していく「子どもと生成するカリキュラム」という考えである。

その具体的なツールが「視覚的カリキュラム表®」（Ｅｘｃｅｌシート）である。上越市には昭和五十年代から学校裁量の時間を中心に教科横断的な体験活動に取り組んでいる学校があった。いわゆる生活科や総合的な学習の時間の先導的な取組である。

その際、時間や関連を生み出すため、平成に入った頃

視覚的カリキュラム表®

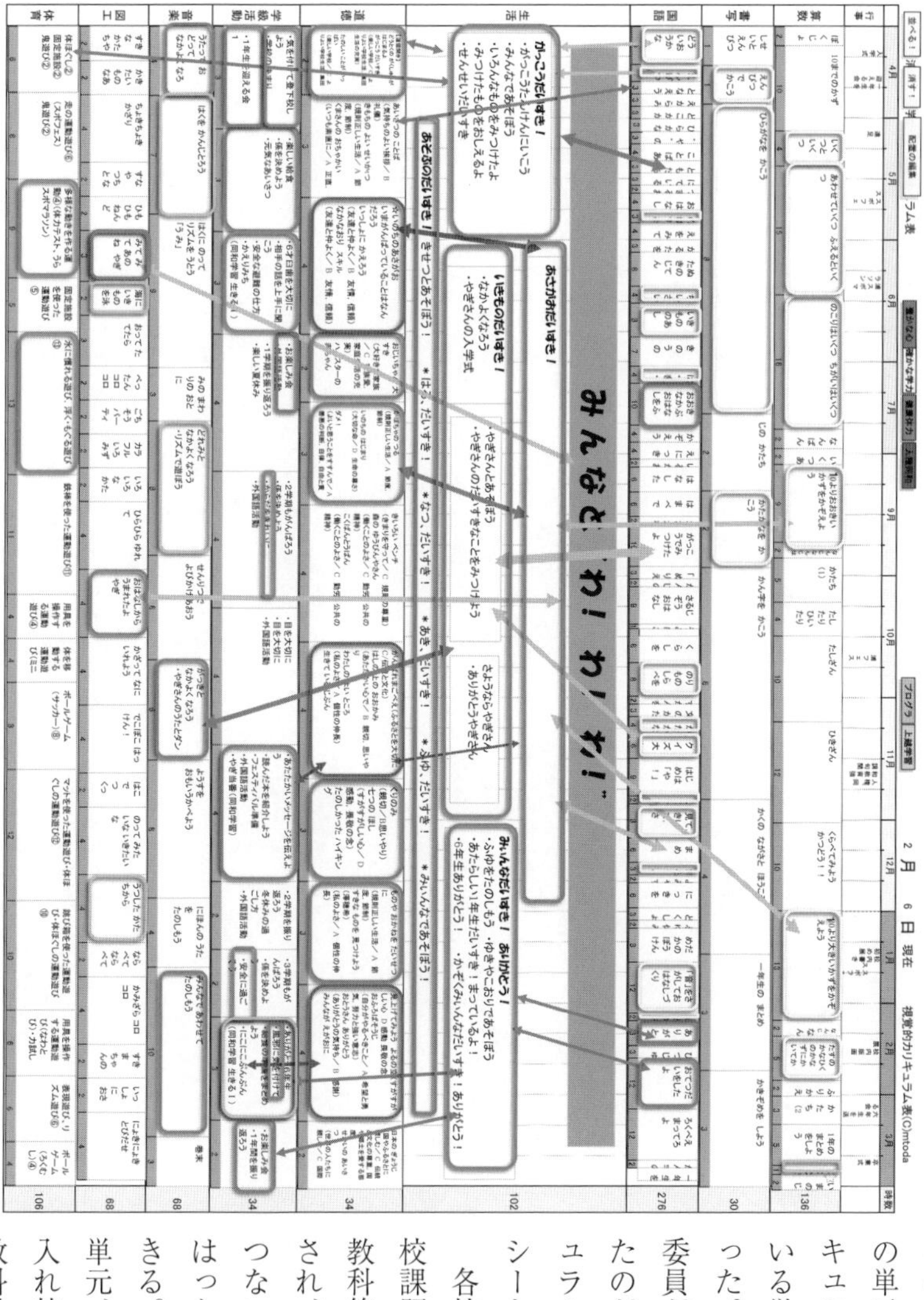

には年間の全教科領域の単元を配列したカリキュラム表を作成している学校は少なくなかった。それを研究推進委員が改善し、開発したのが「視覚的カリキュラム表®」（Ｅｘｃｅｌシート）である。

　各校の重点目標や学校課題と強く関連する教科等の単元が色分けされ、単元間を矢印でつないだり、リンクをはったりすることができる。また、教科等や単元、時間、順番等の入れ替えが容易のため、教科横断的なカリキュ

ラムを評価し、改善したことを表に反映させることができる。

現在、ある程度の理解と実践が進んだということで上越カリキュラム開発研究は発展的解消となり、取組は学校に一任されている。

２　本校における上越カリキュラム開発

研究主任と共に、年間の研修計画の中に、四月（構想）、七月（一学期の振り返りと二学期の構想）、十二月（二学期の振り返りと三学期の構想）、三月（一年間の振り返りと次年度に向けて）、計四回のカリキュラム検討会を実施している。そこでは「視覚的カリキュラム表®」をもち寄り、学級経営、授業づくり、そして、中核となる生活科・総合的な学習の時間の活動構想について検討する。

校長も全てに参加し、グループワークでは実践経験を基に、探究課題になり得ているか、活動の内容と展開は適切か等を担任にアドバイスし、よりよい活動を一緒に考える。各種校内研修会の最後には、授業づくり、活動づくり、カリキュラムづくり等について指導する。また、週一回の職員終礼や不定期に出す校長通信等を通じて、関わる情報提供を行う。そして、日々、複数回は教室や活動を見て回り、気付いたことがあればすぐに声を掛ける。校外活動や野外活動の補助や引率に入り、直接活動に関わる。

活動後には一緒に振り返り、次の活動について話す。単学級のよさを生かし、まさに担任と共に活動をつくり、つくり変えていく感覚である。環境を整え、情報を示し、活動を後押し、サポートするのが校長の役割である。

なお、前述したように、当市は体験活動の歴史が古く、取組に理解がある。当市には「小中学校夢・志チャレンジスクール事業」があり、各学校が郷土の自然や文化・伝統などの地域の特色や課題を探究したり、多くの人と関わり、地域との結び付きを深めたりする特色ある教育活動に対して、まとまった予算配当がある。

一般的な学校配当予算とは全く別で、生活科や総合的な学習の時間等に係る講師謝礼、苗、種、土、肥料、田畑委託料、動物借用料等に支出している。おかげで、ダイナミックな活動が展開できる。

加えて、当区にはスクールバスがあり、かなりの頻度で校外学習に出かけることができる。そのため豊かな体験や見学が可能になっている。加えて、学校運営協議会、地域青少年育成会議（いわゆる地域学校協働本部）、PTAから、教育活動に全面的なバックアップをしてもらっている。

四　生活科・総合的な学習の時間の実践

1　本校の特徴等

一年生はヤギの飼育、二年生は上越野菜の栽培、三年生は地域探検、四年生は地域の自然や文化、五年生は稲作を中心とした食育、六年生はキャリア教育や上越の伝統文化等である。六年生を除けば、かなり定型化は否めないが、それでも担任の思いや願いから毎年リメイクしている。そもそも子どもにとっては全てが初めての活動であり、学びなのである。地域を対象にした豊かな体験活動を中核にしながら、子どもの思いや願い、考えをもとに他との関わりの中で活動を展開していく。

活動後には、感じ考えたことを作文シート等に書く。そこには子どもの生活そのものがあり、身体を通しての学びがある。個と対象と他者との関わりを中心に展開することから、おのずと個別最適で協働的な学びになる可能性が高い。重点目標の「自立と共生」の姿でもある。そして、国語や図画工作、道徳、特別活動、社会、理科、家庭科等と内容的な関連を図っていく。子どもにとって学びが繋がり、広がりが期待できる。以下、生活科と総合的な学習の時間の三つの実践を紹介する。

(1)　一年生「みんなとわ！わ！わ！～ヤギさんだいすき～」　※「わ」は対象との話、輪、和という意味

一年生の生活科は、例年、ヤギの飼育を中心にしている。新潟県上越地方では、ヤギや羊、牛、豚、アルパカ、エミュー等、中大型動物を飼育する学校が数多くある。様々な事情から、飼育期間が短くなっている学校も多いが、本校は、担任の強い思いもあって、六月下旬には飼育を始め、夏を越し、雪が降る前の十一月末までの長期間にわたり飼育している。

五月末、子どもたちはヤギを飼いたいと言いに校長室に来る。そこで、二度ほどダメ出しをする。子どもはそ

のたびに教室に戻り、仲間と相談し、ヤギについて調べ、飼いたいという気持ちを高め、ヤギの迎え入れを行う（ヤギの入学式）。子どもはヤギに触りたい、ご飯をあげたい、散歩したいという思いをもとに、それぞれの距離感で関わっていく。交代ではあるものの、朝昼夕、休日の世話は大変である。トラブルやいざこざも起こる。そこに担任が関わり、クラス会議等を通して話合いをし、解決を促す。そうしていくうちに、ヤギの様子や反応から自分の思いだけでなく、ヤギに寄り添いながら、ヤギとのつながりをつくっていった。

げりをしたヤギのお世話

また、ヤギの飼育は命の教育そのものである。環境の変化や天候等からヤギが体調を崩すことがある。獣医さんの訪問診察、治療、講話をもとに、ヤギの命を守る決意を高めていく。

校長も毎日飼育小屋に顔を出し、作業する子どもたちに声を掛け、気付きを促す。国語の作文や図画工作、道徳では、ヤギをテーマにすることで、体験に根差した強い思いや考えが表出される。一年生は、まさにヤギと共に学び、成長していくのである。

(2)　四年生「浦川原ＤＲＥＡＭ～すてきを見つけてつなげてつくろう～」と柴又交流

活動の中心は、旧月影小学校である宿泊体験交流施設『月影の郷』での継続的な体験活動である。自然体験、遊び、調理（竹でごはんをたく、マコモダケ調理等）等を行い、「浦川原のすてき」を体感した。関連して廃校利用について調べ、廃校を利活用している施設の見学にも出かけた。

そして、年度末には月影の郷の支配人を招き、「浦川原のすてき」や月影の郷のよさをどう広げ、伝えるかについて、タブレット端末を活用し、グループでプレゼンテーションを行った。「パンフレットを作ろう」「ＣＭで

伝えよう」「月影の郷で食のイベントを開こう」等。支配人からは提案の質の高さを褒められ、子どもたちは自信を深めた。そして、地域には自然、食、文化、人等の魅力やよさがたくさんあることを再認識し、それらを広げ、伝えていきたいという思いを強くした。

また、第二次世界大戦中の昭和十九年に東京都葛飾区柴又小学校の疎開児童を地区で受け入れ、この縁で柴又小学校と姉妹校として連携し、交流を継続してきた。コロナ禍のここ数年、行き来等は中断しているが、四年生がオンラインを活用して交流を進めている。

春先に、自己紹介カードを交換（郵送）し、六月に平和学習として疎開体験をオンラインで一緒に視聴した。二月、それぞれの総合的な学習の時間等の取組をオンラインで交流し、その後、取組をまとめたパンフレットを交換した（郵送）。それぞれの地域の特色や特徴を紹介し合い、お互いの地域のよさ、脈々と続く交流の素晴らしさを再認識した。

二月に月影の郷を会場に『灯の回廊～雪あかりフェスタ～』というイベントがあった。四年生として雪像づく

雪あかりフェスタでの交流

子どもが考えた「発酵のまち上越弁当」

りに参加し、盛り上げた。その際、四十名ほど柴又の方々が大型バスで来られ、限られた数名であったが、実際に雪遊びをするなどして子ども同士で交流した。「浦川原のすてき」を直接伝えることができたのである。

(3)　六年生「発酵のまち　上越」

上越市は、古くから、日本酒、ワインなどのお酒、味噌、醤油などの製造が盛んで、「発酵」は当地域の生活に文化として溶け込んでいる。校区にも味噌屋や酒蔵がある。

子どもたちは、まず発酵とは何か、発酵の仕組み、発酵を活用した食品、身の回りの発酵等を調べた。発酵・醸造に関する研究で世界的権威である坂口謹一郎氏や日本ワインの父と呼ばれる川上善兵衛氏についても調べた。大豆や野菜を育て、実際に味噌を作ったり、漬物を作ったりした。味噌づくりや酒造りの見学も行った。普段何気なく食べていた発酵食品を見直す体験を通し、発酵に関する知識や楽しみを広げる姿、食に対する見方が変わり食生活を見直す姿、郷土の風土や地域とのつながりに目を向ける姿があった。

秋には、得た知識と体験を基に「発酵のまち　上越」についてPRするパンフレットを作成した。修学旅行先で訪れた新潟市のバスセンターで、アンケートを取り、パンフレットを配った。アンケート結果から認知度がないことにがっかりした様子も見られたが、だからこそもっとPRしていきたいと考えた。そこで、発酵をテーマに給食のメニューや弁当を考え試食したが、弁当の販売は実現できなかった。コストがかかるという事実から、発酵食品がなかなか流通できない理由を知ることになった。また、担い手が不足し、廃れていく懸念についても悩むこととなった。

子どもは、上越における発酵という伝統文化や風土、関わる人のよさについて理解を深め、愛着や誇りをもつことができた。そして伝え守っていく大事さと、容易に解決できない課題も知った。地域や郷土に関する問題意識は、活動を変えつつも中学校に引き継いでいくことになる。

五　おわりに

今求められる深い学びや探究的な学び、教育目標や重点目標の具現化には、教科横断的な視点による教育課程の創造は不可欠である。また、教育課程の中核に生活科・総合的な学習の時間を据えることは、子どもの学ぶ姿から必然であると私は考える。だからこそ、教職員一人一人の主体的な単元づくりやカリキュラム・マネジメントが大事になってくる。

上越カリキュラム開発研究による、「グランドデザイン↕視覚的カリキュラム表®↕単元・授業」で示す「往還」という考え方を参考に、校長がリーダーシップを発揮し、教職員と協働し、カリキュラム・マネジメントを推進していきたい。

第三章　今日的な経営課題に挑む学校経営

提言

1　今日的な経営課題に挑む学校経営
――今求められる　教職員の育成と学び舎づくり――

埼玉県深谷市立常盤《ときわ》小学校長
栗　原　孝　子

一　はじめに

学習指導要領が全面実施となり五年目を迎えた。「何を学ぶか」「どのように学ぶか」「何ができるようになるか」「何が身に付いたか」等児童を主語にする教育活動を、家庭や地域と連携・協働を図りながら、組織的・計画的に実施するためのカリキュラム・マネジメントを推進することが一層求められている。一方、令和五年三月に出された中央教育審議会答申「次期教育振興基本計画について」では、「持続可能な社会の創り手の育成」「日本社会に根差したウェルビーイングの向上」がコンセプトとして示された。学校においても、これらを視野に入れて教育課程を編成し、実施していかなければならない。また、ダイバーシティ（多様性）が推進され、学校においては「特異な才能のある子ども」「発達障害の可能性のある子ども」「日本語を家であまり話さない子ども」「不登校傾向の子ども」など、教室の中の多様性への対応も求められている。

急速な社会の変化に対応し、今日求められている資質・能力を育成するために、各学校では日々全力で取り組んでいる。社会がいかに変化しようとも、教育の目的は、教育基本法第一条にある「人格の完成をめざし、平和的な国家及び社会の形成者として、（中略）心身ともに健康な国民の育成を期する」ことである。学校において児童に直接関わり、育成するのは教職員であり、教職員としての基本的な役割は不変であると考える。「教育は人なり」どのような社会が到来しても、社会の変化にしなやかに対応しながら、教育をつかさどれる人材の育成は校長の重責と考え、教職員の育成について考えを述べる。

二　学校の「人財」教職員の育成

1　非認知能力の向上

埼玉県では、平成二十七年からＩＲＴ（項目反応理論）と呼ばれる試験理論を活用した「埼玉県学力・学習状況調査」（以降「埼玉県学調」と表記）を実施している。小学校四年生から中学校三年生までの全児童・生徒二十八万人を対象としており、児童・生徒の発達について、学力（認知能力）、学習方略及び非認知能力、その他の生活項目を包括した調査である。各児童・生徒が毎年行うため、経年比較も可能であり、一人一人の学力の伸びを把握できるのが特徴である。この調査結果の分析を大学の教授等に依頼し、報告された分析結果の中に、非認知能力や学習方略に注目した分析がある。分析結果では「『主体的・対話的で深い学び』の実施に加えて、『学級経営』が、子供の『非認知能力』『学習方略』を向上させ、子供の学力向上につながる。」（概要）と報告されている。図に表すと次頁のように示されている。報告では、主体的・対話的で深い学びが学力（認知能力）に直接関わっているのではなく、「主体的・対話的で深い学びは、子どもたちの非認知能力や学習方略の向上を通じて、学力を向上させる」とされている。また、

埼玉県学力・学習状況調査の分析からわかったこと（概要）

「主体的・対話的で深い学び」の実施に加えて、「学級経営」が子供の「非認知能力」「学習方略」を向上させ、子供の学力向上につながる。

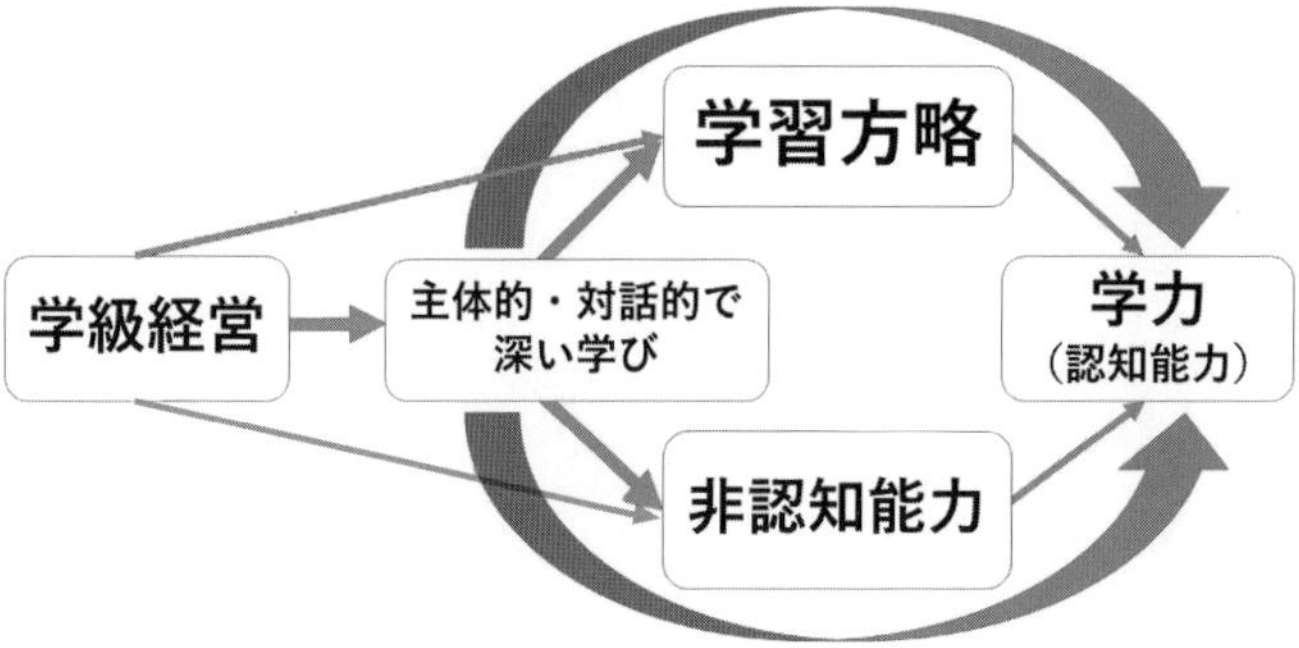

「学級経営が主体的・対話的で深い学びの実現や子どもたちの非認知能力や学習方略の向上に重要である」とも報告されている。

この埼玉県学調の分析結果を、私は校長として学校経営に置き換えて、「『主体的・対話的で深い研修』に加えて、学校経営が、教職員の『非認知能力』『指導方略』を向上させ、教職員の指導力の向上につながる」ととらえた。子どもたちの非認知能力や学習方略を向上させるためには、日々子どもたちを直接指導している教職員がどのような非認知能力や学習方略を有しているかが、子どもの学びに大きく影響する。特に、授業のほとんどを担任が指導している小学校においては、担任のこれらの力の影響は大きい。

また、大量採用が続き、経験の浅い教職員が増えたり、採用試験の倍率が低下傾向にあり優秀な新採用教職員の採用が危惧されたりしている現在は、教職員の指導力や非認知能力を向上させるために、各学校におけるＯＪＴの果たす役割は大きい。

一般企業であれば、新入社員は数週間から数か月に及ぶ研修の中で、社会人としてのマナーや立ち居振る舞いを学び、その企

業に必要なスキルの基礎を身に付けていくが、小学校の教員は採用一年目から学級担任となる場合が多く、初任者研修はあるものの、ＯＪＴで多くを学ぶことが求められているのが現状である。

このような点から、校長は、授業や生徒指導・教育相談等を進めていく指導力と合わせて、非認知能力も意図的に育成したい。

非認知能力を具体的に表したものは諸説あるが、埼玉県学調では、「自己効力感」「自制心」「勤勉性」「やり抜く力」「向社会性」について調査を行っている。教職員の非認知能力を高めるために、まずは、それぞれの学校にある学校文化と呼ばれる社会的規範を高めていくことである。学校の中にある「当たり前」のレベルを上げることである。そして、個々の教職員に、称賛と労いなどの言葉をたくさん掛けて自己効力感をはじめとする非認知能力を高め、教職員を育てるのが校長の役割と考える。

２　ミドルリーダーの育成

急速に変化する時代の中で、働き方改革、ポストコロナ時代の取組等、学校が解決すべき課題は多様化、複雑化している。子どもたちの多様化（特別支援の必要な子ども、不登校、日本語指導等）も対応すべき大きな課題である。

「鍋蓋構造」と言われる学校の組織体制は、ミドルリーダーの育成等が進み、解消されてきていると感じる。しかし、自校の業務遂行過程を見ると、担当から提出された文書の大部分を教頭や主幹教諭（教務主任）が集約し、確認や修正をして校長の決裁を受け、外部に出したり、校内で共有したりする一極集中型である。ここでの課題は、一般教職員と教頭・主幹教諭との意識と力量に大きな差があり、教頭や主幹教諭等が集約や確認、修正するのに相当な時間と労力を費やしていることである。管理職を志す人が減少している要因の一つに、管理職の多忙があげられるが、それを解消する方策の一つとしてもミドルリーダーの育成が重要であると考える。

ミドルリーダーは、校務分掌でリーダーとしての役割を担う「主幹教諭」「特別支援コーディネーター」等、管理職と一般教職員の間に位置しており、協働を活性化させる教職員とされ、年齢や教職経験もミドルとイメージすることが多い。私は、初任者以外は、皆「ミドルリーダー」としての自覚をもたせ、主体的に学校運営に参画してほしいと考えている。

各主任は、教育目標や学校経営方針に沿った目標を設定し、担当する分掌の取組を推進する。まず人事評価に係る当初面談を活用し、それぞれの立場からの学校運営への参画を確認する。そして学校評価等で取組の成果と課題を把握して、課題から改善策を立て実践し、ＰＤＣＡサイクルを回していく。教職員全員に小さい組織・部会のミニリーダーとしての経験をたくさん積ませ、ミドルリーダーに育てていきたい。一人一人がミドルリーダーとして組織全体を見渡し、先を見通して業務を進めることで仕事力を高める。これは、組織力の向上にも直結する。

また人事評価制度を活用して、教職員一人一人の力をミドルリーダーとして伸ばすと同時に、学校評価を活用して組織としての学校力を成長させたい。教職員一人一人の力、学校力いずれにしても、ＰＤＣＡサイクルを活性化させ、常に右肩上がりに向上するスパイラルを描き、導ける校長でありたい。

３　女性活躍――女性の特性を理解して――

男女雇用機会均等法が制定・施行されてから三十五年以上が経過した。この間、四度の改正や他にいくつかの法律も制定され、主に女性の就労環境を改善する法律が整備されてきた。平成二十七年九月に開かれた国連サミットで採択された「ＳＤＧｓ（Sustainable Development Goals）」でも、目標５は「ジェンダー平等を実現しよう」（ジェンダーの平等を達成し、すべての女性と女児のエンパワーメントを図る）である。令和四年度の文部科学省「学校基本統計」を基に作成された資料によると、公立小学校における女性管理職の占める割合は、校長二五・二％、副校長三

四・〇％、教頭三〇・八％である。これらの数値は、年々確実に上昇している。校長が二五％を超え増加してきたと見えるが、小学校においては教員の六二・七％が女性であることを考えると、まだまだ少ない。他の国々（フランス七五・一％、イングランド七〇・二％、韓国四四・〇％など、二〇一八年ＯＥＣＤ国際比較調査）と比べても、著しく少ない。教職員の約三分の二が女性である小学校においては、校長、教頭または副校長、主幹教諭の三人の内、少なくとも一人は女性でありたい。

女性が活躍できる社会を推進していく時、「インポスター（Impostor Syndrome）（Impostor：詐欺師）症候群」は考慮しなくてはいけないことであると考える。インポスター症候群とは、仕事等の場面において、順調に成功しているにも関わらず、自分を必要以上に過小評価してしまう心理傾向や自己不信感をもち、自分が詐欺師であるように感じる心理状態である。女性に多く見られ、これを女性自身も職場で上司となる男性も十分理解していないと、女性が活躍できる環境とするのは難しい。この症候群について、県教育委員会主催の校長研究協議会の講演会で聴いた時、女性の思いをよく理解してくれていて、言い得て妙と目から鱗が落ちた。

しかし、後日、男性の校長先生方との話の中で話題にすると、ほとんど記憶にないくらいの受け止めだったことに大変驚いたものだ。校長先生方（特に男性）、女性の多くは、自分の力を適正に評価せず過小に評価してしまうために、職場において積極的に業務に関われない傾向にあることを頭の片隅に置いていただきたい。そして、研修や昇任等について女性に勧める際には、長期的な視野で、繰り返し声を掛けてください。「あなたは、今のままでも十分に力があり、自信をもってよい」ということを伝えて背中を押していただくと、女性は自己評価のとらえ方を少しずつ変えて、この心理状態を変えることができ、そして、意を決して一歩を踏み出すことができる。

子どもの身近なロールモデルとなる学校を、男性も女性も生き生きと働ける職場とするのも校長の責務であると考

える。

三　おわりに

二十一世紀になって二十四年、おおよそ四半世紀となる。高度経済成長期の正解を早く求める情報処理能力が求められていた時代から、未曽有の課題が次々現れ、一つの正解はなく、知識や情報を編集しながら、納得解を導き出す力が求められるようになった。学校においては、主体的、対話的に学びながら、急激な社会の変化を乗り越え、豊かな人生を切り拓き、持続可能な社会の創り手となることができるよう、児童の育成に力を入れていかなくてはならない。

「自分を育てるのは自分」東井義雄先生（教育者）のこの言葉を私は教育信条としている。どんな社会が訪れようとも、これからの社会を生き抜くために、子どもたちが自分で自分を育てられるよう、教職員が更に自分を育てられるように、学校を学ぶにふさわしい学び舎とすることが校長の職責であるとまとめ、提言とさせていただく。

実践事例

1　教職員の意識改革（経営参画）と管理職の育成

学校経営参画意識を高める学校づくり

千葉県銚子市立清水《しみず》小学校長
塚　本　義　雄

〈本校の概要〉

本校は、千葉県銚子市の東部に位置し、令和五年度に創立百五十周年を迎えた児童数百五十名の小規模校である。校舎の目の前には銚子電鉄本銚子駅があり、約一割の児童が電車を利用している。

令和三・四年度は、千葉県教育委員会より「ちばっ子の学び変革」推進事業（学力・学習状況検証事業協力校）に指定され、国語科の研究と同時に、学力向上推進策を、「推進体制の構築」「教育課程の編成」「家庭の協力」「授業改善」の四観点で取り組んだ。

一　はじめに

「学校に求められていることは、自ら変えていく内部における創造的な活力を生み出すことである」千葉大学名誉教授の天笠茂氏の言葉である。予測困難な時代となり、社会全体が答えのない問いにどう立ち向かうのか問われている。とりわけ、今日的な課題への対応や「生きる力」の育成に向けた学校教育は、教職員個人の力では対応することが難しい。学校のリーダーが推進役となり、教職員一人一人が学校経営に主体的に参画する意識を束ねることが問われている。

私が本校に赴任当初の教職員は、一人一人が仕事に前向きで、任された仕事に対して責任をもって行っていた。一方で、単学級であるため一人当たりの校務分掌が多く、相談相手も限られるためか、日々の仕事と学校経営の関連性をそれほど意識していないことや、それぞれの教育活動が同じベクトルで取り組めていないこと、前年踏襲

で提案されていたことなどから、本校が当時抱えていた課題に十分に対応できていない面も見られた。

そこで、教職員一人一人が主体的に学校経営に参画できるようにするには、どのような取組があるのかを、赴任当初（令和四年度）に試行錯誤しながら取り組んだ事例をもとに考察をしていきたい。

二　取組の視点

学校教育目標の具現化を図る上では、校長が組織としてのビジョンを明確に示すことと、教職員一人一人がその目標を理解した上で、学校経営に主体的に参画する意識を高めることが重要であると考え、本校の実態に即しながら、以下の取組を行った。

①自校の特徴と課題を分析し、明確な経営理念を示し、教職員と共通理解を図る。
②教育活動を実施する意味について、教職員に問い直す。
③学校の核となる教務会を組織し、経営の方針を整理し、企画・運営を行う。
④アンケートをもとに教職員一人一人の願いを生かした学校経営方針を決定する。

三　実際の取組

１「どの方向に進むのか」
～明確な経営ビジョンと具体的目標の設定～

昨年度の学校評価などを参考に、令和四年度の学校教育目標及び目指す児童像、学校像、教職員像等の策定を行った。これらのビジョンをお飾りとさせないために、「清水の八策」と名付けたグランドデザイン（資料１）にまとめた。特に心を配ったのは、目指す児童像、学校像、教職員像に対応した具体的な行動目標を四つから五つにまとめ、教職員が実践に移せるような内容に示したことである。

また、経営の方針についての補足を、校長だより「大河口」で二週間に一度程度教職員に配付し、理解を深めるようにした。

２「何のために行うのか」
～授業や行事への取り組み方を見直す～

令和四年度に赴任した時は、新型コロナウイルス感染

資料1　清水小学校グランドデザイン

令和４年度
清水小学校グランドデザイン

◆学校教育目標◆

「心豊かで、たくましい児童の育成」
～知・徳・体の調和のとれた児童を育む～

本年度のキーワード　～学力向上と自己有用感の育成～
◎学習規律の徹底と授業改善を図り学力の向上と、自分の役割に責任を持って果たすことで自己有用感を育成する。
※自己有用感とは、「人の役に立った」、「人から感謝された」、「人から認められた」という自分と他者との関係を肯定的に受け入れられることで生まれる感情

【めざす学校像】
◇安全、安心を最優先する学校
◇あいさつが交わされる明るい学校
◇家庭・地域とともにある学校

【めざす児童像】
◇粘り強く考え、表現できる子
◇自分も友達も大切にする子
◇めあてを持ってチャレンジする子

【めざす教職員像】
◇個別最適な学びを実現する教職員
◇学び続ける教職員
◇保護者や地域の方に積極的に関われる教職員

清水の八策

方策１　「粘り強く学び表現できる子」を育てる。
① 学習規律の徹底を図り、集中する（静寂）時間を確保し、基礎的・基本的な知識・技能の習得を図る。
② 主体的・対話的で深い学びを実現する授業改善に取り組む。
③ ユニバーサルデザインの考えを取り入れる。
④ 「学力向上推進週間（年３回、学期末２週間）」を設定する。
⑤ 自分の考えを相手にわかりやすく伝えたり、まとめたりする活動を重視する。

方策２　「自分も友達も大切にする子」を育てる。
① 道徳科では授業のねらいを明確にした授業を実践する。
② 自分の大切さと、他の人の大切さを認められるようにしていく。
③ 教育活動のあらゆる場面で、児童一人一人がスポットライトを浴びる体験を積み重ねる。
④ 落ち着いて読書を楽しむ時間を確保して、豊かな情操を養う。
⑤ 児童が家庭や地域と関わり、大切にされているという気づきを促す。

方策３　「めあてを持ってチャレンジする子」を育てる。
① 児童にめあてを持たせ、体育の授業の充実を図る。
② なわとびや持久走などで、自ら体力づくりに意欲的に取り組む児童を育成する。
③ 部活動では、指導方法や指導内容を見直し、効果的な運営をめざす。
④ 計画的及びタイムリーな健康指導や食育指導を実施する。
⑤ 児童が目標（夢）に向かってチャレンジをする姿を支える。

方策４　安全、安心を最優先する学校を確立する。
① 「命・人権・いじめ」には最優先で対応する。
② 児童の感染防止への意識を高め、感染症防止に取り組む。
③ 学校危機管理マニュアル等の定期的な見直しと全職員の共通理解を図る。
④ 児童の小さな変化やＳＯＳを見落とさず迅速に組織で対応する。
⑤ 身体的に注意の必要な児童には、個別の対応マニュアルを作成し、複数のチェック体制を確立する。

方策５　あいさつが交わされる明るい学校を実現する。
① あいさつの励行で、人とのつながりの心地よさを指導していく。
② 掃除活動は黙働で行う（中学校学区の共通の取り組み）。
③ 様々な場面で、積極的に人と関わることで社会性の基礎を培う。～人は不完全だが人との関わり合いの中で成長していく～
④ 教室が明るく楽しくなるよう、児童が主体的に考え、「希望の登校、満足の下校」となるようにしていく。
⑤ 教育環境（時・場・礼）を整え、児童の教育を効果的に行う。

方策６　家庭・地域とともにある学校とする。
① 家庭と連携し、家庭学習の充実（学年×１０分）を図る。
② 学校評価を経営の改善に結びつけ改善点を保護者に公表する。
③ 学校の運営状況を広く保護者や地域の方々に公開する。
④ 地域の教育力を活用するとともに学校の教育力を地域に開く。
⑤ ふるさと学習（ジオパーク学習、醤油造り、大漁節等）を推進する。

方策７　個別最適な学びを実現できる教職員となる。
① 児童の成長やつまづき、悩みの理解に努め、個々の興味・関心・意欲等を踏まえ、きめ細かく指導・支援していく。
② 校内委員会の組織の活性化を図る。
③ インクルーシブ教育システムの理念を生かした連続性のある多様な学びの場の充実を図る。
④ 児童の発達段階や個性に応じ、教職員が「チーム清水小」として組織で対応する。

方策８　学び続け、保護者や地域の人々に関わる教職員となる。
① 児童を指導するには児童との信頼関係が欠かせない。児童の話を丁寧に聞き、児童に行動で範を示す。
② 計画的な校内研修により、倫理観や専門性の向上を図る。
③ 教職員の不祥事を起こさない。
④ 保護者、児童の立場に立ち、誠意を持った対応を心がける。
⑤ 児童の実態把握を定期的に行い、保護者への情報提供、指導の改善を常に図る。

資料2　校長室だより（大河口）

令和4年6月2日

大河口
～（おおかわぐち）～
校長室より　NO. 4

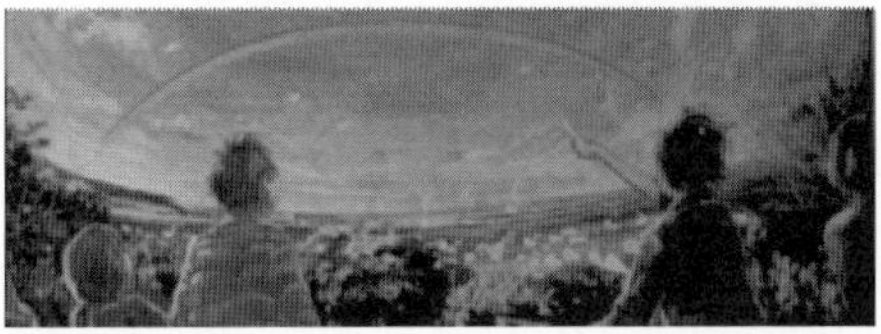

運動会の予行練習を終えて

今週はいよいよ運動会です。先生方もそれぞれの分担に従って、最後の詰めの段階だと思います。あと少しよろしくお願いします。

さて、運動会は、学校行事の中でも大きな行事となります。

先生方は、この運動会で、子供達に何を学んでもらいたいと考えていますか？

職員会議の中で、提案された目的は2つ

1　日常の学習活動を総合的に生かす場と捉え、準備の過程から子供の成長を促す。

2　児童の自主的な活動を通して、運動に親しみ、粘り強く最後までがんばり抜く態度を養う。

残念ながら、今回の予行練習では、児童にも、保護者にも、学校での指導の様子や目的が正しく伝わらないように思います。特に、児童の成長を見取る場面、粘り強く頑張る場面をどこに設定するか、職員全員で共通理解をして指導すべきと考えます。

～　中略　～

「児童一人一人にスポットライトを当てる」という意味

私は、運動会では児童一人一人が主人公になってほしいと思っています。

スポットライトを浴びるということは、その時間、その場を児童が引き受けるということです。

アイススケートの選手は、ひとたびリンクに上がったら、自分の演技が終わるまで、他の人はなにもできません。そのためには、それなりの準備をして、演技の評価を自分で引き受けることになります。この緊張感を味わわせることが、その人にとって大きな経験になると考えています。

私たち指導者は、コーチです。しっかりと技術的、精神的な指導をして送り出す必要があります。つまり事前の準備とガイダンスが大事となります。今からでも遅くないので、児童に精神的支柱をしっかりと立ててあげることが大切だと考えます。

症によって行事が見直され、更に働き方改革の観点からも、学校教育活動をこれまでのように戻してよいのか議論になった年であった。

一方、本校の実態は、新型コロナウイルス感染症予防のため、全校での集まりや集団での行動規範等を学習する機会がほとんどなかった。そのため、人に伝える活動や代表としての発表をする児童が自信なさげに小さな声で発表していた。これは、人と関わり合う体験、伝え合う体験が、ほとんどできなかったためである。

特に六月に実施した運動会は、久しぶりの全校行事であったが、「コロナだから仕方ない」という教職員の気持ちが伝わってきた。ここで、校長室だより（資料2）を教職員に提案した。私としては、赴任したばかりで、大変勇気のいる作業であったが、子どもが自信をもって活躍する場を教職員が提供できないのであれば、それは私たちの敗北であると考え教職員に伝えた。

「行事を行うことが目的ではなく、行事を通して子どもたちにどんな力を身に付けてほしいかを明確にしてほしい」という願いは、改めて教職員に伝わり、結果的に教職員は最後まであきらめず指導をして、子どもたちは運動会で満足感を味わえた一日となった。

3　「リーダーがもがく」～教務会の創設～

本校の教職員は、仕事に対して前向きで、児童を大切にしていた。特に教頭、教務主任（学力向上推進委員長）、副教務主任（生徒指導主任）は、教職員集団のリーダーとなり、それぞれの持ち場で、企画・立案・運営に邁進

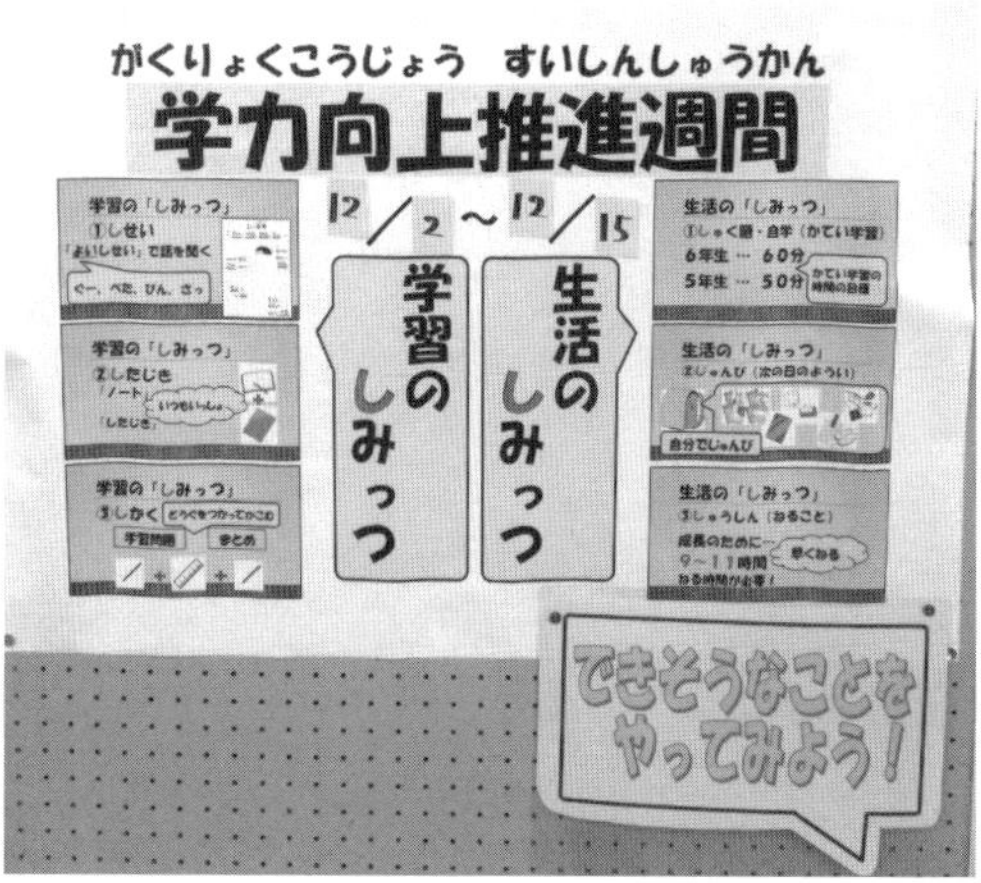

学力向上推進週間

黙働清掃の様子

していた。しかし、企画・立案について、組織内で十分に検討できなかったり、取組が前年踏襲の内容であったりすることから、提案された取組に対して、どこに重点を置いて指導していけばよいか、という学校として共通理解が欠ける面が見られた。

そこで、前期の学校評価をまとめた十月を機に、学校の中核を担う教頭・教務主任・副教務主任の三名を指名し、学校の現状の分析と次なる手だてを話し合う場を設け、この会を教務会と位置付けた。年度当初には教務会という校務分掌上の組織はなかったが、学校のリーダーを育てる目的も兼ね、二週間に一回程度、互いに意見交換をする場とした。この場で、校長の願いを丁寧に語り、話し合う中で取組の意図が確認でき、学校の向かうべき道筋が整理できてきた。そして、各担当がより深く考え、根拠をもって、教職員に提案するようになった。

　その結果、教務主任が提案した学力向上推進策では、学習規律の定着に加えて、子どもの漢字習得への意欲が増し、やればできるという気持ちが高まった。

　また、生徒指導面では、なかなか徹底しなかった黙働清掃を全教職員で推進したことで、子どもたちの姿が大きく変わったという成果が得られた。これらの取組では、教職員が、提案の根拠となる背景を理解し、目標に向けて一致して取り組めたことで、子どもが大きく成長したことを実感できた。「学校の向かう方向性と重点を確認し、

資料３　学校経営アンケート

令和４年度を振り返って　～「清水の八策」を通して～

今年度のみなさんの取り組みを振り返って、今後の清水小学校の方向性を考えていきたいと思います。
清水小グランドデザインの「清水の八策」及び「今年度のキーワード」を参考にしてください（どれも大切な項目ですが、網羅的に充足させようというものではありません）。今の清水小学校、そして子供達をみて率直な感想と、今後「どんな学校にしたいか、どんな子供に育てたいか」を、今一度整理し、共通理解をもちたいと思います。

記入者（　　　　　　　　　）

1　本校の現在地点（先生方が、今年度取り組んできた成果や課題）

2　今後、どんな学校にしていきたいか、どんな子供に育てたいか。清水の八策「めざす児童像、学校像、教職員像」から重点にしたい項目を２つ選んでください（適当な項目がない場合はオリジナルで書いてください）。
（1）
（2）

3　２を達成するために効果的な取り組みは何か。
（清水の八策：下位項目を参考にしてください。さらに充実させるにはどうするかまた、新しい視点・取り組みも歓迎します。）
（1）
（2）

4　その他
学校経営・運営についての先生の考え、感じていること等

組織として取り組むことで、学校は変わる」ということを多くの教職員が確信できたように感じた。

４「みんなで考える」

～学校経営アンケートの実施～

これらの成功体験から、教職員は、仕事のやり甲斐や面白さを感じ始めていた。このような時期（二月）に、全教職員に学校経営アンケート（資料３）を実施した。アンケートでは、次の三つの項目について聞いた。

①本校の現在地点（今年度の取り組んできた成果や課題）
②今後、どんな学校にしていきたいか、どんな子どもに育てたいか
③それを達成するための効果的な取組

その結果、教職員が、重点を置きたい方策と具体的な取組内容が確認できた。大きく分けて、「学力向上」、「自己

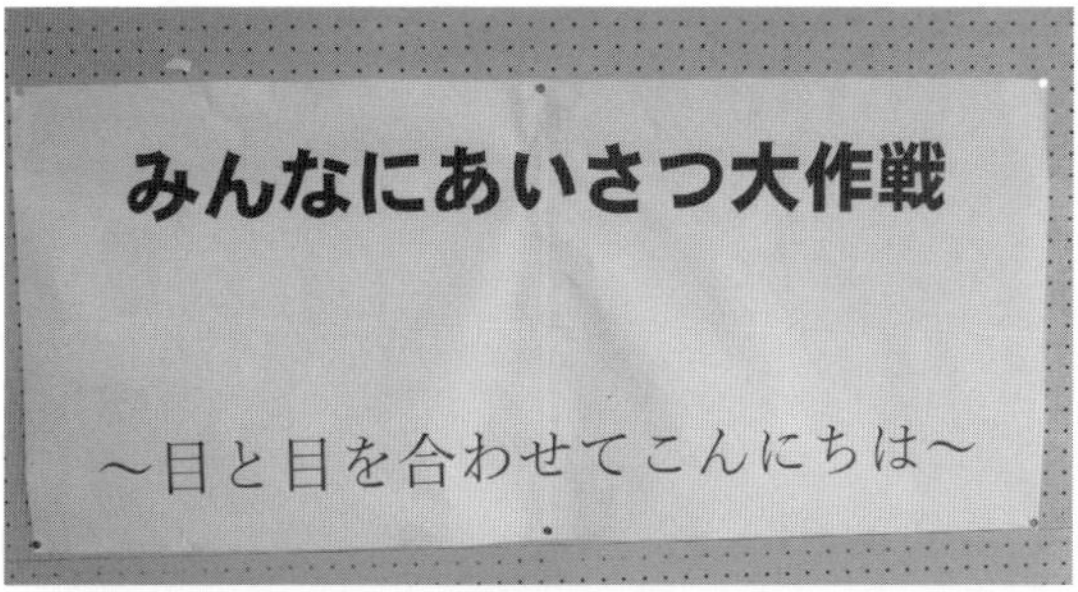

あいさつ運動キャンペーン

校歌を歌おう

有用感の育成」、「あいさつ」の三つの項目に意見が集中した。アンケートによって、教職員一人一人が子どもたちをどのように育てたいか、真剣に考えていることをしっかりと把握することができた。

　そこで、このアンケートの結果をもとに、教職員が話し合う場を設けることにした。その話合いの中では、重点となる取組を来年度に回すのではなく、まずは、今年度三月に実行できないかと話し合った。その結果、「あいさつ」は、すぐに指導ができるのではないかということになった。

　特に「あいさつ」について、子ども同士での「あいさつ」が実践できていないことを取り上げ、「みんなにあいさつ大作戦」というキャンペーンを行うことにした。

　これまで、学力向上策や黙働清掃などの取組から、子どもや教職員にもやればできるという機運が高まり、「みんなにあいさつ大作戦」も、子ども一人一人が自覚し、大きな成果をあげ、より気持ちのよい学校生活を送れるようになった。

　さらに、卒業式の準備の時期には、教職員から「みんなで校歌を歌い上げよう」という提案がなされ、学校全体で校歌を大切に練習し、卒業式など学校行事できれいな歌声を響かせることができた。

四　おわりに

本校では、令和四年度の取組を受けて、令和五年度の方針が決まった。大きく変わったことは、子どもを主役にし、活躍する行事を教職員が意欲的に提案していたことであった。具体的には、生活のきまりを見直し「しみずっ子の生活」を子ども目線で見直したこと、代表委員会で子どもが自分事として学校生活を見直す話合いが進んできたこと、ロング昼休みを創設して異学年交流が盛んになったことなど、教職員の主体的な動きから、学校に活気があふれるようになった。まさに、小さな成功体験は、次への意欲につながることも実感できた。

教職員は誰でも子どもを愛し、子どもの成長を願っている。しかし、個人として頑張るだけでは、有益な成果をあげることが難しいことが多い。私たちは、常に「組織として、いい仕事ができているか、目標を達成しているか」を確認することが必要であると感じる。

これらの実践を通して、学校の教育目標を達成するためには、①学校のビジョンを整理し、分かりやすく伝えること、②そのビジョンに向けて道筋を付けるリーダーがいること、③教職員一人一人の思いを集め、活動の方針を束ね、力強い教育活動を推進することの三点が重要な視点であると改めて整理できた。

教育者の大村はま氏は、「教室の魅力というのは、どの子にも確かな成長感があること」と、語っている。「令和の日本型学校教育」では、全ての子どもたちの可能性を引き出す「個別最適な学び」と、「協働的な学び」を実現するための基本的な考え方が示されている。

私たちは、これらの目標に向けて、具体的な学校のビジョンを管理職と教職員が共に練り上げ、より具体的な方針に基づいて組織として実践し続けることが、子どもたちの成長を引き出す道であると信じている。

〈引用文献〉

天笠茂著　ぎょうせい　二〇〇六年
『学校経営の戦略と手法』四三頁
大村はま著　ちくま学芸文庫　一九九六年
『教えるということ』一六五頁

2 働き方改革の推進

合言葉は「チャレンジ&チェンジ」
――「令和の日本型学校教育」における働き方を目指して――

高知県高知市立昭和《しょうわ》小学校長
小川晶子

〈本校の概要〉
本校は、高知市の中心部に位置し、校区は周囲を鏡川・江ノ口川・国分川に囲まれた児童数五百十二名、教職員数三十八名の学校である。近隣には地球三十三番地（経緯合わせて三の数字が十二個並ぶ場所）や坂本龍馬ゆかりの武市半平太道場跡や自由民権運動の関係史跡がある。長年、社会科の研究校として実践を重ね、平成二十四年には第五十回全国小学校社会科研究協議会研究大会高知大会において会場校として研究成果を発表している。
「人・もの・こと」に関わりながら、夢と志をもって未来へ輝く児童の育成を目指し取組を進めている。

一　はじめに

本校の学校教育目標は、「夢と志をもって　未来へ輝け！　昭和の子〜自ら学び、仲間と磨き合い、たくましく生きる児童の育成〜」である。目指す児童の姿を「考え関わりいきいき学ぶ子」、「人やものにやさしい子」、「心や身体がたくましい子」とし、全教職員が全ての教育課程・各領域において、学校教育目標達成のために取組を進めている。本校には、学校教育目標達成のために児童や教職員間で活用している合言葉がある。

それは「チャレンジ&チェンジ」、何事にも勇気をもって自分から挑戦し、自らを変えていこう、前進していこうといった意味の言葉である。学校は、仲間と共に学び合い、切磋琢磨しながら成長できる素晴らしい場所である。

児童も教職員も、みんなが学び合える安心・安全で活力のあるパワフルな学校を目指し、本校で育成を目指す資質・能力や知・徳・体における具体的な取組について、学校経営グランドデザイン（図1）に示した。年度当初、

図１　令和５年度　学校経営グランドデザイン

全体構想を教職員に周知することからスタートした。

二　働き方改革への取組

1　本校の課題

令和五年八月に取りまとめられた「教師を取り巻く環境整備について緊急的に取り組むべき施策（提言）」では、目指すべき方向性は、教師のこれまでの働き方を見直し、長時間勤務の是正を図ることで教師の健康を守ることはもとより、教師のウェルビーイングを確保しながら、高度専門職である教師が新しい知識・技能等を学び続け、子どもたちに対してよりよい教育を行うことができるようにすることであるとしている。

高知県では、令和二年度より校務支援システムが導入され、教職員の出退勤時刻を管理できるようになった。数値として明らかになることで、本校教員の長時間勤務の実態や課題が少しずつ明確になってきた。

①学校運営組織や研究体制の見直し。②学校行事の精選や時間割の見直し。③会議終了時刻の厳守。会議設定の適正化。④勤務時間の目標設定。⑤授業におけるＩＣＴ活用。以上の課題があがり、働き方の意識改革と業務の精選の必要性を感じた。

また、近年若年教員が急増している中、保護者対応に追われ、学級経営に苦心している教員も少なくない。安心・安全な学校・学級経営が学校における一番の危機管理であり、超過勤務時間減少につながると感じ、「チーム学校」として各部の取組体制やＯＪＴの在り方を考えた。

2　校内研究体制の見直し

学校運営は、校長のビジョンのもと、学校教育目標達成のために、各主任を中心にＰＤＣＡサイクルを実践しながら推進される。そこで、まず初めに校内の研究体制組織を見直した（図２）。

協議事項は運営委員会を中心として運営し、職員会議は基本的に月に一回の情報共有の場とした。また、管理職と各部長との連携を密にし、各部の情報共有や報告・連絡・相談がスムーズにできるように体制を組んだ。会議内容はあらかじめ年間計画を立て、校内掲示板等を活用しながら会議内容の事前周知を行った。提案時間を提

図２　令和５年度　校内研究体制

1 学校運営委員会（企画委員会を含む）　※定例・不定期

参加者：校長，教頭，学校事務，教務主任，研究主任，各学年主任　等
※検討内容によって養護教諭や学校カウンセラーを含む。
※企画委員会…管理職，教務主任，各学年（場合によって新任者代表を含む）
内　容：学校経営，学校運営にかかわる協議事項（教職員配置，校内分掌，研究体制，校内支援体制等）

◇職員会に情報共有する文書は事前に校長提出する。

2 運営委員会［16:20～16:55］　※定期：第１木曜日開催

参加者：校長，教頭，教務主任，研究主任，３部長，児童支援部長，学年主任，学校事務
※学年で２名になる場合は代表１名でも可，新提案をする場合各部の部長参加可
内　容：子どもの姿を通した研究全般にかかわる協議事項（成果と課題の共有，研究の方向性の確認等），学校行事等に関わる協議事項や確認等

◇各部で提案する場合は，事前に必ず校長起案をする。

3 職員会［情報共有の場］：水曜日

4 ３部会［16:30～16:55］　※定期：第４木曜日開催

授業づくり部	人づくり部	生徒指導部
◇授業改善・授業力向上 ◇研究（社会科・生活科）の具現化 ◇カリキュラム・マネジメントの充実 ◇情報活用能力の充実向上 ◇ICT を活用した授業実践	◇人権教育の推進 ◇教職員の資質向上 ◇学級経営の充実 ◇児童会活動の推進 ◇クラブ活動，学級活動，学校行事の充実・推進 ◇学級経営の充実	◇校内外の生活指導 ◇児童理解の充実 ◇生徒指導三機能の推進・充実 ◇学級経営の充実 ◇安全指導 ◇掃除指導

参加者：部長，部員，管理職　　※３部長会は学期初めに行う。
内　容：各部の取組を通した PDCA サイクルの実践

5 A部会　※定期：第２木曜日開催
◇音楽部　◇体育部　◇児童支援部

B部会　※定期：第３木曜日開催
◇総合　◇外国語　◇道徳

参加者：各部メンバー　　内容：行事の打ち合わせ・提案・学習の進捗状況確認等

5 学年会　※定期：月曜日開催

参加者：学年団　　内容：児童理解，課題の共有，学年の取組等

◇ 支援会　※火・金曜日
参加者：管理職，コーディネーター，担当学年，児童支援等
［場合によってＳＣ，ＳＳＷ等］

◇ 学年代表者会【緊急連絡や危機管理等】
※必要な場合に応じて開催する。
参加者：校長，教頭，教務主任，各学年主任

示し、時間厳守を周知することで発言内容が精査され、結果的に会議終了時刻を厳守できるようになった。

また、校内支援会を始めとする関係機関との会議は、可能な限り勤務時間内に設定できるように試みた。会議は目的やゴールを共有し、会議の流れを可視化できるように黒板やボードを活用した。決定事項を確認して画像保管するなど、時間内に終了できるように努めた。

3　業務改善委員会の設定

各学年代表の業務改善委員会を発足し、現在行っている学校行事を「教育目標達成のために必要な行事」「省いてもよい行事」「必要性を感じない行事」に分け、精選を行った。その他、教員本来の業務とそうではない業務、保護者や地域に任せることができる業務などを整理した。校外の交通指導などの依頼できる仕事は地域・保護者の協力を得て教員業務を精選した。定時退勤日の設定、運動会や音楽会の時間の見直し、留守番電話の設置やワックス掃除の業者依頼など、業務改善委員会で話し合いながら、校長としてできることを可能な限り改善していった。

図3　業務改善委員会研修資料

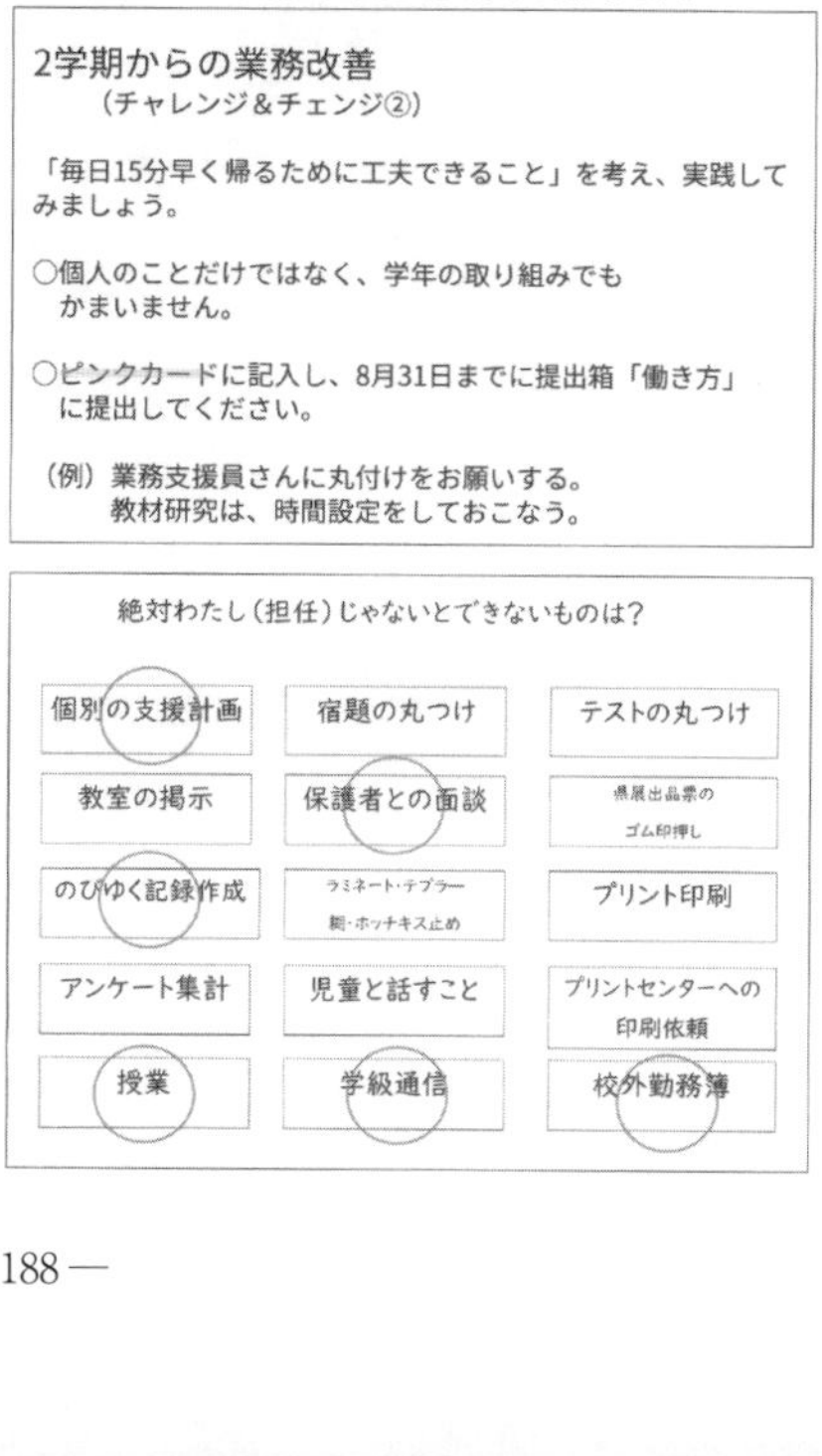

また、教職員自身がワークライフバランスを考え、限られた時間の中で業務ができるように業務改善委員を中心に校内研修を行った。働き方改革研修では、毎月の勤務時間やタイムマネジメントを振り返り、十五分早く退勤するための方法を考え、仕事内容を精査した（図3）。

業務の見通しをもたせることに加えて評価することも大切であると考え、校長から毎月、自己タイムマネジメント評価シート（以下、評価シート）（図4）を個人に配付し、勤務時間や業務内容を振り返らせ、目標をもた

図４　自己タイムマネジメント評価シート

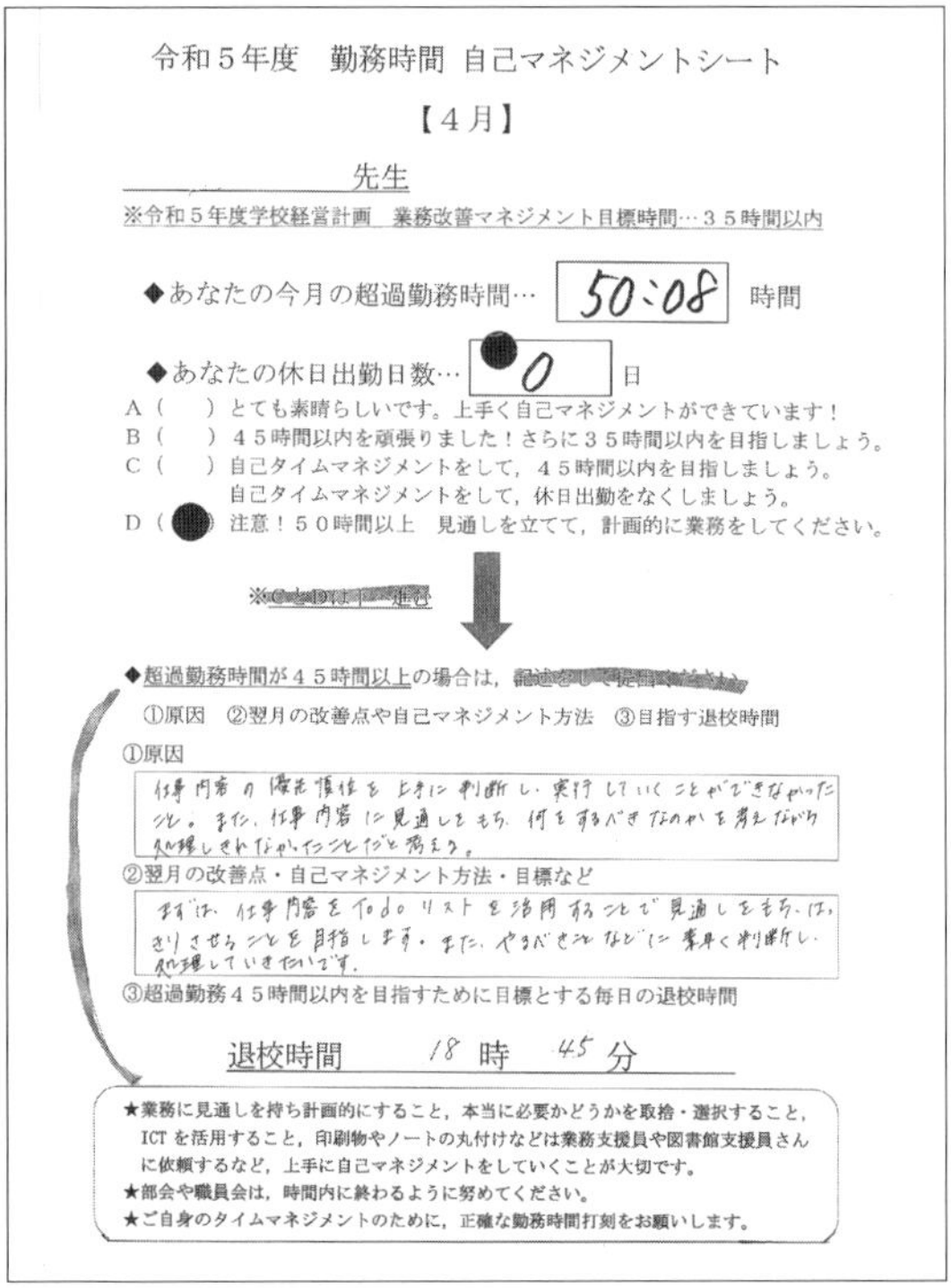
令和５年度　勤務時間 自己マネジメントシート
【４月】
先生
※令和５年度学校経営計画　業務改善マネジメント目標時間…３５時間以内
◆あなたの今月の超過勤務時間…　50:08　時間
◆あなたの休日出勤日数…　0　日
A（　）とても素晴らしいです。上手く自己マネジメントができています！
B（　）４５時間以内を頑張りました！さらに３５時間以内を目指しましょう。
C（　）自己タイムマネジメントをして，４５時間以内を目指しましょう。
自己タイムマネジメントをして，休日出勤をなくしましょう。
D（●）注意！５０時間以上　見通しを立てて，計画的に業務をしてください。
※[redacted]
◆超過勤務時間が４５時間以上の場合は，[redacted]
①原因　②翌月の改善点や自己マネジメント方法　③目指す退校時間
①原因
仕事内容の優先順位を上手に判断し実行していくことができなかったこと。また、仕事内容に見通しをもち、何をするべきなのかを考えながら処理しきれなかったことだと考える。
②翌月の改善点・自己マネジメント方法・目標など
まずは、仕事内容をTo doリストを活用することで見通しをもち、はっきりさせることを目指します。また、やるべきことなどに素早く判断し、処理していきたいです。
③超過勤務４５時間以内を目指すために目標とする毎日の退校時間
退校時間　18 時　45 分
★業務に見通しを持ち計画的にすること，本当に必要かどうかを取捨・選択すること，ICT を活用すること，印刷物やノートの丸付けなどは業務支援員や図書館支援員さんに依頼するなど，上手に自己マネジメントをしていくことが大切です。
★部会や職員会は，時間内に終わるように努めてください。
★ご自身のタイムマネジメントのために，正確な勤務時間打刻をお願いします。

せた。評価シートの配付により、毎月の勤務時間を振り返るため、教員が時間を意識し始めた。評価シートの合格シールを目標とする教員も出てきた。

四十五時間以上の超過勤務教員に原因を振り返らせると、以下のような課題が出た。①仕事の優先順位が上手に判断できない、②業務の見通しが甘い、③業務支援員に依頼できない、等である。

評価シートを活用した振り返りを行うことによって、業務リストを作成し活用しながら業務の優先順位を付ける、見通しを立てて業務を行う、時間を意識するなどの手だてを実践することができた。このような取組によって、時間を意識してワークライフバランスを考えながら勤務する教職員がかなり増えた。

三　一人一台端末の活用

ＧＩＧＡスクール構想によって、児童や教員に一人一台端末が配付された。教員の中には、ＩＣＴ活用に難色を示す者も少なくなかったが、「チャレンジ&チェンジ」の合言葉のもと、働き方改革の一つとして教員も積極的にタブレット端末を活用してみようと投げ掛け、ＩＣＴ推進委員会を発足した。授業改善はもちろんのこと、教員の教材研究やその他の業務に積極的に活用し、業務改善にも有効活用できるように推進し

た。令和五年度高知市ＧＩＧＡスクールモデル校となっている本校は、教育委員会の支援も受けながら次のような観点から研究を進めた。

①授業における有効的なタブレット端末活用の研究
②課題型持ち帰り家庭学習によるタブレット端末活用
③授業以外のタブレット端末活用の研究

市教育委員会同席の月一回推進委員会では、各学年の進捗状況や取組を報告し、全体で共有しながら進めた。

１　授業におけるタブレット端末の有効活用

授業の中では、日々児童の学力向上のために授業改善を目指し、「個別最適な学び」と「協働的な学び」の実現のためにタブレット端末を活用しながら授業を進めている。画像や図表のタブレット端末活用提示、アプリを活用して児童全員の意見を提示し、可視化しながらの話合い活動、アンケート機能を活用した授業の振り返りなど、様々な活用にチャレンジしながら有効活用を模索した。

タブレット端末を活用することによって即座に児童全員の考えが可視化できるため、児童間の対話がスムーズに進んだ。授業者が児童の考えを即座に把握できるなど、様々な効果が見られた。作成物や児童の成果物などはスタディ・ログ（学習履歴）としてタブレット端末内の共有フォルダに保存し、次回の教材研究の際に役立てることができる。必要な場面で必要な時に便利に活用することで、教員の教材準備時間も削減される。適切に活用することにより、タブレット端末は非常に便利なツールと

児童全員の考えを可視化して共有する場面

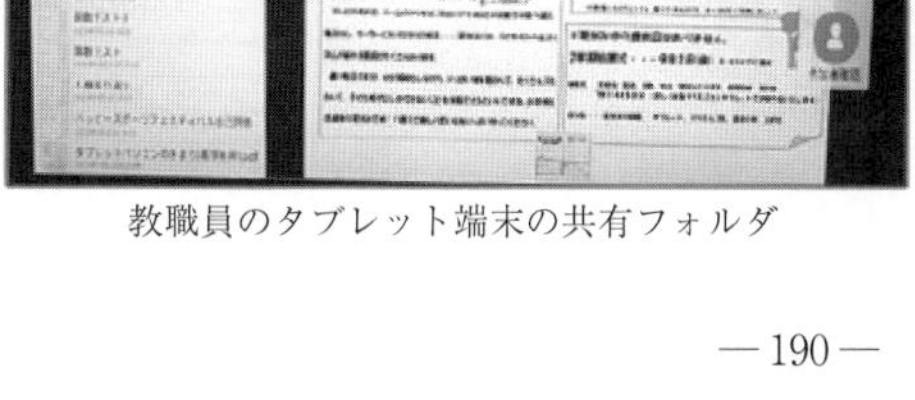

教職員のタブレット端末の共有フォルダ

して児童の個別学習や協働学習に、また教員の教材研究に活用できることが分かった。

２　課題型持ち帰り家庭学習によるタブレット端末活用

「個別最適な学び」と「協働的な学び」を目指し、タブレット端末を毎日家庭に持ち帰り、家庭学習を授業に生かす活用方法に全校でチャレンジしている。本校ではこれを「課題型持ち帰り学習」と呼んでいる。家庭学習に課題を出し、家庭で課題を考え授業に活用する方法は以前から行っていることであるが、タブレット端末を活用することによって更に学習効果が見られている。一年生の一学期、国語科の自分の宝物を紹介し合う学習では、タブレット端末活用を始めたばかりの一年生が大変興味をもって自分の宝物の画像を家庭で撮影し、ヒントカードを作り授業の中で活用できた（図５）。

図５　家庭で作成したカード

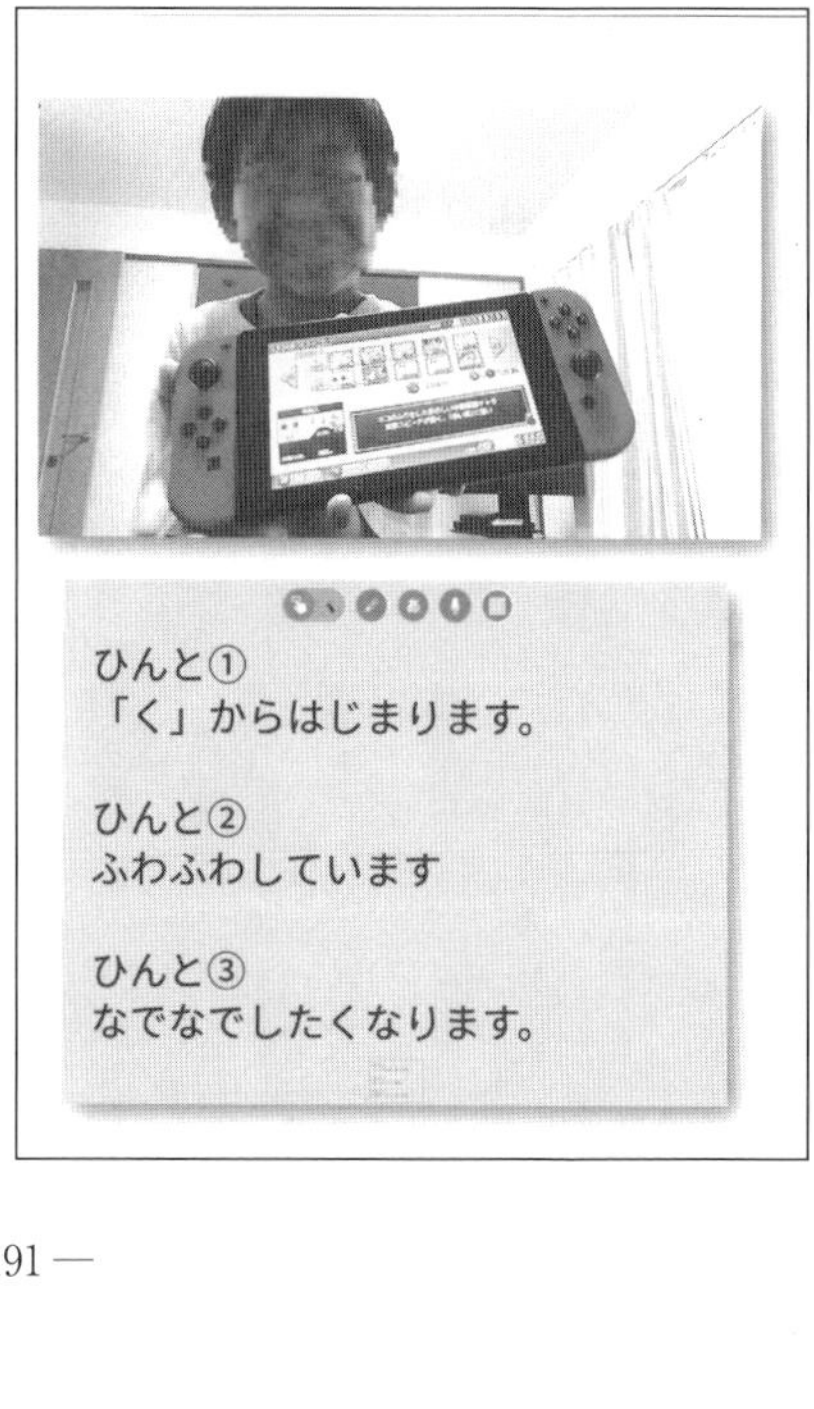
ひんと①
「く」からはじまります。
ひんと②
ふわふわしています
ひんと③
なでなでしたくなります。

　高学年の課題型持ち帰り学習では、自分の考えを書く際に根拠となる資料を検索したり、画像をスライドにはりながら根拠を書いたりと活用方法が広がっている。家庭で考えてきた個別の意見を授業の中で対話をしながら共有し、更に仲間の意見から学びを深め、確かなものとする時間的なゆとりも、タブレット端末を活用することによって生まれている。

　児童の作成物は家庭から教員に配信・提出されている。事前に児童一人一人の学習状況を把握することが可能となり、指導により生かすことができる。またアプリケーションを活用して家庭学習をチェックしたり、提出機能によって児童の学習評価が場所を問わず可能となったりする。時間と場所に縛られないことも教員の業務改善に

つながっている。一人一台端末配付以前とは、大きく教員の働き方が変わったと感じている。

３　授業以外のタブレット端末活用

⑴　教員におけるＩＣＴ活用

一人一台端末配付以前は紙媒体を活用しながら行っていた研究授業の事後研究会も、現在ではタブレット端末を活用し、思考ツールなどに成果と課題を書き込み、各グループの情報を共有しながら行うことが当たり前となった。しかし、本校では、各教員の意見を板書でまとめることも引き続き行っている。デジタルとアナログを併用し、各々のよさを生かしたいと考えているからだ。

研究授業の事後研究会（校内研修）

タブレット端末活用によって生み出された時間は、互いの意見を交流する対話の時間とし、児童の学力向上に向けた授業改善を目指して視点を絞りながら話合いを進めている。

その他、行事の講話や全校アンケート、朝の欠席調べなどもスプレッドシート（集計用紙）やスライドなどを活用しながら業務を行っている。学校業務のほとんどが繰り返しとなるため、データを保管して共有していれば、次回は反省を生かして加除修正をすればよいだけである。かなりの時間削減となり、業務改善につながる。時間を生み出す組織体制をつくり、その実現につなげることが校長の役割であると考えている。

図６　全校朝会　生徒指導部の話スライド

わたしだけが見つけた
○年生・○○さんの
やさしさやがんばり
いいとこみつけのヒント
まわりにいないかな…
ふわふわ
ことば
チャレンジ
だれかの
ために…
さいごまで
あきらめない
じぶんから
すすんで…

⑵　特別活動などにおける児童のタブレット端末活用

教員の「チャレンジ＆チェンジ」によって、授業以外の時間も児童自らタブレット端末を活用して活動する姿がたくさん

児童集会　児童の活動の様子

見られてきた。集会委員がタブレット端末を活用しながら行う児童集会、生活委員会の振り返り活動、クラスルームを活用しながら自主的に作成した防災リーダーによる防災学習活動などである。

タブレット端末さえあれば、いつ、どこでも児童の作成物を確認でき、アドバイスを配信することができる。タブレット端末を有効活用することによって、教員の貴重な時間が生まれてくるのである。

四　働き方改革を進めた結果検証

本校勤務五年目を迎えるが、振り返れば着任当初、私を含めて教員数名は、毎日の退校時刻が午後九時半を回っていた。「すぐ明日が来るから早く帰ろう」と声を掛け合って帰路についていたことを懐かしく思い出す。この数年間でかなり改革が進んだような気がしている。今では、退校時刻は午後七時を目標に、各々がタイムマネジメントをしている。

令和五年度は、休日にしっかりと身体を休めることを目標にしているが、一学期の休日出勤者は、教職員数三十八名中二名が二回のみ（管理職を除く）となっている。令和二年と令和四年の四十五時間以上（ひと月でも超えている者）の超過勤務した教員を比較すると、二十一名から十名に減少している。令和二年度から四年間の七月における教

図７　生活委員会　振り返りシート

12月月目標
・早ね、早おき、朝ごはん

	1-1	1-2	1-3	2-1	2-2	2-3	3-1	3-2	3-3	4-1	4-2	4-3	5-1	5-2	5-3	6-1	6-2	6-3	[illegible]	[illegible]	[illegible]
決められた時間までに寝ることができた	○	◎	◎	◎	○	◎	○	◎	○	○	○	◎	○	◎	○	△	◎	○	○		○
7時までに自分で起きた	○	◎	◎	◎	◎	◎	◎	◎	◎	○	○	◎	◎	△	○	◎	◎	○	○		◎
朝ごはんをしっかり食べた	○	◎	◎	◎	◎	◎	◎	◎	◎	◎	◎	◎	○	◎	◎	◎	◎	◎	○		◎
毎日うんちが出た	○	○	◎	○	◎	◎	○	◎	△	○	◎	◎	◎	○	◎	○	◎	○	○		◎
合計点	80	97	92	90	90	89	81	90	78	85	85	90	64	80	90	80	100	72	40		83
安全目標	○	○	◎	○	◎	◎	○	◎	◎	○	△	○	◎	◎	○	◎	◎	◎	○		◎

朝ごはんは◎が多いのでこれからも続けましょう　特に高学年が寝るのが遅いので早寝を心がけましょう

図８　令和５年度　昭和小学校のGIGAスクール推進構想

令和5年度 高知市立昭和小学校
GIGAスクール推進構想
未来へ輝くために 目指す学校の姿
「学力の向上」「人権の尊重」「地域と協働」「夢の実現」
行動指針
◆ 組織的な推進体制の確立
ICT推進委員会の設置（月１回）
校長・教頭・情報担当・各学年１名
＊確実な推進・PDCAを目指す
◆ ICT活用指導力向上研修
Ⅰ 校内研修 職員会におけるミニ研修
Ⅱ 研究授業 ICTを活用した授業研究
Ⅲ 小中連携 校区における情報交換
＊効果的な活用を探る
◆ 児童のICT活用力向上
Ⅰ 情報リテラシー教育の実施・徹底
Ⅱ タイピングスキルの向上を図る
Ⅲ 低学年からの確実な活用推進
＊効果的な活用を探る
◆ 家庭学習の充実・保護者連携
タブレット参観日・デジタル参観日実施
すぐーる活用…通信，アンケート
学校便り発信，日常的な持ち帰り実施
推進基盤４要素
日常のDX
～ICT基礎活用力をつけるために～
■健康チェック…全員毎朝の入力
■帯タイム活用【タブレットタイム・計算タイム】
…タイピング，キュビナ活用（週1回以上）
■朝読書…電子図書館の活用（月1回以上）
■すき間時間の活用…自主的な活用
授業のDX
～主体的・対話的で深い学びの実現～
■個別学習…調べ学習、表現、個の制作
■協働学習
…話合い交流，整理・発表，表現，協働制作
■一斉学習
…電子黒板，デジタル教科書，資料提示
■特色ある取組…総合，社会，生活科
ICT活用の4場面 具体的な取組・評価測定
特別活動等のDX
～ICT活用力の波及効果を目指して～
■クラブ・委員会活動…広報，情報発信，会議等
■学校行事
…運動会や音楽会配信，プレゼン
■集会活動…スライド発表，リモート取組，撮影
■特色ある取組…防災教育，保幼小連携
家庭等のDX
～ICT活用力の相乗効果を目指して～
■毎日の持ち帰り…授業に繋ぐ家庭学習
■休校等における活用…ミート学習，連絡
■デジタルドリル活用
■タイピング練習
■連絡帳，日記，スライド，撮影，動画等

職員の超過勤務平均時間の推移（図9）を見ると、五十一時間（令和二年度）から二十五時間（令和五年度）と、かなり勤務時間が減少していることが分かる。令和五年度の七月においては、四十五時間以上の超過勤務者（管理職を除く）はゼロであった。

図9　教職員の超過勤務平均時間の推移（7月）

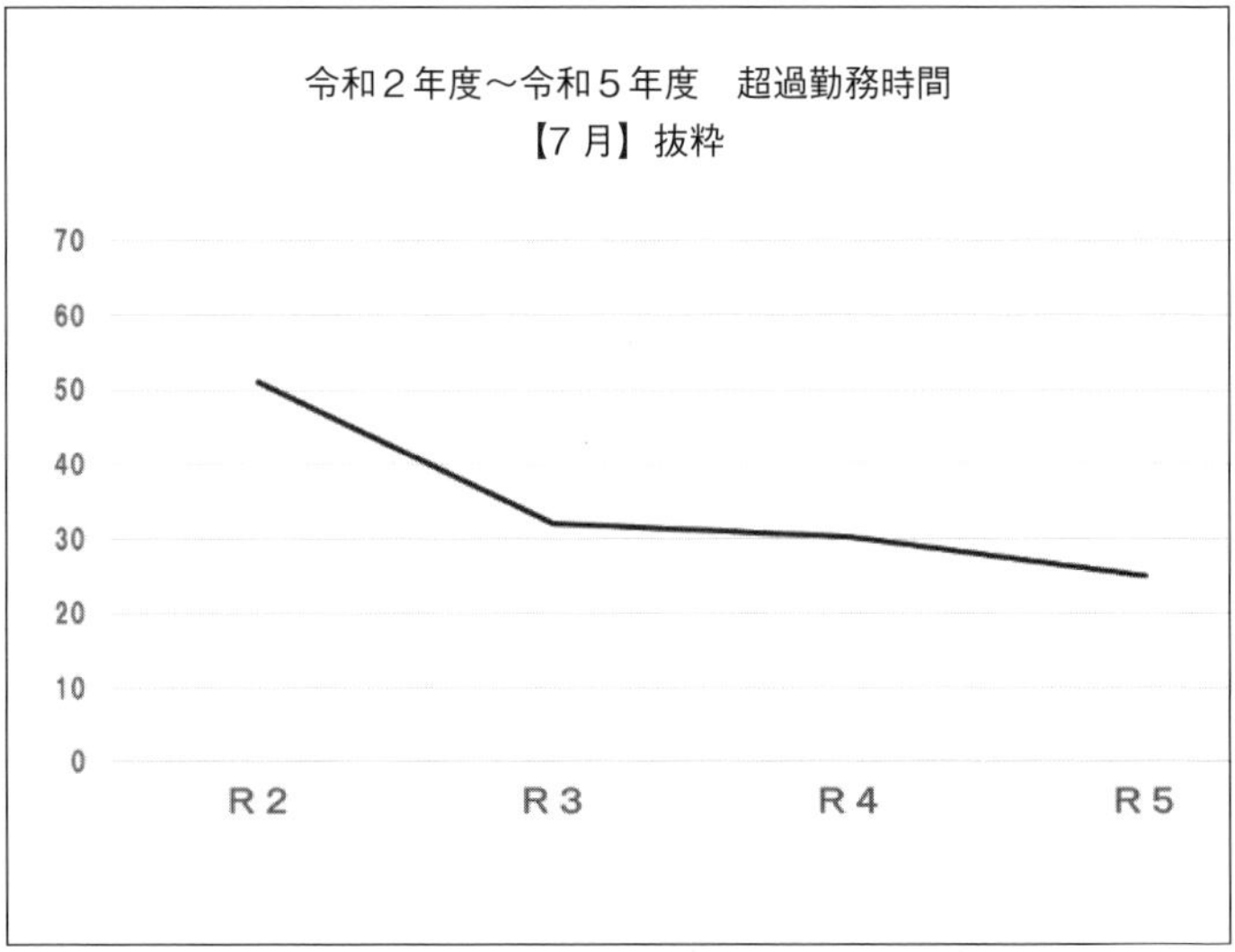

五　おわりに

次期教育振興基本計画について、令和五年三月八日の中央教育審議会の答申では、「持続可能な社会のつくり手の育成」及び「日本社会に根差したウェルビーイングの向上」が掲げられている。学校は、教職員にとって働きやすく、達成感や明日への活力を見いだせる場所であってほしいと願う。

理想の学校とは、児童生徒、教職員、保護者、地域住民が、「この学校にいて、通って、通わせて幸せである、ありがとう」と思える学校である。そしてその学校は、校長のリーダーシップで変わっていく。日々の課題は山積しているが、今後も「チャレンジ&チェンジ」の精神で学校経営に携わっていきたいと思う。

3　危機管理体制の確立

学校教育の持続可能性を確保するセーフティネットの構築

徳島県徳島市渋野《しぶの》小学校長
平　山　康　史

〈本校の概要〉
本校は、徳島市の南部に位置し、豊かな自然に恵まれた田舎の原風景が残るのどかな環境に囲まれている。丘陵地帯には徳島県指定史跡の古墳群が点在し、中でも国指定史跡の渋野丸山古墳は県内最大級の古墳として有名である。全校児童数二百五十六名、教職員二十六名の徳島県では中規模の学校である。
学校教育目標は、「夢と思いやりの心をもち、未来を切り拓いていく人間性豊かな子どもの育成～目標に向かって、仲間とともに一人一人が輝く渋野の子～」とし、地域を誇りに思い、地域のために貢献しようとする豊かな人間性の育成を目指している。

一　はじめに

新型コロナウイルス感染症が日本国内で初めて確認されてから現在に至るまでの約四年間、学校教育が、持続的・継続的に児童の学びを保障していくことの難しさを再認識した。他にも異常気象による自然災害の激甚化をはじめ、学校内外を取り巻く危機事象は多種多様で、児童の安心・安全を守るには、マニュアル化した対応より、むしろ現場主義の柔軟な対応に迫られる事象が多く発生するようになった。

本校においても、自然災害の影響を受けやすい地理的条件がそろっており、大雨により通学路が水没し、集団下校や保護者に引き渡しをする事態が年に数回ある。さらに、全国的な教員不足は徳島県でも同様で、教職員の精神的・健康的な維持管理や人材育成も重要な危機管理と考えている。

校長になって二年間、常に学校現場は薄氷の上にあるという認識で、児童の安心と安全を守る危機管理体制の構築に取り組んできた。

二　危機管理体制の構築に当たり

ここでいう危機管理とは、「予期せぬ自然災害に対する防災・減災に関することや生命や心身などに危害を与える様々な危険が未然に防止され、万が一、事件・事故が発生した初期段階において、組織的な対応により被害を最小限にするために適切かつ迅速に対処すること」、「学校教育の持続可能性を確保すること」を指しており、その危機管理体制を「安全」「安心」「学び」の三つのセーフティネットと位置付けた。

以下、三つのセーフティネットについて記す。

三　三つのセーフティネット

1　安全のセーフティネット

児童が安心して学習に取り組める環境は、学校が安全であることを担保に成り立っている。つまり、安全管理は学校経営そのものと考える。登下校時の交通事故、地震や大雨などの自然災害による危険、火災、不審者侵入、授業中の事故、緊急性の高いアレルギー症状等である。さらに、本校では、進行性の筋肉の病気やてんかんの持病がある児童へのケアは最重要事項である。

そこで、それぞれの危機事象ごとに「発生を未然に防ぐための事前計画」「発生時に被害を最小限に抑えるための発生時の体制」「危険が一旦収まった後の生活の再開や再発の防止を図る事後の体制」の三つの危機管理体制を構築し、渋野小学校版ＢＣＰ（事業継続計画）としてマニュアル化した。

このようなマニュアルは、今まで本校でも作成されていたが、情報量が多く多様で複雑なため、事前に全ての対応を習得するのは困難であった。実際の現場では、マニュアル通りの対応は混乱や連携ミスを招き、機能しにくいことが反省で挙げられていた。この課題を解決するためには、更に実効性のある簡潔で自分のすべきことや全体の流れが明確な役割分担表「アクションカード」の作成が必要であった。

Ａ３用紙一枚に、縦軸に教職員名、横軸に時間軸を示し、教職員は、横方向の時系列ごとに変わる役割分担の内容を実践することで、組織的に対応できるようにした。

アクションカード

渋野小学校　集団下校アクションカード（タイムスケジュール）　R5 作成

時間／教職員	所持物	：　～	：　～	徒歩組下校開始（渋野・学童）	：　～	徒歩組下校開始（円橋・文六）	：　～	お迎え組下校	：　下校完了
校長	・トランシーバー ・マイク（体育館）	・集団下校決定 ・全行程作成 ・教職員への指示	委員会報告 南部中報告					体育館放送（呼び出し）	
教頭	・トランシーバー	・メール作成（教頭） ・名簿更新（教頭）	・学童連絡　・校内放送 ・メール配信 ・電話対応	・電話対応	・校内放送 ・電話対応	・電話対応	・校内放送 ・電話対応	・電話対応	・電話対応
教職員の名前		・校長作成の全行程をもとに役割分担確認 ・集団下校用　全児童名簿／各担当先名簿確認 ・下校準備・下校方法変更児童の報告（教頭先生へ）	放送①「集団下校を開始します。渋野方面（青）・学童（黄）の人は，静かにピロティーに集まりましょう。」 【注意】1・2年生は担当が誘導。3～6年生は各自で移動 ピロティーでは，【渋野】岩鼻方面・伊予王子方面に分かれる。		放送②「円橋方面（緑）・文六方面（赤）の人は，静かにピロティーに集まりましょう。」 【注意】1・2年生は担当が誘導。3～6年生は各自で移動 【円橋】久米うどんまで引率→文六方面と合流 【文六】ATMまで引率		放送③「学校待機で保護者の迎えを待つ人は，荷物と下靴，傘を持って体育館に静かに移動しましょう。」	・1年児童→体育館 ・1・3年児童管理（体育館）	職員ピックアップ※分担の作業が終わった方に安全担当がお願いする。 渋野保育所 ← 文六保育所
	円橋・名簿・赤旗					・ピロティー誘導（1年生） ・円橋方面引率		文六保育所で待機	
								・2年・5－1児童→体育館	
	文六1・2年・名簿・赤旗			・ピロティー誘導（2年生） ・学童引渡し→2年教室へ		・ピロティー誘導（2年生） ・文六1年2年引率		文六保育所で待機	
	渋野（神社方面）名簿青旗			神社方面引率				渋野保育所で待機	
	文六3年・名簿・赤旗					・ピロティー対応 文六3年引率		文六保育所で待機	
								・4年・5－2児童→体育館 ・4年児童管理（体育館）	
	文六4年・名簿・赤旗					・ピロティー対応 文六4年引率		文六保育所で待機	
	文六5年・名簿・赤旗					・ピロティー対応 文六5年引率		文六保育所で待機	
	・トランシーバー ・誘導旗			学童前誘導待機		・交差点で進入車誘導			
	渋野（岩鼻方面）名簿青旗			・岩鼻方面引率		・岩鼻分岐点で進入車誘導			
	文六6年・名簿・赤旗					・ピロティー対応 文六6年引率		文六保育所で待機	
								・たんぽぽ児童→体育館 ・6年児童管理（体育館）	
				南1F移動補助→南2F		南2F児童管理		・ピロティー対応 保護者整列	

これを活用することで、自分の役割が明確になり、出張等で欠員が生じた場合でも、代わりの職員が何をすればよいかが一目瞭然になった。また、対応の死角に気付き、事前に修正することができるため、毎年行ってきた保護者引き渡し訓練での混乱は軽減され、保護者からのクレームもなくなった。緊急性のあるアレルギーや持病がある児童の救急搬送の訓練も養護教諭の指示のもと、毎年行っている。

その他にも、赴任してからの二年間は地域連携にも力を入れてきた。新型コロナウイルス感染症の感染拡大により、それ以前に当たり前にできていた地域との連携が希薄になり、地域ぐるみの見守り機能が低下しているのを感じたからだ。一年目から、できる限り地域の方とのコミュニケーションを積極的に行い、ネットワークの再構築に取り組んだ。コロナ禍においても熱心に朝の立哨をしてくれているボランティアの方との信頼関係ができるにつれ、今ではシニアボランティアの協力者が五人から八人と二年前に比べ三人も増加した。朝の立哨や交通整理、通学路の草刈りなど、児童が安全に登校できる環境の維持管理のパートナーとなっている。

2　安心のセーフティネット

本校が重点的に取り組んでいる今日的課題として挙げられるのは、不登校や登校しぶり・母子分離不安により登校できない、または軽微な理由で欠席する児童が多いことである。特に、長期休業や連休明けなどは、欠席者数が顕著に増加する。また、登校できるようになっても、常に保護者の付き添いがないと登校できない児童もいる。

校長として赴任してから毎日、校門前で登校してくる児童や保護者に挨拶や声掛けをするように心掛けている。登校しぶりのほぼ全員が、保護者の送迎で登校してくる。折角、学校まで来ても、なかなか車から降りられず、児童の気持ちに同調するあまりに根負けした保護者がそのまま連れて帰るケースが多く見られた。そこで、当該児童の姿や車を確認次第、担任に連絡し、登校してきた児童の対応と教室への誘導を円滑に行えるようにした。そして、保護者には、校長が家庭での様子を聞いたり、子育ての相談やアドバイスを行ったり、朝の忙しい時間帯を効率的に活用できるよう連携を図った。

事前に、全職員で目的と対応の仕方を共通理解したため、校長からの連絡があれば即座に出動できる準備や教職員間の連携により、もし担任が出勤していなくても学年主任が代わりに対応していた。担任が対応に出かけているクラスには、教頭の指示で代わりの職員を配置し、児童が登校時に安心できる体制を整備した。その結果、休み明けの登校しぶりが長期化することが減少し、三年生から不登校傾向だった六年生児童二人は、ほぼ毎週部分登校できるようになった。

しかしながら、数名の児童は不登校が続いており、家庭訪問や保護者との面談、スクールカウンセラーによるカウンセリングや、スクールソーシャルワーカーの支援など、関係機関と連携し、一日も早く安心して登校できるよう一丸となって継続的に取り組んでいる。

本校ではその他にも、保護者への説明責任が必要な生徒指導事案、苦情や相談には、基本的に家庭へ訪問することを重視している。保護者が安心して通わせられる学校にするためには、保護者との信頼関係を築くことが必要不可欠である。

しかし、多忙な学校現場においては、電話連絡で説明責任を果たそうとすることが多く、赴任当初、本校でもそのような場面をよく目にすることがあった。なかには丁寧に説明する担任の対応が逆に疑問や不信感を抱かせたのか、長時間話し込んでいる光景がしばしばみられた。電話での対応は齟齬が生まれやすく、関係悪化を生む原因となっていた。

そこで、電話連絡や家庭訪問における説明責任の重要ポイントを「説明責任の3S（スリーエス）」として、共通理解し実践することにした。

(1) Ⓢ SETSUMEI（説明）……事実確認した内容や、指導内容を丁寧に分かりやすく説明すること

(2) Ⓢ SETTOKU（説得）……一方的な説明で、当該保護者に理解を求めるのではなく、納得をしてもらうために同意や共感を目的としたコミュニケーションを図ること

(3) Ⓢ SEKININ（責任）……ここでいう責任は、学校側の責任（生徒指導など）と保護者側の責任（家庭での指導や声掛けなど）に分けて伝える、家庭との連

携や協力を目的としたコミュニケーションのこと

例えば、校内での指導が完了している場合は、保護者に更に指導をお願いするよりむしろ、優しく事情を聞くなど寛容な態度で接することをお願いする。家庭での指導が必要な事案の場合は、具体的な家庭指導の内容を提案し、連携協力を依頼するなどである。

保護者対応が必要な時は、これら「3S」の内容で、該当する学年集団や教職員のサポートチームで組織する校内委員会を設け、内容を検討し、対応に当たるようにした。これにより、新任教員や教職経験の浅い教員が、保護者対応をする際の負担が軽減され人材育成にもなった。

3　学びのセーフティネット

私は六年前、徳島市教育委員会で勤務していた。当時の人事担当者は、産休やストレス不調による精神疾患で、長期休暇を取る教員の代わりを探すのに日々奔走しているのを目の当たりにしてきた。

本校でも、校長は、優秀な人材を育成するとともに、教職員が一年を通じて安心して働けるよう精神的、健康的な維持管理に全力で取り組むことが、重要課題と考えている。

そこで、クラスや教職員の状態の異変や不安要素をいち早く察知し、組織的に対応する「学びのセーフティネット」の構築に取り組んだ。ここでいう「学びのセーフティネット」とは、年間研修計画で企画されている定期的な校内支援委員会や学力向上委員会などに加え、問題発生時に該当学年や関係職員で組織される問題解決のための校内委員会のことである。特に後者の校内委員会について、実際に行った事例を次に述べる。

低学年のクラスで、年度当初から、担任の指示が通りにくくなり、授業妨害、離席や立ち歩き、教室からの離脱などが一日の生活で多発するようになった。放課後、なかなか職員室に戻ってこない担任が教室で泣いている光景を教頭が発見し、この問題が発覚した。

早速、校内委員会を関係教職員で組織し、今後の対応を話し合った。既に、担任自身が指導の限界を感じていたため、指導体制の見直しを行った。他学年に配置していたティームティーチャーを、当該クラスに配置替えす

ることで、複数の教員による対応を可能にし、担任の負担を軽減することにつながった。しかし、新体制当初は一定の効果が見られたが、問題行動は収まらなかった。更なる指導体制づくりの必要に迫られる事態となり、夏休みに数回校内委員会を開いた。その中で、担任とティームティーチャーの連携が機能していないことが分かり、次のことを二学期以降の対応とした。

①指導教諭が担任に、学習の指導法についてレクチャーし、スキルアップを図る。

②ティームティーチャーには特別支援教育コーディネーターと校長がポジティブな行動支援について講習を行い、支援が必要な児童への具体的な対応の仕方を指南する。

③週に一回、担任とティームティーチャー、管理職で情報交換会を開き、チーム力を高める。

この実践により二学期以降、チームによる指導が機能的に働き、事態の悪化を防ぎ、少しずつ保護者との連携も再開できるようになった。

四　おわりに

この四年間、新型コロナウイルス感染症の全国的な拡大により、児童の学びは学校の安心・安全が確保されてこそ成り立っていることを再認識した。さらに、安心・安全を揺るがす事件や事故はいつ・どこにでも起きるという認識で、現実の問題と向き合って解消していかない限り、学校の安心・安全は確保できないことを学んだ。

児童の命を守り、学びを持続可能なものにするためには、管理職として妥協や遠慮があってはならないと考えている。

これからも校長自ら先頭に立って、学校経営に関する最新の情報を研究し、適材適所に任せ、安心・安全な学校経営を行えるようにしていきたい。

4　学校規模の縮小に対応する取組

チームで児童を見守ることの意義

京都府京都市立市原野《いちはらの》小学校長
西田　晋

〈本校の概要〉
本校は京都市街の中心部のほぼ真北に位置し、標高は京都タワーの先端と同じ高さに相当する。西北東の三方を小高い山々に囲まれ、すぐ近くには鞍馬川が流れる。本校には二百十五名の児童が在籍している。
いつの時代においても「ふるさとに誇りをもち、学び続ける市原野の子」の方針を大切にし、地域と連携した学習活動を進めている。令和五年度学校教育目標は「自ら学び、心豊かにたくましく生きる子」の育成とし、共通のキーワードとして「こつこつ」「パチパチ」「にこにこ」を掲げている。

一　はじめに

～児童数減少の状況について～

鞍馬街道沿いの山間の農村地帯であった当地域は、昭和五十年頃から、住宅団地の造成により人口が急増し、都市化の波が押し寄せた。表は、市原野小学校の児童数・学級数の移り変わりを示したものである。

平成二十二年度には児童数が三百三十六名であったが、そのピークを境に、卒業者数よりも入学者数が少なくなり、全校児童数は、減少の一途をたどっている。

平成三十年度は十四学級であったが、令和五年度は一～三年生が単学級となり、十一学級になった。令和四年度には近隣の静原小学校と統合し、十二名の児童を迎えているが、毎年十名程度の児童数が減少する傾向は変わらず、この状況が続くならば、令和八年度には、全ての学年が単学級になることが想定される状況にある。

児童数の減少に伴い単学級の割合が増え、その結果、配置教職員数の減少が予想される。そのため、一般的には「従前と同様の教育活動ができないこと」がクローズ

市原野小学校の児童数・学級数の移り変わり

年度	児童数	学級数	特記事項
平成22年度	336名		児童数のピーク
平成30年度	280名	14学級（内育成学級2）	1～6年生すべて2学級
令和元年度	266名	13学級（内育成学級2）	1年生のみ単級
令和2年度	250名	13学級（内育成学級2）	2年生のみ単級
令和3年度	237名	12学級（内育成学級2）	1・3年生が単級
令和4年度	232名	12学級（内育成学級2）	1・2年生が単級　新4年生を2学級に
令和5年度	215名	11学級（内育成学級2）	1・2・3年生が単級

アップされがちになる。

ただ、今後、児童数が更に減少することが予見される現状を受け止めるならば、「児童数が減少する中でこそできる、より効果的で魅力ある教育活動とは何か」について考え、工夫することが学校経営で求められるところであろう。

発想を変えるなら、児童数減少の利点として、運用面では以下の内容に取り組みやすくなると考える。

- ●運動場や体育館をはじめ、音楽室・図工室・理科室などの特別教室を、余裕をもって使うことができる。
- ●社会科見学や遠足などの校外学習の予定が組みやすく、その活動を機動的に行いやすくなる。
- ●児童にとっては、様々な場面で意見や感想を発表できる機会を設けることができる。
- ●児童にとっては、様々な活動において、一人一人が代表やリーダーを務める機会を増やすことができる。
- ●集団としてまとまりやすくなる。
- ●異年齢（異学年）合同の学習活動を組みやすくなる。

以上の利点を踏まえつつ、児童数減少に伴う本校の教育活動の工夫を、二つの観点から報告する。

※本実践報告では、「学校規模の縮小」と「児童数の減少」を同義で使用することとする。また、本論で示す「育成学級」とは、「特別支援学級」を指す。

二　児童数減少に伴う教育活動の工夫

1　ゆとりのできた施設設備を有効に活用する

(1)　学年のセカンドルームとして活用

本校では、全ての学年が二学級であったが、年を追うごとに単学級が増えているため、いわゆる「空き教室」が増えている。その活用については、教職員間で共通理解の上、有効に活用できるように工夫を重ねている。以下に、二年生の活用例を示す。

●教材教具置場として活用…絵具セットや、鍵盤ハーモニカの置場、図画工作科や生活科で使用する材料（段ボールや箱）をためておく「材料銀行」、二年生が読む学級文庫用の本を設置している。

●着替えの場…体育の着替えを分散してするための部屋として活用している。

●グループ活動の場…生活科や国語科で、グループで活動したり発表会をしたりする場合に、複数の場を活用できるようにしている。

●セルフコントロールの部屋…児童によってはその日のコンディションにより、聴覚や視覚に過敏な反応を余儀なくされたり、集団になじめなかったりする場合がある。児童自身の判断や要望に応じて一時的に避難したり、時間を過ごしたりする場所として活用している。

いずれにしても、雑然とした雰囲気になっては、せっかくの有効スペースが、単なる物置になりかねない。セカンドルームの活用として大切なことは「常に整理整頓が行き届いている」「パーティションや机などで区切ることができる」「使用する時間帯について、教員と児童との間に約束ができている」ことである。

(2)　静市学習情報センターの設置

図書館のより魅力的な活用が進められるように、令和四年度の静原小学校との統合を機に、学校図書館と隣接したコンピュータルームの二部屋を一つに合体し、静市学習情報センター（以下、学習センター）としてリニューアルした。この学習センターには、「読書」「学習」「情報」「交流」の機能があることを銘打ち、児童や地域住民にも広報をしている。

書籍は、旧静原小学校保有の蔵書と市原野小学校保有の蔵書とを合わせ、約一万三千冊を配備している。絵本の類の半数は、一・二年生の教室（隣室を含む）に配備し、手に取りやすい環境づくりに努めている。また、教科書関連本は、各教室前に配備した本棚に設置している。

旧コンピュータ室のスペースには、児童数分の机・椅子を配備しており、そこで、学習や調べ学習、話合い活動をしたり、発表会をしたりと、多様な使い方を進めている。二つの学校の財産を統合するなかで、新しい活動の場を創設し、学びの効果を上げることにつながったと考えている。

静市学習情報センター　学びの場コンセプト

静市学習情報センター
令和4年4月に市原野小学校と静原小学校は統合します。これを機会に、市原野小図書館の本を倍増し、新しい学びのスペースとして学習環境を再整備しました。
読書の楽しさと喜びを感じる
読書センター
主体的な学びを支える
学習センター
図書・タブレット端末で調べる
情報センター
学年をこえて集える居場所
交流センター

２　近隣小学校との連携を通して、教育効果を高める

(1)　交流学習を通して

児童数の減少は、本校に限ったことではなく、隣の静

原小学校でも、ここ数年の児童数は微減傾向にあり、全校児童数が二十名前後で推移している。児童数の減少傾向にある両校では、児童にとってのより効果的な教育活動を求めて、ここ数年、小学校間の連携を深め、「交流学習の場」を積極的に取り入れるようにしてきた。

当初は、主に体育科で球技に関する単元を、学期ごとに共同で学習する機会を設けてきたが、せっかくの交流の機会なので、「体育以外の教科も一緒に学習させたい」「いろいろな指導者から学ぶ機会にしたい」という考えのもと、時数や場の設定について工夫を重ねてきた。

例えば、五年生の体育「サッカー」の単元で五時間分（五日分）の交流学習を計画した際には、二時間目には、ミックスしたチーム構成でサッカーの試合を行い、三時間目には道徳や算数の学習を行うなど、二時間続きで両校の指導者が交代で指導をする場を設定した。本校の五年一組、二組の児童と、静原小の五年生児童を合わせて五十人あまりを、三名の教諭が教科ごとに役割分担をして交代をしながら指導を進めた。

二校が合同で学習することにより、一試合に参加する児童数が増え、様々なメンバーで競い合ったり学び合ったりする機会となった。指導者からみたプラス面として「児童が様々な指導者から学ぶことができる」ことに加え、「複数名による指導体制により、よりきめ細やかな指導を進めることができる」「安全面で、よりきめ細かい配慮をすることができる」「児童の姿を多角的に見取ることができる」ことが挙げられる。

(2)　オンラインによる合同学習を通して

令和三年度以降、ＧＩＧＡスクール構想の推進により、児童用の端末を使って容易にオンラインでつながることができるようになり、隣接する静原小学校と、様々な機会を通して、合同学習を進めてきた。教科は、国語や社会、理科や図画工作など多岐にわたる。特に社会科では、それぞれの校区の自然や文化・歴史等について交流するきっかけにもなり、大変意欲的な児童の姿が印象的であった。

また、隣接する鞍馬小学校も、ここ数年、児童数が減少傾向にあるため、不定期ではあるが、オンラインによる合同学習を取り入れている。

加えて、本校を含む中学校区には五つの小学校があり、その内訳は大規模校二校、中規模校二校、小規模校一校である。本中学校ブロックでは、同じ中学校に進学する小学校が連携するなかで、複数校が英語科のオンラインによる合同学習を進めることを試行している。令和五年七月には、五小学校のうち三校がオンラインでつながり、小グループに分かれて英語での質問や発表を行い、交流を深めることができた。

(3) 校外学習を通して

本校は、校外学習を複数校合同で実施している。

例えば、令和五年度の六年生の修学旅行は、市原野小学校と隣の鞍馬小学校が合同で実施した。引率児童数は合計四十三名になり、校長二名・養護教諭一名・担任四名（育成学級担任を含む）で引率と指導を行った。

また、五年生で行う二泊三日の自然体験宿泊学習では、引率児童数三十八名に対し、校長二名・養護教諭一名・担任四名（育成学級担任を含む）で引率と指導を行った。

二校が合同で校外学習を行う際には、事前に児童の情報を共有し、取組ごとに主任を決めて学年全体を指導することとしている。違う言い方をすれば、自学級の児童だけを指導することはなく、学年全体の児童を全員で指導するスタンスをとっている。校外活動の企画や指導面だけでなく、安全面において児童を丁寧に見守ることにつながる点は効果として大きいと考える。

三 チームで児童を見守ることの意義

「ゆとりのできた施設設備を有効に活用する」「近隣の小学校との連携を通して教育効果を高める」という観点から実践例を紹介したい。

児童数が減少すること（学校規模が縮小すること）により懸念されることが挙げられるが、その内容に縛られて消極的になったり、何も手だてを打たなかったりする状況に陥る事態は避けたいところである。また、校長のリーダーシップの下、どうすればよりよい教育環境づくりができるのか、議論を重ねて積極的に試行できる教職員集団でありたいものである。ここ数年、本校と近隣の小学校とが連携して取り組んできたことには、時には大きく見直しを迫られることもあったが、学校経営を進め

令和５年度　市原野小学校学校経営方針

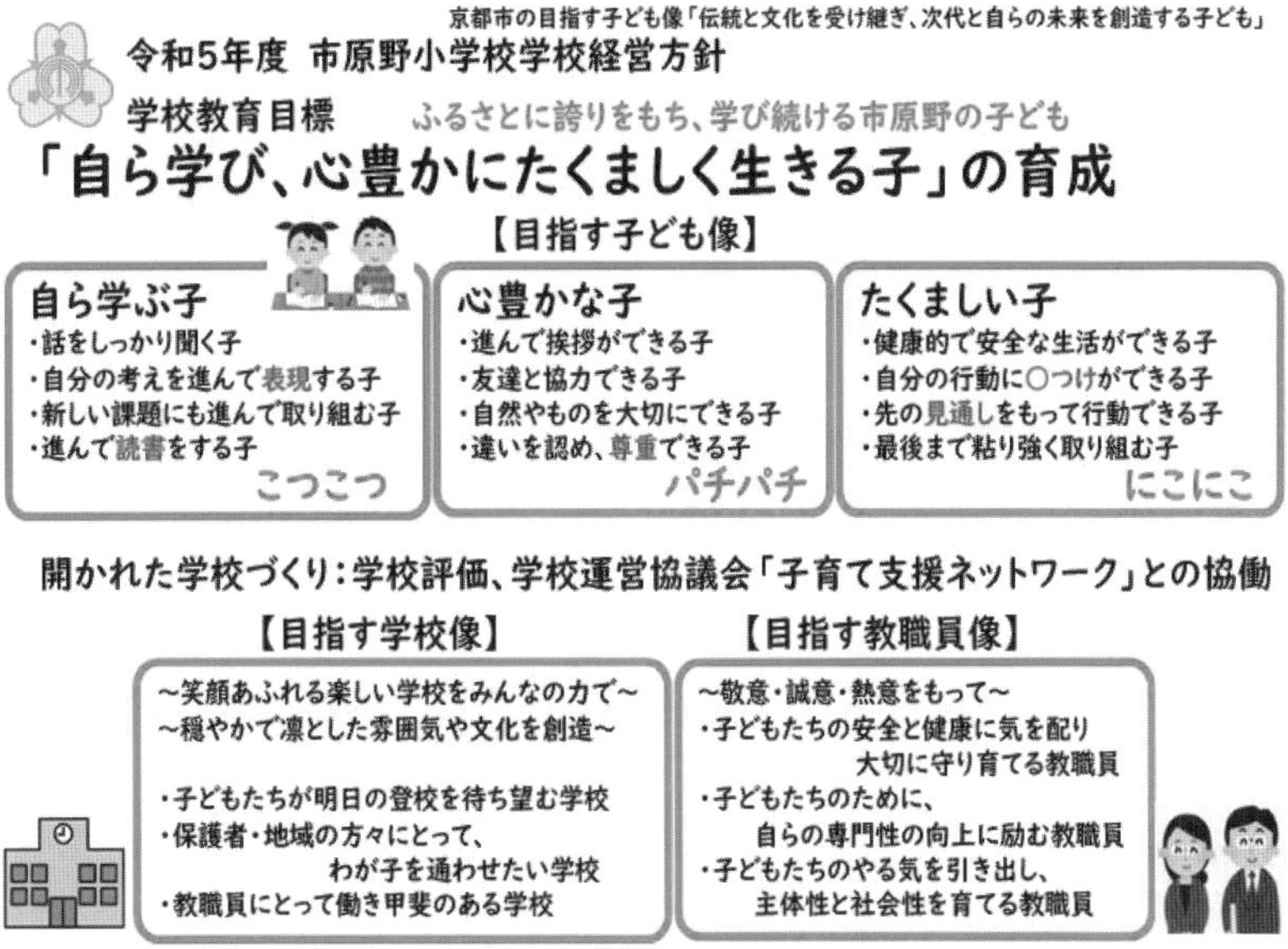
京都市の目指す子ども像「伝統と文化を受け継ぎ、次代と自らの未来を創造する子ども」
令和5年度 市原野小学校学校経営方針
学校教育目標　ふるさとに誇りをもち、学び続ける市原野の子ども
「自ら学び、心豊かにたくましく生きる子」の育成
【目指す子ども像】
自ら学ぶ子
・話をしっかり聞く子
・自分の考えを進んで表現する子
・新しい課題にも進んで取り組む子
・進んで読書をする子
こつこつ
心豊かな子
・進んで挨拶ができる子
・友達と協力できる子
・自然やものを大切にできる子
・違いを認め、尊重できる子
パチパチ
たくましい子
・健康的で安全な生活ができる子
・自分の行動に〇つけができる子
・先の見通しをもって行動できる子
・最後まで粘り強く取り組む子
にこにこ
開かれた学校づくり：学校評価、学校運営協議会「子育て支援ネットワーク」との協働
【目指す学校像】
～笑顔あふれる楽しい学校をみんなの力で～
～穏やかで凛とした雰囲気や文化を創造～
・子どもたちが明日の登校を待ち望む学校
・保護者・地域の方々にとって、わが子を通わせたい学校
・教職員にとって働き甲斐のある学校
【目指す教職員像】
～敬意・誠意・熱意をもって～
・子どもたちの安全と健康に気を配り大切に守り育てる教職員
・子どもたちのために、自らの専門性の向上に励む教職員
・子どもたちのやる気を引き出し、主体性と社会性を育てる教職員

るに当たって貴重な方向性を得たと考える。

それは児童数が減少するなかでこそ「チームで児童を見守ることが大切である」ことに尽きる。児童数減少の状況を受け、近隣の学校と協力体制をつくることで「教職員が多面的な視点で児童と関わり、児童の変化に気付く機会を増やすことができる」「多くの教職員との活動や対話を通じて、児童の多様な能力の伸長を図り、健やかな成長につなげることができる」ことを、ここ数年の実践を通して実感している。

今後、校内においては、例えば一・二年生を複数担当で見守ることや、学校全体で児童の情報を共有するなど、「チームで児童を見守る」仕組みや組織づくりを確立していきたいと考えている。

「学年（チーム）担任制」とは、学級運営方法の一つで、学級担任を固定せず、学級における児童の指導などの業務を複数の教員がローテーションで担当するなどして行うことであり、この取組や発想、考え方は、「令和の日本型学校教育」を築く上で必要不可欠な要素であると考える。児童数減少に伴う教育活動の工夫としては、

校内だけにとどまらず、近隣の小学校が協力して、当該学年の児童の姿を見守ることで教育効果を高めることができるのではないかと期待している。

その上で、教職員が児童の姿を通して連携し、時には補完し合うことによって、指導力の向上や組織力の強化を図るのにつながることにも期待をしている。

四　おわりに

学校経営を進めるに当たり、「変わること」「変えること」は、時にはリスクを伴うこともあるだろう。以前と同じことをしていれば安心であり手間もかからないが、完全な前例踏襲主義が必ずしもいい結果を生むとは限らないことを、ここ数年の校長職経験から感じているところである。

変化の激しい予測困難な時代を子どもたちは生きていくこととなるという言い方をされるが、学校経営に携わる管理職にとっても、変化の激しい予測困難な時代であることは間違いない。先の見えない時代であり、答えが一つではない時代だと言われるからこそ、変化に柔軟に対応できる素地をつくっておくことが必要である。

持論ではあるが、いくらきれいな水でも、たまったままだとよどみがちになる。違う言い方をすれば「少しずつ入れ替えること」で、きれいな水を保つことができると考える。社会の変化を敏感に感じ取り、先を見据えて経営改革を進めることは、ある意味、勇気がいることかもしれないが、変化をチャンスととらえることも必要であり、変化を楽しむくらいの姿勢が大事だと考える。

少しずつ、意図的に変える・意識して変えることが、時代を先取りした学校経営を進めるきっかけになることを信じて、果敢にチャレンジできる校長でありたい。

5　若手、ミドルリーダーの指導力の向上

校長の学びが教師の学びに直結している

福井県大野市小山《おやま》小学校長
廣瀬智之

〈本校の概要〉
本校は、創立百四十八年の歴史のある大野市南部の農村部に位置する小規模校である。現在、児童数は三十八名で、三・四年生と五・六年生は複式学級である。
昭和初期に定められた校訓「愛汗喜働《あいかんきどう》」は、生活が苦しかった農村を立て直すために、当時の校長が提唱した。
平成四年に文部省（当時）指定「勤労生産学習発表会」を行う。また、平成二十八年に「全国学校体育研究優良校」として表彰を受けている。大野市小中学校再編計画により、本校は令和八年四月に隣接の小学校と統合することになっている。

一　はじめに

中央教育審議会「『令和の日本型学校教育』の構築を目指して」（答申）では、社会の在り方が劇的に変わり、先行き不透明な「予測困難な時代」が到来するとしている。現実に身近な例えではあるが、新型コロナウイルス感染症の感染症法上の位置付けが五類に引き下げられ、給食を食べる際の机の向きをどうするかさえも、多様な考えが交錯し、一つの解が出せないでいる。答申が示すように「答えのない問いにどう立ち向かうのか」が問われている。

子どもたちが、そのような時代の担い手となるためには、主体的に考え、多様な立場の者が協働的に議論し、納得解を生み出していけるように、私たちは子どもたちを育成していかなければならない。

では、そのための、私たち教師の学びはどのように変わればよいのだろう。

独立行政法人教職員支援機構は、「ＮＩＴＳ戦略～新たな学びへ～」（令和四年七月）でこれを明確に示して

いる（図1）。

教師の学びの姿は、子どもたちの学びの姿と相似形である。教師には、これまでの研修観を転換し、教師自らが問いを立て実践を積み重ね、振り返って次につなげていくという探究的な学びが求められているのである。

「教師の学びが、子どもの学びに直結している」という言葉を、教職の先輩から教示していただいたことを思い出す。児童、教職員を預かる身として、今、その言葉が身に染みる。私は、この言葉を糧とし、「校長の学びが、教師の学びに直結している」という言葉を学校経営の礎にして、校長自身の学びが、若手、ミドルリーダーの指導力向上の一助となるよう、学校経営に精進していく所存である。

以下は、令和四年度に校長を拝命してから、一年四か月間の奮闘の記録であり、現在も学びと実践の途中であることを理解していただくと幸甚である。

図1　NITS戦略～新たな学びへ～（令和４年７月）

（独立行政法人教職員支援機構より）

二　校長の学び

1　校長としての軸

私は採用以来、延べ十八名の校長にご指導ご鞭撻を賜った。どの校長も教育者として高い見識をもち、組織マネジメントに長け、外部折衝力をもち合わせていた。皆、個性の持ち主であった。

着任早々、先のお世話になった校長の実践を思い浮かべながら学校経営方針を練った。しかし、あれもこれもと欲が出てきて決めきれない。私の校長としての軸となるものが無かったのだった。

そこで、私は教職員の立場になって「こんな校長は嫌だ」と思う校長を想像することにした。そうすると、次から次へと「嫌な校長像」が脳裏に浮かんできた。その代表格が次の四つだ。

●何を考えているか分からない校長
●指示をしたがる校長
●保身に走る校長
●忙しそうな校長

私は、この真逆を学校経営の軸にしていこうと考えたのである。つまり、

●明確なビジョンを打ち出そう
●信頼して任せよう
●全ての責任は校長が取ろう
●いつも笑顔でいよう

私の学校経営の始まりである。

2　スクールプランの実現を果たすために

通常どの学校においても、前年度に学校評価を行い、学校経営方針（スクールプラン）は、おおかた決まっている。本校においても着任時に前校長との引継ぎにおいて説明を受けた。地域に根ざし、少人数のよさを生かしたスクールプランだと理解できた。しかしその反面、初めて目にするそのスクールプランは、身動きが取れずに固まっているように思えた。

そこで、もっと教職員が主体性をもち、身近に感じられ、心に響くような指針を示したいと考え「スクールプランの実現を果たすために」（次頁図２）を教職員に配付し、教職員全員が勇気をもって安心して働けるように、

図2　スクールプランの実現を果たすために

1 こんな教師を目指そう

インターネット画像より

「子どもから見てなりたい教師」

2「みんな（全児童）を、みんな（全職員）で育てる」チームいふり
・丸抱えしない
・ベクトルは同じ方向。アプローチは教師の個性を活かして

3 あらゆる活動場面で、生徒指導の三機能を生かした指導・支援
・自己決定の場を与える
・自己存在感を持たせる
・共感的な人間関係を育成する

4 頭の中は柔らかく　　「変化に対応できなければ、進化できない」
・経験則のみでの判断は怖い。　PDCA → DCAP もある
・勇気をもって修正。　迷ったら最上位の目的に戻る
・「人生に失敗はありません。あるのは成功と学びです」

5 点ではなくて線
・単発の指導にならない。多角的・多面的に捉える
・ストーリーを作るように

6 危機管理意識
・未然防止が大前提
・アンテナを高く、感度も研ぎ澄ます
・さ…最悪を想定 し…慎重に す…すぐに対応 せ…誠意をもって そ…組織的に

7 反対の合一
・温かさの中の厳しさ　大胆かつ繊細　よく学びよく遊ぶ　まじめでヤンチャ
文武両道　スーツも似合うし、作業服も似合う　押してダメなら引いてみる

8 私たちはドリームサポーター
・夢を語りましょう　「やる気」より「やれる気」　スモールステップ

9 家庭・地域と学校は、三輪車の後輪
・ペダルをこぐのは子ども、ハンドルをもつのも子ども
・「手を離して、目（心）は離さず」

インターネット画像より

10 子どもは宝、職員も宝
・健康あっての教育です。
・「自分と家族の日」　学校には代わりがいますが、家庭には代わりはいません

年度初めの職員会議で語った。

　これまでの教職経験を通して、大切にしていたものや学んだものを十項目にまとめ、一つ一つ具体的に説明を加えた。ミドルリーダーを担う教職員は、とても興味深く聞いていた。

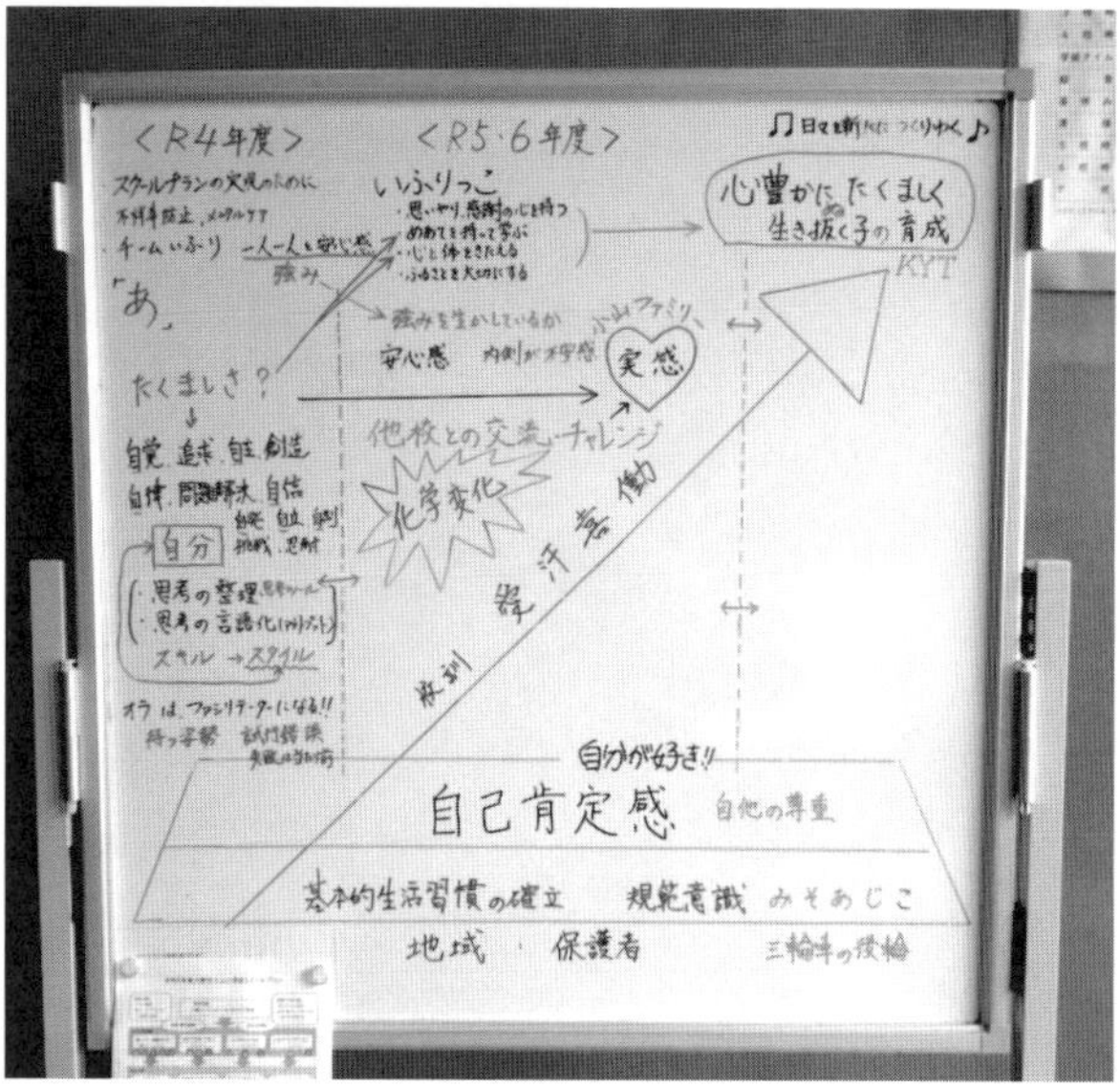

校長室のホワイトボード

3　中期学校経営デザイン

　次に着手したのが、校長が考える学校経営を視覚化して、教職員と共有することである。〈本校の概要〉で記したが、本校は、令和八年度に隣接の学校と統合する。本校のタイムリミットは四年である（校長着任時）。私は、この先、四年間の中期学校経営を校長として教職員に示すことが必要だと感じていた。

　校長室にホワイトボードを用意し、令和八年度に向けて、時系列で図式化していった。校訓、教育目標、目指す児童像、本校の強みや課題などに加え、その時々に思い付いたことや、教職員のつぶやきなどを書き加えたり、削ったりしている。日々の教育活動を多角的に見て、校長として、総合的にとらえるよう努めている。

　また、会議などでデータ化したものを教職員と共有した（次頁図3）。ミドルリーダーにとって、学校参画の方向付けになっている。

4　教職員を意識した校長講話

　校長講話は、意図的・計画的に行うようにしている（次頁表1）。一番伝えたいことを決め、児童に効果的

図３　中期学校経営デザイン（R5.4）

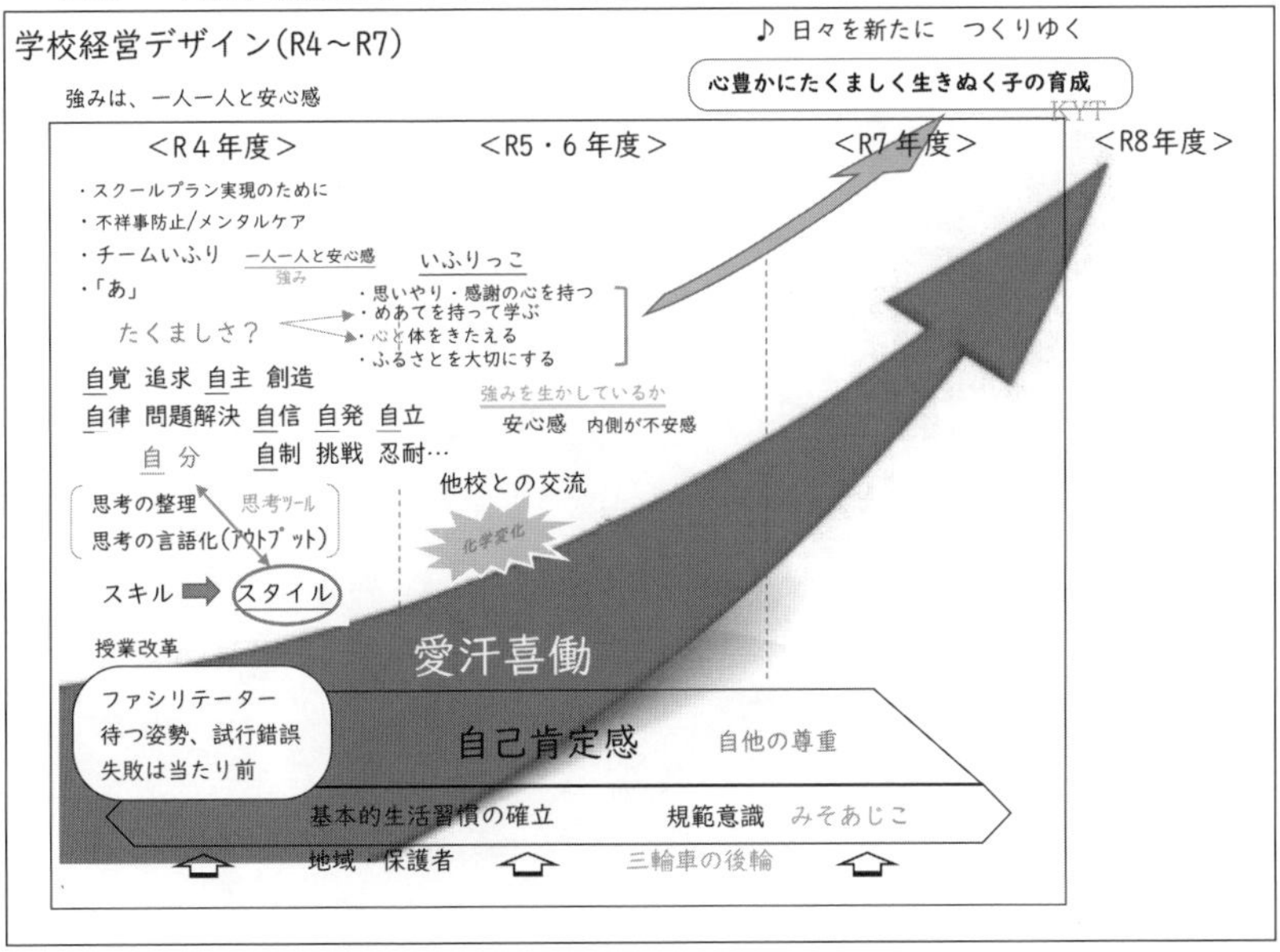

表１　令和４年度　校長講話

令和４年度		
四月	入学式	「あ」で始まる大切な言葉①
	始業式	三つのうれしいこと
五月	全校朝礼	「あ」で始まる大切な言葉②
六月	全校朝礼	「あ」で始まる大切な言葉③
七月	全校朝礼	「あ」で始まる大切な言葉④
	終業式	「い」で始まる大切な言葉
八月	始業式	ウサギとカメの話
十月	全校朝礼	タイが泳ぐ心の話
十一月	全校朝礼	鎖につながれたゾウの話
十二月	全校朝礼	ゾウとキリンの話
	終業式	振り返ろう（校長室よりリモート）
一月	始業式	ドラえもんの道具
二月	全校朝礼	自慢の紙ひこうき
三月	全校朝礼	節目（ふしめ）
	修了式	進級を認めます

に伝わるように工夫している。

また、校長講話は、教職員に対してのメッセージでもあると考えている。校長が児童に対してどんなことを伝えたいのか。〇〇についてどのように考えているのかなど、教職員からすれば、校長の示範授業を参観して、校

長を知る絶好の機会でもある。私も大いにその機会を生かしたい。

全校朝礼での話の内容を事前に教職員に明かし、講話のヒントを得たり、教職員対象に行ったアンケート結果を講話の話材にしたりして、教職員にとっても関心事になるように、教職員を意識して校長講話を構成している。若手教員から「今日のお話、共感しました。教室でも話してみたいと思います」という反応があり、意図的・計画的に行うことが重要であることを改めて感じた。

より一層、校長講話を充実したものにしていきたい。無論「子どもファースト」は言うまでもない。

三　ミドルリーダーの学校参画意識の向上

福井県教員育成指標（※1）による本校の教職員の年齢構成は、第一ステージ二名、第二ステージ三名、第三ステージ三名とバランスよく配置されている。どの教職員とも面談や日頃の声掛けを通して、それぞれがもっている能力を最大限引き出せるように配慮している。そして方針を明確にして合意形成した後は、教職員に任せるようにしてきた。少しずつではあるが、教職員に変容が見られたので紹介する。

1　主体的な校内研修

ミドルリーダーを担う三人には、それぞれ研究主任、特別支援教育コーディネーター、情報主任という学校運営の中核を任せている。国は「教員は学校で育つ」との考えの下、ＯＪＴを通じて日常的に学び合う校内研修の充実を求めている（平成二十七年中央教育審議会答申）。

私は、その校内研修を自ら課題をもって自律的、主体的に行う機会とするために一つの指示を出した。それは、「校内研修には二つの類型（次頁図４・５）があり、この二つを意識して校内研修を主催する」ということである。その後のことは、全て担当者に任せている。

「主体的・対話的で深い学び」の視点から授業改善を図る校内の研究会では、研究主任が中心となってブレインストーミングやＫＪ法を取り入れ、ワークショップ型の研究会を重ね、「待つ姿勢」と「試行錯誤」というキーワードが生まれた。教職員同士の授業改善への合意形成の場を設定した結果であった。

図４　共通理解のイメージ

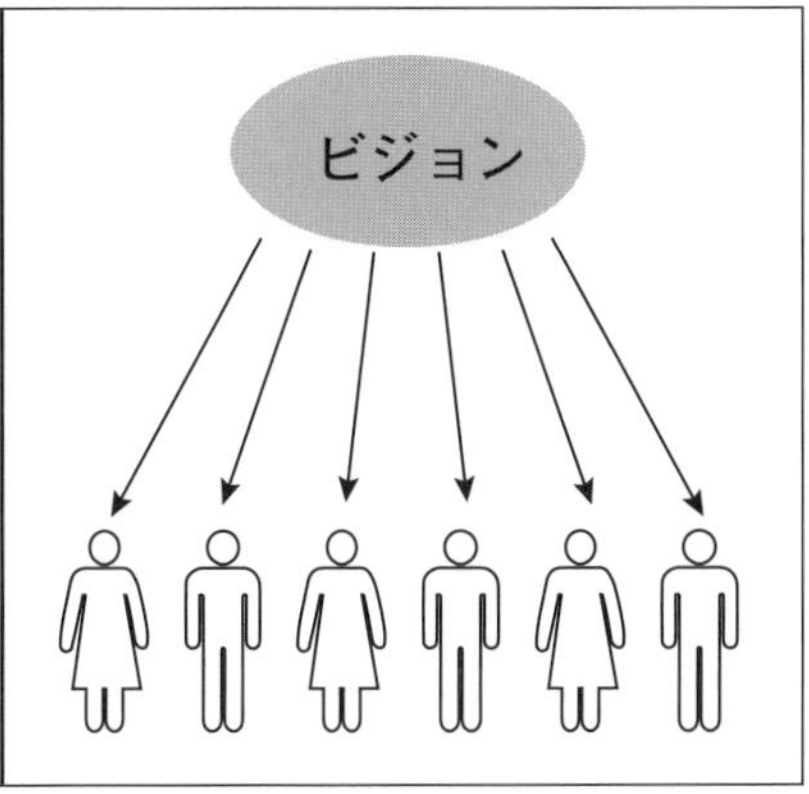

図５　合意形成のイメージ

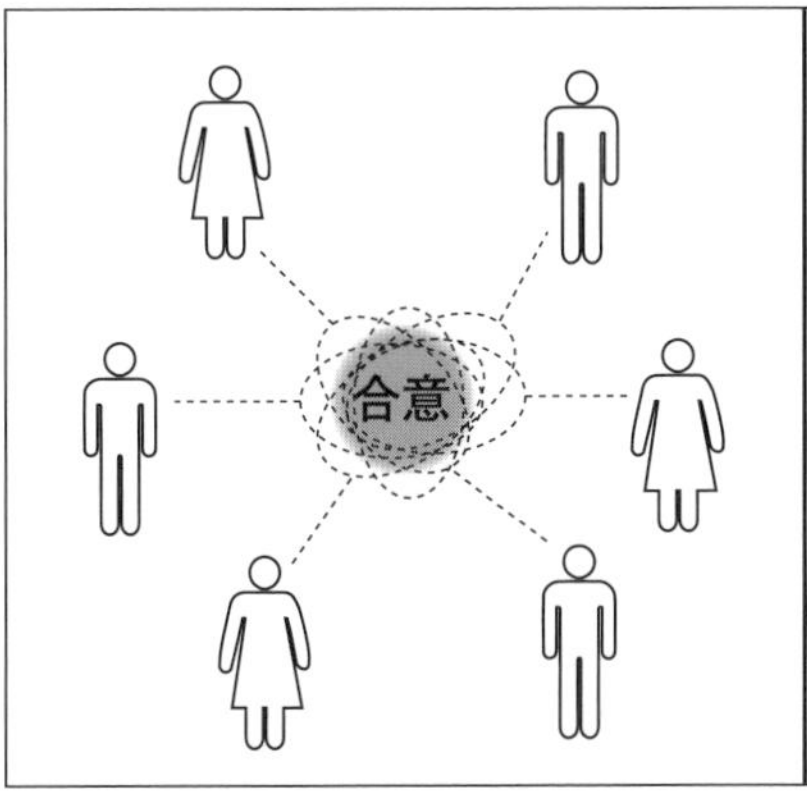

　令和四年度に新設された特別支援学級について、特別支援教育コーディネーターが中心となって、外部から講師を招聘した。講師には、ケース会議に参加していただいたり、特別支援教育の校内体制や取組に対して助言をいただいたりした。新設間もない時期の校内研修であったこともあり、特別支援教育について全教職員が共通理解できたことは、学校運営上でも大きなメリットだった。

　ＧＩＧＡスクール構想による一人一台タブレット端末が整備され、その利活用について情報主任主催の「ミニ研修」が適宜行われるようになった。二つの類型に縛られない自由度のある校内研修である。教職員同士でいつでもどこでもニーズに応じて行う「ミニ研修」は、誰もが自己効力感をもつことができ、担当者は十分能力を発揮できた。

　このように校内研修の類型を意識できたことで、主催するミドルリーダーは、研修の内容を焦点化して行えるようになり、自律的・主体的に校内研修を推進することができた。また、研修を通して同僚性や協働性を高めることにも効果があった。

２　積極的な校外研修

　本校は小規模校のため、教職員は多様な児童への多様な指導法や支援に触れることが少ない。そのため、他校で行われる公開授業や研究発表会には、積極的に参加す

るよう伝えている。自身の専門性を高めることとともに、教員としての視野を広げながら、学校全体の教育活動を推進していく資質・能力を身に付けてもらいたいからである。そのため、授業の入れ替えや管理職への補欠依頼等は、厭わないことを共通理解している。

　大野市教育委員会の授業改革のための支援事業である「学ビバ」（※2）の授業公開には、積極的な参加が見られ、自身の授業力を高めるとともに、自校の授業実践へとつなげることができた。さらに、学校全体の教育活動を推進していくことが期待される。

　また、福井大学が文部科学省の委託を受けた「教員研修高度化支援推進事業」（※3）に、本校が協力校として事業に関わることとなった。研究主任に伝えると、研究主任二年目として、行き詰まりを感じていたらしく、その事業の目玉である「研修のコンシェルジュ」を積極的に活用し、本校の校内研修の新たな切り口にしたいという方向性を示してくれた。私自身も、カンファレンス（会議）に参加し、立場の違う先生方と意見を交わした。参加者と語り合って得た学びを本校の校内研修やミドルリーダーの育成に生かしたい。

3　飯降山《いふりやま》登山の取組

かつて二十年前までは全校児童で登山を行っていた。地区内にある「飯降山」は〝飯が天から降ってくる〟という言い伝えがあり、大野市民からも大変親しまれている山である。その「飯降山」に令和五年七月十八日、本校として二十年ぶりに登った。学年に合わせて、または個人の体力に合わせて全校児童で登ることができた。

その取組を示す。

（令和四年度）

六月　総合的な学習の時間（三、四年）
　　　飯降山について調査活動
　　　・大野市街でのインタビュー活動
　　　・ゲストティーチャーの授業
十月　飯降山の紙芝居制作
十一月　「へき地複式児童交歓会」で紙芝居発表
一月　地区の方に紙芝居を披露①（公民館）
二月　地区の方に紙芝居を披露②（公民館）
　　　紙芝居の動画配信

（令和五年度）

令和四年度の取組から、飯降山へ登りたいという声が児童、職員からあがった。

五月　教頭が「飯降山登山」を立案

六月　教職員で下見　要項素案作成

日程の調整、課題整理等（企画委員会）

外部との交渉（公民館、大野親岳会、区長）

七月　要項・しおり作成「個人目標」の掲示

「飯降山登山」「振り返り」の掲示

学校統合までの四年間の学校経営の中で、「飯降山登山」の構想をもっていたが、着任し一年四か月で達成できるとは、正直思っていなかった。これも、教頭の機動力はもちろんだが、何といってもミドルリーダーの学校参画意識の向上に他ならない。

企画委員会で「今年度は五・六年生だけで登る」と決裁したにも関わらず、一・二年生や三・四年生も登るには、どんな方法が考えられるか、学校全体を多角的に見て代替案を熱く語った教職員の姿が今も脳裏に残る。

この取組で、全教職員が全力でこの行事をやり遂げようという気概を見ることができた。また「最後は校長が全責任を負う」という覚悟を示すことで、学校が動くことを肌で感じた取組でもあった。

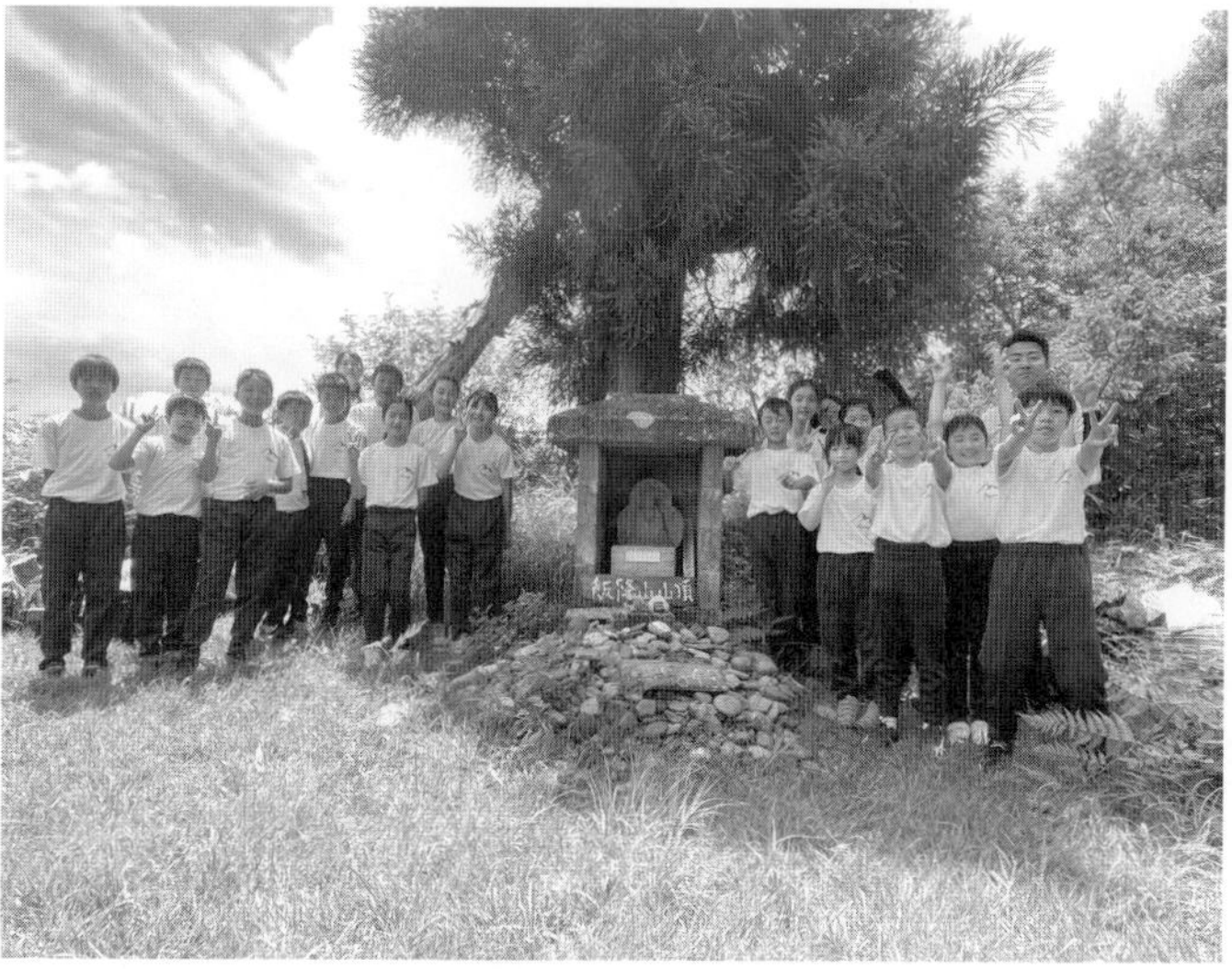

「飯降山登山」山頂にて

四　おわりに

中堅教諭の頃の私は、自分が管理職になるなんて夢にも思わなかった。その頃は、部活動に夢中で「チームを強くしたい」「子どもと一緒に汗を流したい」という一心で働いていた。学年主任や生徒指導主事を任され、俯瞰したものの見方が求められてからの部活動の指導は、中堅教諭の頃と真逆のものとなり、私も子どもたちも笑顔が増えていった。「人を育てる」という意識で子どもと関わるようになった。

校長になった今も、「人を育てる」という信条は変わらない。そのためにいつも、校長室（校長）と職員室（教職員）そして教室（子ども）が、笑顔でつながっていたいのである。

校長の役割はいくつかあるが「教職員を育て、学校運営を円滑にし、子どもが幸せに過ごせる環境を整える」ことだと考えている。これからは社会や時代の変化により、教育に求められるものも次々と変わっていくだろう。それらに対応して自ら考え、主体的に課題を解決していくことができる教職員へと、日々の学校経営の中で導いていくことが校長の使命である。そして、校長自らも学び、アップデートすることが、若手、ミドルリーダーの育成に直結することであろう。

（※1）福井県教員育成指標

指標で示したステージは、採用時よりおよそ十年ごとを目安として設定している。第一ステージは「教員としての基盤を固める時期」、第二ステージは「中堅教員・ミドルリーダーとして教育活動を牽引する時期」、第三ステージを「経験を生かして指導・助言し、組織的な運営をする時期」としている。

（※2）「学ビバ」

大野市教育委員会主催の魅力ある学校づくり推進事業。公開授業で子どもの様子を見取り、その姿をもとに授業者と参観者が語り合う場。

（※3）「教員研修高度化支援推進事業」

文部科学省からの委託事業。教育公務員特例法が改正されたことを受け、教員研修合理化・効率化に資する研修高度化に向けた取組を推進。大学等の協働によりモデルを開発・成果普及することで、研修観の転換・定着を図る。

あとがき

中央教育審議会から「『令和の日本型学校教育』の構築を目指して～全ての子どもたちの可能性を引き出す、個別最適な学びと、協働的な学びの実現～（答申）」が発表されてから四年目となりました。生成ＡＩ（人工知能）、ネクストＧＩＧＡスクールなど、新たな言葉を耳にすることも多くなりました。学校教育はこれからの世の中の変化に積極的に対応していくことが求められています。将来の社会をつくる子どもを育てる私たちの使命を果たすためには、新たな教育課題に迅速に取り組むこととともに、これまで大切にして連綿と引き継いできたことをアップデートすることが重要です。そのリーダーたる校長は、広い視野と深い思考と柔軟性が求められています。その期待に応えるために常に学ぶ校長である必要があると言えます。

本シリーズは、半世紀以上の歴史を誇るものです。学校経営の指針を示し、優れた実践に触れることができる書籍として毎年刊行され、都道府県を代表する校長先生方の先進的かつ普遍的な学校経営の理念とその実践を全国の校長に発信し、全国の小学校教育の発展に貢献するという使命を果たしてきました。まさに日本の小学校教育の粋を集めたものであり、時代の要請に応えて工夫してきた学校経営のリアルな姿を記録し、将来に残していくという役割も果たしているのです。

第六十二集では第六十一集の主題である「『令和の日本型学校教育』の構築を目指す学校経営」を継続し、第一章「即応」、第二章「特色ある学校づくり」、第三章「今日的な学校経営」を視点として章立てし、教育課題全般をとらえられるようにしています。編集に携わる中、全国の小学校でそれぞれの地域の特色を踏まえながら、新たな時代の学校経営に取り組む校長の力強さとその多様な在り方を強く感じました。いずれの論文からも児童・保護者・

地域・社会等の実態に対応した校長先生の明確なビジョンと強力なリーダーシップが読み取れます。未来をつくる子どもたちが育つ学校とするためにそれぞれが果たすべき役割を意識し、変革の時代をチャンスととらえて教育課題に正対して取り組まれた提言や実践です。まさに令和の〝今〟の教育の姿が収められています。

特色ある多様な実践やアプローチの仕方を知ることは、大きく変化し、予測が難しい〝今〟を着実に乗り越えて、素晴らしい未来をつくるために必要なことではないでしょうか。

各都道府県の小学校長会から推薦された校長先生方の先進的かつ普遍的な学校経営の理念やその実践に関する論文は、必ず全国の会員の皆様の学校経営に役に立つものとなります。本書は全国の校長先生一人一人の経験と思考の中で、目の前の教育課題の解決や改善に向けた学校経営に生き、その一助になることを自負しています。

結びに、玉稿をお寄せいただいた校長先生方をはじめ、各都道府県小学校長会長及び広報担当者、本書の編纂に関わられた多くの皆様に改めて感謝申し上げます。

令和六年四月

全国連合小学校長会広報部長　三坂明子
同　シリーズ等編集委員会委員長　山崎尚史

教育研究シリーズ第62集　　編者承認検印省略

「令和の日本型学校教育」の構築を目指す学校経営Ⅱ

編　者　全国連合小学校長会
代　表　植村　洋司

発行者　大平　聡

発行所　株式会社　第一公報社
東京都文京区小石川四ノ四ノ一七
振替　〇〇一九〇―一―一五五六九
電話　（〇三）六八〇一―五一一八
ＦＡＸ　（〇三）六八〇一―五一一九

印刷製本　大村印刷株式会社

令和六年五月二十四日　第一刷

ISBN978-4-88484-162-1